U0033718

吳墉祥在台日記

（1952）

The Diaries of Wu Yung-hsiang at Taiwan, 1952

民國日記 ｜ 總序

呂芳上
民國歷史文化學社社長

人是歷史的主體，人性是歷史的內涵。「人事有代謝，往來成古今」（孟浩然），瞭解活生生的「人」，才較能掌握歷史的真相；愈是貼近「人性」的思考，才愈能體會歷史的本質。近代歷史的特色之一是資料閎富而駁雜，由當事人主導、製作而形成的資料，以自傳、回憶錄、口述訪問、函札及日記最為重要，其中日記的完成最即時，描述較能顯現內在的幽微，最受史家重視。

日記本是個人記述每天所見聞、所感思、所作為有選擇的紀錄，雖不必能反映史事整體或各個部分的所有細節，但可以掌握史實發展的一定脈絡。尤其個人日記一方面透露個人單獨親歷之事，補足歷史原貌的闕漏；一方面個人隨時勢變化呈現出不同的心路歷程，對同一史事發為不同的看法和感受，往往會豐富了歷史內容。

中國從宋代以後，開始有更多的讀書人有寫日記的習慣，到近代更是蔚然成風，於是利用日記史料作歷

史研究成了近代史學的一大特色。本來不同的史料，各有不同的性質，日記記述形式不一，有的像流水帳，有的生動引人。日記的共同主要特質是自我（self）與私密（privacy），史家是史事的「局外人」，不只注意史實的追尋，更有興趣瞭解歷史如何被體驗和講述，這時對「局內人」所思、所行的掌握和體會，日記便成了十分關鍵的材料。傾聽歷史的聲音，重要的是能聽到「原音」，而非「變音」，日記應屬原音，故價值高。1970年代，在後現代理論影響下，檢驗史料的潛在偏見，成為時尚。論者以為即使親筆日記、函札，亦不必全屬真實。實者，日記記錄可能有偏差，一來自時代政治與社會的制約和氛圍，有清一代文網太密，使讀書人有口難言，或心中自我約束太過。顏李學派李塨死前日記每月後書寫「小心翼翼，俱以終始」八字，心所謂為危，這樣的日記記錄，難暢所欲言，可以想見。二來自人性的弱點，除了「記主」可能自我「美化拔高」之外，主觀、偏私、急功好利、現實等，有意無心的記述或失實、或迴避，例如「胡適日記」於關鍵時刻，不無避實就虛，語焉不詳之處；「閻錫山日記」滿口禮義道德，使用價值略幾近於零，難免令人失望。三來自旁人過度用心的整理、剪裁、甚至「消音」，如「陳誠日記」、「胡宗南日記」，均不免有斧鑿痕跡，不論立意多麼良善，都會是史學研究上難以彌補的損失。史料之於歷史研究，一如「盡信書不如無書」的話語，對證、勘比是個基本功。或謂使用材料多方查證，有如老吏斷獄、法官斷案，取證求其多，追根究柢求其細，庶幾還原

案貌，以證據下法理註腳，盡力讓歷史真相水落可石出。是故不同史料對同一史事，記述會有異同，同者互證，異者互勘，於是能逼近史實。而勘比、互證之中，以日記比證日記，或以他人日記，證人物所思所行，亦不失為一良法。

從日記的內容、特質看，研究日記的學者鄒振環，曾將日記概分為記事備忘、工作、學術考據、宗教人生、游歷探險、使行、志感抒情、文藝、戰難、科學、家庭婦女、學生、囚亡、外人在華日記等十四種。事實上，多半的日記是複合型的，柳貽徵說：「國史有日歷，私家有日記，一也。日歷詳一國之事，舉其大而略其細；日記則洪纖必包，無定格，而一身、一家、一地、一國之真史具焉，讀之視日歷有味，且有補於史學。」近代人物如胡適、吳宓、顧頡剛的大部頭日記，大約可被歸為「學人日記」，余英時翻讀《顧頡剛日記》後說，藉日記以窺測顧的內心世界，發現其事業心竟在求知慾上，1930 年代後，顧更接近的是流轉於學、政、商三界的「社會活動家」，在謹厚恂恂君子後邊，還擁有激盪以至浪漫的情感世界。於是活生生多面向的人，因此呈現出來，日記的作用可見。

晚清民國，相對於昔時，是日記留存、出版較多的時期，這可能與識字率提升、媒體、出版事業發達相關。過去日記的面世，撰著人多半是時代舞台上的要角，他們的言行、舉動，動見觀瞻，當然不容小覷。但，相對的芸芸眾生，識字或不識字的「小人物」們，在正史中往往是無名英雄，甚至於是「失蹤者」，他們

如何參與近代國家的構建，如何共同締造新社會，不應該被埋沒、被忽略。近代中國中西交會、內外戰事頻仍，傳統走向現代，社會矛盾叢生，如何豐富歷史內涵，需要傾聽社會各階層的「原聲」來補足，更寬闊的歷史視野，需要眾人的紀錄來拓展。開放檔案，公布公家、私人資料，這是近代史學界的迫切期待，也是「民國歷史文化學社」大力倡議出版日記叢書的緣由。

導言

侯嘉星
國立中興大學歷史學系助理教授

　　《吳墉祥在台日記》的傳主吳墉祥（1909-2000），字茂如，山東棲霞縣人。幼年時在棲霞就讀私塾、新式小學，後負笈煙台，畢業於煙台模範高等小學、私立先志中學。中學期間受中學校長、教師影響，於1924年加入中國國民黨；1927年5月中央黨務學校在南京創設時報考錄取，翌年奉派於山東省黨部服務。1929年黨務學校改為中央政治學校大學部，故1930年申請返校進入財政系就讀，1933年以第一名成績畢業。自政校畢業後留校擔任助教3年，1936年由財政系及黨部推薦前往安徽地方銀行服務，陸續擔任安慶分行副理、經理，總行稽核、副總經理，時值抗戰軍興，隨同皖省政府輾轉於山區維持經濟、調劑金融。1945年因抗戰勝利在望，山東省主席何思源遊說之下回到故鄉任職，協助重建山東省銀行。

　　1945年底山東省銀行正式開業後，傳主擔任總經理主持行務；1947年又受國民黨中央黨部委派擔任黨營事業齊魯公司常務董事，可說深深參與戰後經濟接收與重建工作。這段期間傳主也通過高考會計師合格，並當選棲霞區國民大會代表。直到1949年7月因戰局逆轉，傳主隨政府遷台，定居於台北。1945至1950這

6 年間的日記深具歷史意義，詳細記載這一段經歷戰時淪陷區生活、戰後華北接收的諸般細節，乃至於國共內戰急轉直下的糾結與倉皇，可說是瞭解戰後初期復員工作、經濟活動以及政黨活動的極佳史料，已正式出版為《吳墉祥戰後日記》，為戰後經濟史研究一大福音。

1949 年來台後，除了初期短暫清算齊魯公司業務外，傳主以會計師執照維生。當時美援已進入台灣，1956 年起受聘為美國國際合作總署駐華安全分署之高級稽核，主要任務是負責美援項目的帳務查核，足跡遍及全台各地。1960 年代台灣經濟好轉，美援項目逐漸減少，至 1965 年美援結束，傳主改任職於中美合營之台達化學工業公司，擔任會計主任、財務長，直到 1976 年退休；國大代表的職務則保留至 1991 年退職。傳主長期服務於金融界，對銀行、會計及財務工作歷練豐富，這一點在《吳墉祥戰後日記》的價值中已充分顯露無遺。來台以後的《吳墉祥在台日記》，更是傳主親歷中華民國從美援中站穩腳步、再到出口擴張達成經濟奇蹟的各個階段，尤其遺留之詳實精采的日記，成為回顧戰台灣後經濟社會發展的寶貴文獻，其價值與意義，以下分別闡述之。

一

史料是瞭解歷史、探討過去的依據，故云「史料為史之組織細胞，史料不具或不確，則無復史之可言」（梁啟超，《中國歷史研究法》）。在晚近不斷推陳出新的史料類型中，日記無疑是備受歷史學家乃至社會各

界重視的材料。相較於政府機關、公司團體所留下之日常文件檔案，日記恰好為個人在私領域中，日常生活留下的紀錄。固然有些日記內容側重公事、有些則抒發情懷，但就材料本身而言，仍然是一種私人立場的記述，不可貿然將之視為客觀史實。受到後現代主義的影響，日記成為研究者與傳主之間的鬥智遊戲。傳主寫下對事件的那一刻，必然帶有個人的想法立場，也帶有某些特別的目的，研究者必須能分辨這些立場與目的，從而探索傳主內心想法。也因此，日記史料之使用有良窳之別，需細細辯證。

那麼進一步說，該如何用使日記這類文獻呢？大致來說，良好的日記需要有三個條件，以發揮內在考證的作用：（1）日記之傳主應該有一定的社會代表性，且包含生平經歷，乃至行止足跡等應具體可供複驗。（2）日記須具備相當之時間跨度，足以呈現長時段的時空變化，且年月日之間的紀錄不宜經常跳躍脫漏。（3）日記本身的文字自然越詳細充實越理想，如此可以提供豐富素材，供來者進一步考辨比對。從上述三個條件來看，《吳墉祥在台日記》無疑是一部上佳的日記史料。

就代表社會性而言，傳主曾擔任省級銀行副總經理、總經理，又當選為國大代表；來台後先為執業會計師，復受聘在美援重要機構中服務，接著擔任大型企業財務長，無論學經歷、專業素養都具有相當代表性。藉由這部日記，我們可以在過去國家宏觀政策之外，以社會中層技術人員的視角，看到中美合作具體的執行情

況，也能體會到這段時期的政治、經濟和社會變遷。

　　而在時間跨度方面，傳主自 1927 年投考中央黨務學校起，即有固定寫作日記的習慣，但因抗戰的緣故，早年日記已亡佚，現存日記自1945 年起，迄於 2000 年，時間跨度長達 55 年，僅 1954 年因蟲蛀損毀，其餘均無日間斷，其難能可貴不言可喻。即便 1945 年至 1976 年供職期間的日記，也長達 32 年，借助長時段的分析比對，我們可以對傳主的思想、心境、性格，乃至習慣等有所掌握，進而對日記中所紀錄的內容有更深層的掌握。

　　最重要的，是傳主每日的日記寫作極有條理，每則均加上「職務」、「師友」、「體質」、「娛樂」、「家事」、「交際」、「游覽」等標題，每天日記或兩則或三則不等，顯示紀錄內容的多元。這些內容所反映的，不僅是公務上的專業會計師，更是時代變遷中的黨員、父親、國民。因此從日記的史料價值來看，《吳墉祥在台日記》能帶領我們，用豐富的角度重新體驗一遍戰後台灣的發展之路，也提供專業財經專家觀點以及可靠的事件觀察記錄，讓歷史研究者能細細品味 1951 年至 1976 年這 26 年間，種種宏觀與微觀的時代變遷。

二

　　戰後中華民國的各項成就中，最被世界所關注的，首推是 1980 年代前後台灣經濟奇蹟（Taiwan Economic Miracle）了。台灣經濟奇蹟的出現，有其政策與產業的背景，1950 年開始在美援協助下政府進行基礎建設

與教育投資，配合進口替代政策發展國內產業。接著在
1960 年代起，推動投資獎勵與出口擴張、設立加工出
口區，開啟經濟起飛的年代。由於經濟好轉，1963 年
起台灣已經累積出口外匯，開始逐步償還美援，在國際
間被視為美援國家中的模範生，為少數能快速恢復經濟
自主的案例。在這樣的時代背景中，美援與產業經營，
成為分析台灣經濟奇蹟的關鍵。

　　《吳墉祥在台日記》中，傳主除了來台初期還擔任
齊魯公司常務董事，負責清算業務外，直到 1956 年底
多憑會計師執照維持生計，但業務並不多收入有限，反
映此時台灣經濟仍未步上軌道，也顯示遷台初期社會物
質匱乏的處境。1956 年下半，負責監督美援計畫執行
的駐華安全分署招聘稽核人員，傳主獲得錄用，成為美
方在台雇用的職員。從日記中可以看到，美援與中美合
作並非圓滑順暢，1956 年 11 月 6 日有「中午王慕堂兄
來訪，謂已聞悉安全分署對余之任用業已確定，以前在
該署工作之中國人往往有不歡而散者，故須有最大之忍
耐以與洋員相處云」，透露個該工作也不輕鬆，中美合
作之間更有許多幽微之處值得再思考。

　　戰後初期美援在台灣的重大建設頗多，傳主任職期
間往往要遠赴各地查帳，日記中記錄公務中所見美援支
出項目的種種細節，這是過去探討此一課題時很少提到
的。例如 1958 年 4 月前往中橫公路工程處查帳，30 日
的日記中發現「出於意外者則另有輔導會轉來三萬餘元
之新開支，係輔導會組織一農業資源複勘團，在撥款時
以單據抵現由公路局列帳者，可謂驢頭不對馬嘴矣。除

已經設法查詢此事有無公事之根據外，當先將其單據
內容加以審核，發現內容凌亂，次序亦多顛倒，費時良
久，始獲悉單據缺少一萬餘元，當交會計人員與該會再
行核對」。中橫公路的經費由美援會提供公路局執行，
並受美方監督。傳主任職的安全分署即為監督機構，從
這次的查帳可以發現，對於執行單位來說，往往有經費
互相挪用的便宜行事，甚至單據不清等問題，傳主查帳
時一一指出這些問題乃為職責所在，亦能看到其一絲不
苟的態度。1962 年 6 月 14 日傳主前往中華開發公司查
帳時也注意到：「中華開發信託公司為一極特殊之構
成，只有放款，並無存款，業務實為銀行，而又無銀行
之名，以余見此情形，甚懷疑何以不能即由 AID（國際
開發總署）及美援會等機構委託各銀行辦理，豈不省費
省時？現開發公司待遇奇高，為全省之冠，開支浩大，
何以必設此機構辦理放款，實難捉摸云」，顯然他也看
到許多不合理之處，這些紀錄可提供未來探討美援運
用、中美合作關係的更深一層面思考。

事實上，最值得討論的部分，是傳主在執行這些任
務所表現出來的操守與堅持，以及這種道德精神。瞿宛
文在《台灣戰後經濟發展的源起：後進發展的為何與如
何》一書中強調，台灣經濟發展除了經濟層面的因素
外，不能忽略經濟官僚的道德力量，特別是這些人經歷
過大陸地區的失敗，故存在著迫切的內在動力，希望努
力建設台灣以洗刷失敗的恥辱。這種精神不僅在高層官
僚中存在，以傳主為代表的中層知識分子與專業人員，
同樣存在著愛國思想、建設熱忱。這種愛國情懷不能單

純以黨國視之，而是做為知識分子對近代以來國家認同發自內心的追求，這一點從日記中的許多事件細節的描述可以觀察到。

三

1951 年至 1965 年間，除了是台灣經濟由百廢待興轉向起飛的階段，也是政治社會上的重大轉折年代。政治上儘管處於戒嚴與動員戡亂時期，並未有太多自由，但許多知識分子仍然有自己的立場批評時政，特別是屬於私領域的日記，更是觀察這種態度的極佳媒介，從以下兩個小故事可以略窺一二。

1960 年頭一等的政治大事，是討論總統蔣中正是否能續任，還是應該交棒給時任副總統的陳誠？依照憲法規定，總統連選得連任一次，在蔣已於 1954 年連任一次的情況下，不少社會領袖呼籲應該放棄再度連任以建立憲政典範。然而國民大會先於 3 月 11 日通過臨時條款，無視憲法條文規定，同意在特殊情況下蔣得以第二度連任。因此到了 3 月 21 日正式投票當天，傳主在日記中寫下：

> 上午，到中山堂參加國民大會第三次會議第一次選舉大會，本日議程為選舉總統……蓋只圈選蔣總統一人，並無競選乃至陪選者，亦徒具純粹之形式而已。又昨晚接黨團幹事會通知，囑一致投票支持，此亦為不可思議之事……開出圈選蔣總統者 1481 票，另 28 票未圈，等於空白票，此皆為預料中之

> 結果，於是街頭鞭炮齊鳴，學生遊行於途，電台廣播特別節目，一切皆為預定之安排，雖甚隆重，而實則平淡也。

這段記述以當事人身分，重現了三連任的爭議。對於選舉總統一事也表現出許多知識分子的批評，認為徒具形式，特別是「雖甚隆重，而實則平淡也」可以品味出當時滑稽、無奈的複雜心情。

1959 年 8 月初，因颱風過境造成中南部豪雨成災，為二十世紀台灣最大規模的天災之一，日記中對此提到：「本月七日台中台南一帶暴雨成災，政府及人民已展開救災運動，因災情慘重，財產損失逾十億，死傷在二十五萬人左右（連殃及數在內），政府正做長期計畫，今日起禁屠八天，分署會計處同人發起募捐賑災，余照最高數捐二百元」。時隔一週後，傳主長女即將赴美國留學，需要繳交的保證金為 300 元，由此可知八七水災中認捐數額絕非小數。

日記的特點在於，多數時候它是傳主個人抒發內心情緒的平台，並非提供他人瀏覽的公開版，因此在日記中往往能寫下當事人心中真正想法。上述兩個小例子，顯示在政治上傳主充滿愛國情操，樂於發揮人溺己溺的精神援助他人；但他也對徒具形式的政治大戲興趣缺缺，甚至個人紀錄字裡行間均頗具批判意識。基於這樣的理解，我們對於《吳墉祥在台日記》，可以進行更豐富細緻的考察，一方面同情與理解傳主的心情；另方面在藉由他的眼光，觀察過去所發生的大小事件。

四

　　然而必須承認的是，願意與傳主鬥智鬥力，投入時間心力的歷史研究者，並非日記最大的讀者群體。對日記感興趣者，更多是作家、編劇、文人乃至一般社會大眾，透過日記的閱讀，體驗另一個人的生命經歷，不僅開拓視野，也豐富我們的情感。確實，《吳墉祥在台日記》不單單是一位會計師、財金專家的工作紀錄簿而已，更是一位丈夫、六名子女的父親、奉公守法的好公民，以及一個「且認他鄉作故鄉」（陳寅恪詩〈憶故居〉）的旅人。藉由閱讀這份日記，令人感受到的是內斂情感、自我紀律，以及愛國熱情，這是屬於那個時代的回憶。

　　歷史的意義在於，唯有藉由認識過去，我們才得以了解現在；了解現在，才能預測未來。在諸多認識過去的方法中，能承載傳主一生精神、豐富閱歷與跌宕人生旅程的日記，是進入門檻較低而閱讀趣味極高的絕佳媒介。《吳墉祥在台日記》可以是歷史學者重新思考戰後台灣經濟發展、政治社會變遷不同面向的史料，也是能啟發小說家、劇作家們編寫創作的素材。總而言之，對閱讀歷史的熱情，並不局限於象牙塔、更非專屬於少數人，近年來大量出版的各類日記，只要願意嘗試接觸，它們將提供讀者無數關於過去的細節與經驗，足供做為將我們推向未來的原動力。

編輯凡例

一、 吳墉祥日記現存自1945年至2000年，本次出版為
　　 1951年以後。

二、 古字、罕用字、簡字、通同字，在不影響文意
　　 下，改以現行字標示。

三、 難以辨識字體，以■表示。

四、 部分內容涉及家屬隱私，略予刪節，恕不一一
　　 標注。

日記原稿選錄

自由日記　　　　　月　日

一月二十日　星期日　晴

師參下午舉兩健寄見來話云適。下午到達此立見寓崇聖婦女人談話，所談主題有黃海水廖伯

習當委之華堅守同事威問題，原張舉行之國代表大會同題，中樞監察院提

出對案在副總統之彈劾案因引起之集臨時國民大會同題，爭執甚烈對於一向選

多數所同之兩案提出那些辦予討論了解，方謂品察安態，根本不能因大省何意見，

右向任娛發同云，但必希建人欲能且遠牢不可過違辭免事兩不至以諱懦是忠言。

一月廿日　星期一　晴

家事：經數兒偉去年一生，以舊曆作為十月廿者，即此今年之意應按國曆生之指多作為選

但孤口高姑又贈以認組，本長讀人養作紹大稱又贈以辭射掛題之屬，為臨時隨折今台的

威友晚餘：余於中午到新生南路的姑文及姑母，姑母因病竟次不來，下午又必過知事

妹姜慧光出來，但本四名因少舉金香趙五帳孫，寓錄抽身，亦不果來，居時濟

姑又一人來，此隔蔡君去歸列因另修另俗對涂婆兒名賀亦出迷安心未甚未致台簡草

十一月一日 星期六 晴雨無定

業務上午到圖書館辦業務上之布置，以後在余趕草山之期，右所擱頭，并皆是亭泉君遇靈得，謝先生每晨必應諸院之來電件的，余皆備接，以免稿余延誤關不便諸君。

受訓，軍事實踐研究院第廿一期命令報到，上午乘車到陽明山莊，先繼報到訖，於次領用制服，到宿舍並收到配物品書籍，下午二時起寫作自述，擬就自述大綱矣。

自九時起，初用立摺膝寫，余於晚十時完卷，如時未盡似為右半數，尚右過午會石懶步，以期不誤明晨八時之時限，余所作共約二千五百字，違到甚最高限，不逾於此大敗，院內布置甚右修理二字，無得遵備，謝裁為指商合價訓練，未遂詳加潤飾耳。

應右同事歎，雜細無論，均右友宋多以禄抵，指圖字膝，第百印無聽申授實之，第余冶至下邨，村第一雜舍下舖，一客十八，均勾相識，午膳能餐均主院之內，自晚餐後辰，緒名秋美，字為得一鶴山朱鹽洗用具及筷筆用盒，將中院內領皆，等俸分錄於晨，粗掌俊刺，晚衣院申澡糸沐浴後，就寢，時已逾今，違規字時間矣。

自由日記　　　　　月　日

十二月曾日　星期二　雨

受訓　會到隊內聽會自用於講解課程。上午由張其昀第二次進堂史學討論，分三論理、論部分假括分年史的評論之為廣逐次瀏迺，最後并稍答問題，張氏以西洋歷史主義，自由主義為社會進展三重心撤三民主義三部分，均有其偏激之求，且需生安。

嘗後群此場免於圍釋梭的評爭，特別對我圍自立運動以來之自由主義，加以痛切之批評，下午為陶雲屏講第七場全圍代表大會修正之宣章，申一年來路進委員會所擬之科意完所友之玄比列最出過之事釋，最後敦迺便迺。

筆堂吳伯嶽一至。姊今晚白張其昀西海党光粤評論，典院西所完分組似錄執行。今為輪派十三人甲之一。下午聽紀錄整理完畢，寫於張光之紀錄書係五千字。

撰余晚舉行第一次晚會。節目古清絲字戥「勝利回家」，係自綸佛花，內容不圓。唱生午撞梅。又看電影「軍中芳萃」，均為軍大隊之生活狀態，尚佳紀錄片。

月　　日

十月十七日　星期六　雨

受訓上辛七時畢，談孫諔訓詞寫作，施謨心得報告，指定中平通讀述之功課約三小時之一門擇一

寫作。余選中四班此地作文，原因为此地作两人請述，或与此地志與大綱，許多提之意見。

四字候畢擇之意列如少也，約一千五百字，於九時畢畫卷。平十時迟到十二時為諔訓心得計

論，为但毋須，每但为五失，再不谓的�
的須卷者，故多人及有家錄，討論題目為申諔行

教育施教对敝俗失，依報據「改造教育當變化氣質」之訓詞，余所發意見為

元實童平教育之精神部分，甚善，久之必古盛使氣質之功，文書诸名者在吴

術性发惺道得性，不为失傅，亦无久好笑。下平，程天敦氏遠趣區教育名發示訓，

但諔搬大綱印畫。屬时等於宣讀，且畫無深到的理論，故稱其字调为淺薄，皇無

三小时技近休假，諸事中空畢毛得消息。殊為表沉之住。事分小謀做，來平迸城。

師友，中午，举行鲁稱同学诶诶会，刘宇钰人，闰此出席来告如人甚多坏次等候

第四因幸行简单之聚餐及攝影，并安一寄居探望又负责聯繫之作号。

自由日記　　　　　　月　日

十二月十九日　星期二　雨

受到中外研討的重視而行於通理在以天行健君子自强不息開始運行，之後，中之行始

之本旨，此乃研討此行實之基礎，此為研於此文章述發揚之意義甚大。中午六小時用於專題

討論委有各開資料之調閱，首先由外賓挑出，起草討論大綱之代表報告所挑大綱之備考

提要，展開討論，歷一小時未到結次，余即發言，認為不必再多討論，因第一此項大綱另似分

分別核訂，只保持個之要旨，第二令以後的大綱所連結下之學限制討論下去，不致影卷

及失掉保持其之作用，責任毋需過迴，並實此項大綱甚多，不定期，拘一些概

念加改善用，到當然去加修改，穿口覺之無必要也，討論完畢後，另別研究資料

余等翻撿得見助之民事戎的研論，甚有廢，又各閣善盡盡年，其中對神略

多之資供錄，固定全為一兩事件，所不同思現於何。大多苦致也。以其他詳論卻多，多事強

娛樂，晚幸引第二次晚會，先申在台同學致詞歡迎海外同學，等義答点，繼申卒學年事

技術圖書資料輸束窃力窮火等，康棠經濟書資捐贈劇「不知道，我更聽俗憶吳去詞。」

目　錄

1952 年（44 歲）

1952 年小引

　　民國四十年於驚濤駭浪中悄然度過，回溯此一年中之光陰，用於一己衣食之謀者多，用於國家民族之效力乃至個人之進德修業者實尟，雖環境之使然，亦人謀之不臧。茲已行年四十有四，自去年漸覺體力有衰退之象，乃悚然於生命之可貴，今後當如何更求時光之善為利用，與夫品學事功之更為精進，反省中深覺有不可或緩者數端。

　　一曰性情之涵養，當求精密、耐煩、不暴躁、不惱怒。此是半生之大患，故列於首。

　　二曰學識之補充，當隨時代而求進，在社會動盪人事紛亂中，尤宜由實際事項中求真知，勿以時間或其他條件之不足為遁辭而自恕其愚昧。

　　三曰處事之態度，當力求社會化，於公益宜熱心，於利害少打算，更應力矯孤芳自賞、離群索居之習性，以求擴大社會之影響，並引進社會之助力。

　　四曰事業之展布，當不忘情於人群之福利與政治之事功，勿憑藉一技之長，為一己謀生為已足。

　　五曰子女之教養，當認為無可旁貸之重責，務使其人格與知能均有健全之發展，不使只見自然之成長而茫然於何以做人與應世。

　　六曰家庭之生活，當力求諧和與安靜，有理想之家庭始有健全之夫婦、子女，乃至一切由此而出發之事業與創造。

一月五日作

1月1日　星期二　晴

師友

上午，張中寧兄來訪，閒談，實為拜年。李德民君來拜年。王裕堂君來為姑丈拜年，知姑丈已移居，但亦來余處談移時，所涉為其在基督教之立場，渠反對以教會為宗教，甚有見解。

交際

余因未任實際公職，且友朋住居鄰近者亦不多，故今日不往任何處拜年，而友人之來余處者亦絕少，但昨、今兩日寄來賀年片者頗有數人，計有陳立夫氏，係其秘書代發，洪蘭友氏，係以國民大會之職務關係，朱佛定氏夫婦，係舊識，第四建築信用合作社，因業務關係。

1月2日　星期三　雨

家事

上午，姜姑丈來，談姑母胃病每日必發，昨日尤甚，決定就醫診治，詢余何處較妥，余為介紹中心診所及明華診所，又談前日張景文兄曾交來託姑丈所買物件之價款數目，據台灣銀行港幣、美鈔二者比例折成美鈔交來，比在港二者之折合港幣偏高，故所交美鈔亦略多，詢是否照收，余認為此等折合既係虛擬，無論照何標準，均無不妥，自亦照收為宜也。

業務

下午到第七倉庫合作社，詢以前日應辦就之當日日計表，據云尚未製就，須待明日云。

1月3日　星期四　雨

業務

　　上午，訪第七倉庫利用合作社出聲人于兆龍，談去年度社務情形，特別著重於李朝棟理事主席所經手之印花款與墊供開支之暫存款，于氏對於李君有若干事項混淆不清不無微詞，謂吃虧並無關係，但須知其底裡，對於將來社務進行，擬於本月下旬照官廳規定之日期召集社員大會，理監事人選已有擬定，徵詢余之意見，余以為此等人選皆係代表其個人者，故無意見，渠意以余繼李為理事主席，余表辭謝，因官廳對介紹借款業務因等候解釋尚未恢復，如長久拖延，社務發展大受限制，故表示躊躇，于以為此係各社之共同問題，非獨本社一家為然，果有困難，加租倉庫或頂買倉庫由主要業務上著眼亦無不可云，談竟余辭出，晚間並在于寓便飯，在座尚有李朝棟、魏盛村、陳玉書、楊天毅等七、八人，于氏又當李面提出此問題，但亦未作討論云。

公益

　　上午出席山東輔導生產基金會保管委員會，討論重要事項為此次訴訟律師公費，周旋冠提出公費為一萬元，常年顧問公費二千元，討論時多主減少，但結果仍照數通過，又討論總幹事宋延平因就第四建築信用合作社經理，請求辭職事，咸以為在外界對本會諸多誤解之現狀下，如不能在人事更動上連帶作一新耳目之表現，不如暫時不動，決定先予慰留，俟有適當人選時再決定辦法，此案原擬定之解決辦法為以馬德夫提升為總幹事，其會計事務可多由助理員姜慧光辦理，姜則除在會

辦事外尚在第四合作社幫忙云。

1月4日　星期五　雨

師友

昨日張中寧兄送來美鈔一百元，託代為兌換，余因對外間不熟，乃於下午訪趙榮瑞君，不遇，留字請於回寓後到余寓或事務所一行，愈早愈好，因張兄需款孔急云。

業務

下午，立達染織工廠派會計王西瞻君來商談會計設計問題，渠於今年接辦，先擬定科目表，使能適合去年結餘之轉帳，詢余科目名稱是否適當，余因根本不知其平時所發生之帳項以何者為多，故內容上無可研討，僅就其所擬議之名稱與所擬包括之內容加以審查而略有指示改正之處，王君對會計知識甚淺薄，若干錯誤已加糾正。

家事

下午，詢明明華診所內科看病時間，往探望姑母之胃病，順便告知希望就診。

1月5日　星期六　雨

師友

上午，趙榮瑞君來訪，係應余昨日之約而來者，余託其代張中寧兄兌換外幣，約於下午交余事務所，下午準時來，謂只換一部分，餘須明後日等候現款，余即於傍晚為張兄送去，其時張兄準備出發參加同學聚餐，略

談後見時間不足，且道路泥濘，尤其二人手頭均值不甚寬裕，遂相率作罷，余留張兄處小坐即返，渠堅留余晚飯，余再三不肯而罷。

起居

近來總覺精神易於不夠，午間不休息小睡，晚間即難支持，八、九時後因帶因女入睡，自己亦即睡去，再勉強起床亦因天寒而不能從事任何工作，此習慣不佳也。

1月6日　星期日　雨

師友

中午，王慕堂兄來訪，據云其所服務之蜀餘公司形式上已於年底前結束，但經濟部撤銷登記手續尚未完成，稅捐稽徵處之歇業申請書則已送往，如將來未了事項有問題時，則將推之於已經轉交通銀行繼續處理，因該公司全係交通銀行出資，結束後當然一切還之股東云。

體質

近來牙痛不甚發作，偶食略硬之物亦能勝任，而痔瘡亦久未流血，是消化系統病痛不多，食量如常，且能甘味，但體瘦為半年來無異，始終無肥胖之徵象，是亦異矣。

1月7日　星期一　晴曇

師友

下午，到金華街訪楊孝先氏，不遇，楊氏於晚間來

訪，余告以往訪原因為知其移居此處已經半月，當時與房東相約第二月房租須於居住二十天後確定是否移居時再行決定是否續付，現在已距限期不遠，原擬議託汪逢楠君在桃園覓居，可以節省費用，未知已否有適當結果，據楊氏云，汪君當時曾託人代為設法，若干日來未晤汪君，故不知情形如何，惟對此項計劃亦自認並不十分妥善，因長途跋涉需要旅費，亦非絕對可以節約者也，楊氏根本問題為收入不敷支出，所蓄二、三千元已須動本，故萬分焦慮云。

瑣記

去年曾接政府派購有獎節約儲蓄券，先後六、七百元，今年政府違約，只准抵完戶稅，不以現款還本，見報有作此買賣者，乃按址至臨沂街廿七巷八號探詢行市，去時已黃昏，撳電鈴後見戶內掛牌乃潘力生會計師事務所，潘為海派同業，此種買賣雖不違法，亦殊不正當，故即離去，後聞其買進價不過三折，是存心以剝削圖謀利得者也。

1月8日　星期二　晴

師友

下午，到經濟部訪張景文兄，探詢商業會計法之公布施行問題，據云已奉到總統令自本年初實施，並將著手由省建設廳委託教育機關訓練會計人員，俾切實際，關於會計制度之一致規定已由部將原會計師公會所擬之一致規定加以補充，業已有打字本，余即取來一份，因關於推行新法，乃今年會計師業務之重要對象也。下

午，李祥麟兄來訪，謂聞之周旋冠律師，以余之名義在第四建築信用合作社存款可享特別優待，周君在該社存款為月息九分，言下似以為余尚可更高，余即告以以前所存該社均按月七分半行息，該社經理李紫宸面謂已屬特別優待，今周兄所存反比余為高，設非其記憶有誤，則李紫宸之為人可謂不友之至，當決定由余先向該社查詢，後日當可知其真相，屆時李兄當將款送來，如最高為七分五，亦無辦法，如果有九分之例，亦當無何問題云。

家事

　　上午，姑丈來談昨託詢問之節約有獎儲蓄券登報收買人表示只出三成價格，實係存心發財者。晚，到古亭區公所補辦姑丈一家三口之戶口總校正，因身分證前日始領到也。

1 月 9 日　星期三　晴

師友

　　上午，于治堂兄來訪，談日前在基隆與市黨部趙俊軒委員談該部可以借用課堂辦理會計補習班，渠尚未決定辦法，余認為可以籌辦，但究竟應否與此次建廳付託辦理會計講習會之市商會合辦，則須看情形而定，于兄並將會計師公會補習學校計劃取供參考。

業務

　　下午出席會計師公會七人小組會議，此小組乃依據會員大會所推四人及公會參加三人之辦法而組成，余為公會所推，今日將大會付託討論之兩大要案復分成兩個

分組分別審查，一組為公會章程，由余與王培基、劉明侯、金紹賢擔任，由王召集，一組為會員服務規約由富伯平、毛松年、程烈擔任，由毛召集，另推金為總召集人，大會所交第三案為公費標準，則由全體審查，今日開始工作，因議論紛紛，莫衷一是，二小時間只完成一個開端，其中最重要者則將公費字樣改用酬金，以符合法律規定。小組會散後，公會舉行常務理事會，討論建設廳為實施商業會計法案辦商業會計講習會，委託公會全體會計師擔任教務一案之支配問題，此項講習會共有課程五種（後加至六種），全省共設十七班，每人擔任一班之一種課程，故可以全體均有機會任教，因時間迫促，不及召集理事會，故由常會加以支配，但仍尊重會員個人意見，可以加以調整，此項通函日內即行發出，經費全部由省府負擔，在每班三千元限度內支配，其中鐘點費預定為二十元，鐘點最多者為商業簿記一課程，所選十餘人均為比較熱心者，余亦被支配於其中，尚認為適當。

集會

　　晚，舉行黨部小組會議，由劉燦霞主席，討論檢舉社會弊害問題之討論大綱，並研究如何著手檢舉，得有頗具體之結論，此外即響應寒衣運動，九時散。

1月10日　星期四　晴
家事

　　上午，同紹中到省立醫院城南分院診治眼癬，醫師云須行手術，余因未有準備，故今日未照所囑處理。上

午，到區公所為姑丈、姑母、表妹申請戶籍謄本，以憑
辦理移出。

師友

　　午前，到長安東路訪吳崇泉兄，談業務之合作發展
問題，僉以為此刻因政府實施商業會計法，設計工作必
有開展，但為強化陣容，有成立聯合事務所之必要，又
公會修改章程案交小組研究，此案直接影響五月間之競
選，如何預留地步，亦不能不共同謀劃，此外在公會成
立黨部正式黨區部一事，亦有加以研究之必要，此三事
將約集四、五人集議辦法，又公會承辦會計人員講習，
台北市共有十班，教務方面應設職員，余介紹丁君充
任。下午，李祥麟兄來訪，余代為向第四建築信用合作
社存款，因前日李兄所談利率問題，尚未能以十分自然
之方式調查清楚，故暫時由姜慧光表妹以該社職員名義
存入，利息較優。

1 月 11 日　星期五　雨

師友

　　上午，鄒馨棣會計師來訪，談實施商業會計法後之
業務開展問題，經將昨日與吳崇泉兄所談各節轉告，並
即決定明晚在周傳聖兄家談話，余於下午訪周兄，亦
同意此項時間。下午，訪張中寧兄，遇其同鄉王育瑛
君，王君頗精相術，謂余本年已交好運，惟上半年甚駁
雜，有極煩惱之遭遇，但無妨礙，最近三年日有進境，
四十七至五十歲將任握實權之副主管，五十一至五十三
則登峰造極，有財有勢，五十三後可以進退欲如，開始

優游歲月，但一生不虞無錢，亦不成大富云。

家事

中午，至區公所將姑丈、姑母與表妹所申請之遷出用戶籍謄本取出，連同身分證送交表妹，備作遷入城中區之用。晚，率紹中至開明醫院為其左眼瘤開刀，十餘分鐘即竣，經過良好。

瑣記

上午，齊魯公司總務張君來訪，謂奉總經理李世澂命來洽余所住公司房屋之承購問題，余問其所擬提出者為何，據云係來徵詢余之意見者，惟公司有處理產業小組，評定此房之價為一萬二千元，但可優待，云云，余即告以自數月前李君託崔唯吾氏轉達其意為估價一萬二千元打雙八折，余未作討價還價之表示，只表示希望分期付款，此後公司即一逕未再來人，而崔氏當時曾明言轉告公司與余逕洽，余不知遲延之原因又為何，張君即解釋，謂延遲之原因為公司希望能不了了之即不了了之，加價出於小組之意，云云，余謂余既未作任何拖延之企圖，則不負任何責任，至於小組一節，乃公司內部事務處理問題，非余所知，余今日所能提出者即仍以李君所提之價為依據，分期付款事假定為分三期，成約時付一期，逾三月付二期，第六月付三期，希望轉達，張君首曾提及希望余到公司與李面洽，余謂無此必要，因公司人員眾多，余只一人，雅不願如此也，談竟即去，最後余再度表示絕無存心拖延之事，此蓋因昨接崔氏來信，謂一月前李曾向其表示余數月來一直拖延，現中央第七組催辦甚緊，故望速辦，價須一萬三、四千元，其

所云各節全係諉卸責任，由今日張君所談，實已不攻自
破也。

1 月 12 日　星期六　晴曇
師友

　　晚，在周傳聖寓研討今後之會計師業務與有關問
題，到者尚有吳崇泉、鄒馨棣二會計師，今日所研究者
凡三問題，一為針對商業會計法之開始實施如何開展設
計業務，對此點交換意見特為詳盡，一種意見認為商業
會計法實施後政府既有商業會計制度之一般規定，各業
會計人員自不十分諳熟，則請求會計師予以指導之處自
必甚多，但主管當局又開辦講習班，傳授之後即再無求
教之必要，於是縱業務可以增加，亦當有其限度，另一
種意見認為所謂一般規定不過粗具輪廓，即課堂所授亦
只能以原理原則為限，各業之具體制度的規劃以及實行
後所遇之實際問題，決不能事先一一預料，故雖有若干
行號公司可以自作聰明，然若干較為慎重者為顧慮檢查
後之可能罰鍰負擔，仍不免求教於會計師，故對業務開
展仍有相當之幫助，此二種意見根本上並無不同，乃進
行研究推行之技術，此則既須對外從事爭取，對內又不
免於應付同業之競爭，故在商業區設立事務所實有必
要，此項事務所之設立，為均平負擔起見，宜約集五、
六人聯合為之，凡各會計師自接之業務仍歸自己辦理，
凡關於與商業會計法有關之業務而當事人並無固定之委
託對象者，則收入以半數歸承辦會計師，另半數歸事務
所開支，此項開支負擔後如尚有餘，則平均分配，不足

則分別補足，目前最重要者即為適當房屋之覓定，又對
此項業務大家有共同看法，即此為在商界樹立信譽之時
機，收入實與服務相稱，不似過去若干會計師之以登記
註冊為主要業務者，實際只係與主管機關之辦事人員分
肥，有品者不屑為之，遂成為少數人之壟斷對象矣，第
二問題為對於正在進行中之修改會計師公會章程草案，
吾人有何應預留地步之處，此問題之要點在於理監事選
舉之投票方法問題，現行辦法為連記法，如有半數左右
之選票即可包辦，其次公會開大會時曾有提議用單記法
者，此項辦法則係以個人為中心，可能造成群龍無首之
散漫局面，經研究結論，認為前次準備選舉而未實現之
會員大會已對各會員競選情形大體明瞭，尤其與吾人合
作之廖兆駿集團及程烈集團，在大會前一小時背信，予
吾人以深刻之教訓，故今後應建立四、五人之競選集
團，從而在章程上應主張限制連記法，假定為五人之連
記，至於常務理事制抑理事長制則應主張仍維持常務理
事制也，第三問題為會計師內黨員之集合請求成立直屬
省黨部之區黨部，第一步為應先明瞭成立之法規，第二
步為向中央調查黨員人數及姓名，前者請吳崇泉君負責
接洽，後者請鄒馨棣負責接洽，談約四小時始辭出。
瑣記
　　上午，日昨來接洽請余承購住房之齊魯公司總務張
君又來續洽此事，謂已將昨日所談情形報告總經理李世
澂，據李云渠以前對崔唯吾氏談希望之代價時，只謂一
萬二千元可打八折，未謂可再打八折，恐係崔氏記憶
有誤，現在可仍照一萬二千元打八折計算，至分期付款

一節，希望仍為一次付清，以免帳務處理困難，余答謂崔氏是否傳話有誤，容向崔氏洽詢，至於付款如必須一次，余實無力為之，容再詳細考慮可能做到之最大限度，日內當再向張君回話，相信不日可告解決。

業務

第七倉庫利用合作社因業務無多，向係每十天記帳作表一次，現在恢復代售印花，為準備主管機關檢查帳目，今日決定以後遇有印花進出時，再加作一次，原有三次仍照舊云。

1 月 13 日　星期日　晴

師友

上午，蘇景泉兄來訪，談政校同學草山受訓事，近來已無人十分積極，只好聽其自然矣。上午，隋玠夫兄來訪，託為其友人張君日內至第四建築信用合作社取存款，又面贈合作金庫所印製之今年月曆一份。下午，于治堂兄來訪，談近來在台北、基隆開展會計師業務，現公會受建設廳委託辦理商業會計人員講習會，將渠派在台中，本有意請再調整台北或基隆，但悉係二月份內之事，其時正在廢曆年初，渠回家過年後自可就近參加，故仍將以公會之意旨為意旨云。晚，宋志先兄來訪，閒談最近將羅斯福路三段房屋頂出，得款一萬三千元，另在中和鄉借用友人房屋，只出修理費一千餘元，故可以騰出現款一萬餘元作為度日之用，此項安排對於當前生計大為有裨云。

1月14日　星期一　晴有陣雨

業務

上午，到會計師公會出席七人小組審查公費標準案，今日已將會計主要業務之收費標準重擬完竣，最大特點為將固有分論時、論案兩項予以融合，改為全部論案收取，並按會計事項之性質依照會計師法之規定逐項列舉分別訂定最低與最高數額，新定數額均較固有者為高，亦在提高會計師之身分，但恐因此反亦使工商界不易接近焉。下午，應山東輔導漁農生產基金保管委員會之約至第四建築信用合作社商談去年下半年帳務之整理改記西式簿記事，余只將其所記中式帳瀏覽一過，未表示任何具體意見，該會一向對於應付之公費嗇於支付，故余亦只願在適可而止範圍內予以指導，積極方面不欲表示任何肯定的意見也。

師友

晚，逢化文兄來訪，閒談最近由於監察院彈劾副總統李宗仁所引起之臨時國大召集問題。

1月15日　星期二　晴

業務

台北市稅捐稽徵處通知開始去年下半年技藝報酬所得稅之申報，並經會計師公會通函前來，其日期至本日截止，余於今日將申報表填就，總所得為一千六百二十元，平均每月二百七元，填就後即以掛號信寄城中區稅捐稽徵分處，所以掛號者為恐遺失無憑而生爭執也。第七倉庫利用合作社正積極準備本月二十三日舉行之常年

社員大會，由現理事主席李正忱主持一切。

師友

　　晚，蘇景泉兄來訪，贈台灣大學前出之傅斯年哀輓錄，渠移居羅斯福路二段75巷16號。

1月16日　星期三　晴

師友

　　下午，到中和鄉中和路140號訪宋志先兄，渠移此居住業已十餘日，自謂頗有鄉居之樂，其地與台北市不過一河之隔，有大橋相連，且有公共汽車可通，故亦城市山林也，閒談時談及表妹姜慧光待字閨中，宋兄有友人陝北白君頗為相當，余將先商之姑母與姑丈，然後再酌量能否作伐。下午，周旋冠律師來訪，係知余在第七倉庫利用合作社幫忙，特來拜訪者，談及將來可以互相介紹業務，以資配合，其大約條件即為由公費內提酬三至四成云。

1月17日　星期四　雨

業務

　　下午，參加會計師公會七人小組會，繼續討論酬金收取標準，今日所討論者為關於信託事項，亦即擔任檢查人、清算人、破產管理人、遺囑執行人及其他信託人等，原則上係按標的物之價值照百分比累退法超額計算，但為恐標的太小者公費無著，初意定一基本數，但又恐當事人或法院只以基本數之支付為已足，故又不宜訂入，結果乃將百分比之最低數提高，不另定基本數，

同時規定非先收取公費至少半數得拒絕接受委託，以免蹈入明盈暗虧之困累現象云。

1月18日　星期五　晴

業務

下午，出席會計師公會理監事聯席會議，通過今年度工作計劃與經費預算，此外由常務理事報告此次受建設廳委託辦理實施商業會計法講習會事，大體上願意任教者為六十餘人，故外埠者不能每班六教師支配，兼課者必多，鐘點費仍為二十元，其餘各費由市商會支配，如會員有誤會為每小時五十元者，乃將一切經費算入之誤，至於功課支配有謂外間不諒者，當自明也。

師友

下午，到溫州街訪張中寧兄，不遇，與其夫人閒談，辭歸後值於途，今日係為還款一百元而往訪。

1月19日　星期六　晴

家事

下午，到新生南路姜岳東姑丈家探視姑母病，據云已請姜渭綸醫師診治，服用藥片後已大為見效，余見姜之處方，知係用胃病新藥 Panchine，今日即將服完，將先購服一兩天，再往複診云，余又談起前日與宋志先兄所談陝北白君事，余因有此一事，故作為閒談之資，余亦頗覺並不十分相當，因白君已四十歲，相差在十四、五歲，距離甚遠，姑丈亦就此點提出意見，認為年齡並不相當，故即未再相談下去，辭出時帶來王豫民兄代染

之納富妥十碼。

1 月 20 日　星期日　晴
師友

　　下午，蕭繼宗兄來訪，不遇。下午，到逢化文兄寓
與十餘友人談話，所談主題有黃海水產公司當前之董監
事間爭執問題，即將舉行之國民黨全國代表大會問題，
由於監察院提出對李宗仁副總統之彈劾案而引起之召集
臨時國民大會問題等，尤其對最後一問題各將所聞之內
幕提出報告，頗多新的瞭解，有謂只是姿態，根本不欲
國大臨時會開會，有聞係確欲開會，但只希望人數能足
過半，可以通過罷免案而不足以談修正憲法云。

1 月 21 日　星期一　晴
家事

　　紹彭兒係去年二月一日生，以舊曆論，為十二月廿
五日，即為今日，本意應俟國曆生日始略作點綴，但數
日前姑丈贈以現款，今晨鄰人蔡維黮熙夫婦又贈以蹄肘
掛麵之屬，乃臨時改於今日約戚友晚飯，余於中午到
新生南路約姑丈及姑母，姑母因病堅決不來，下午又以
函通知表妹姜慧光亦來，但來面告因山東基金會趕辦帳
務，實難抽身，亦不果來，屆時僅姑丈一人來，比鄰蔡
君夫婦則因台灣習俗新添嬰兒不能外出赴宴，亦未前
來，故甚簡單。

1月22日　星期二　晴
師友

上午，楊孝先氏來訪，談日前已移住文化協進會招待所，係由吳先培兄介紹之力，始得先行住入其大房間，以待遷移小房間云。下午，訪吳先培兄於嘉陵公司，此為該公司成立後余初次前往訪問云。

業務

下午，到金紹賢會計師事務所參加審查小組，審查會計師收取酬金標準，今日所討論者為代辦業務如各種登記註冊及納稅商事等項，所定公費標準均較舊有者提高許多，次討論附費事項，為關於赴外辦案之公費等，最後為附則，規定公費全數先收或最少一半。

1月23日　星期三　晴
業務

下午，到中山堂和平室出席第七倉庫利用合作社通常社員大會，社員總額一百另五人，出席者近六十人，實際多無股金，不過由大股東于兆龍氏所分別約請前來應付官廳所需要之場面而已，即選舉理監事名單，亦均於事先擬就各社員照單抄投，故票數異常集中，僅由余等數人將名單略加變動，藉以產生候補名額而已，整個之會不兩小時即按預定順序報告、討論、選舉一一完成，無甚可以詳記之處，所可記者即市政府合作科長黃南陽致詞，謂倉庫利用合作社業務有五種，而各社多只做其一二，整個業務無足稱者有四社，較優者有四社，市府正洽請省府准併為四社，以充實其力量，七倉社過

去人事常動，業務亦欠開展，望社員督促發展，市府對優良合作社絕對維護，反之即不必存在，云云，此人在此場合大放厥辭，出於一般意料之外，或謂其用意即在增加合作社對彼之續存性，便於要索操縱，用心殆不堪問云，監事主席代表趙樹鈞報告時強調本社之完全合法經營為難能可貴，對黃所云可謂針鋒相對，大會散後，理監事會分別開會選理事主席與監事主席均用推選方式，余照預定計劃當選理事主席，會後回至社內聚餐。

師友

晚，徐嘉禾同學來訪，係來面送春節節禮者，固辭不獲，閒談移時辭去。

1 月 24 日　星期四　晴

家事

上午，到姑母家轉送鄰人蔡維谿所送年糕，余並贈橘子一籃，又問省姑母之病。

公益

午，到中山北路同鄉會出席山東輔導漁農生產基金保管委員會，所討論者不過職員請求借款加薪等類，而於如何催收到期貸款貸紗反等於擱置不問矣。

集會

晚，在余寓參加小組會議，劉燦霞主席，討論上級所指定之總統元旦文告研究大綱。

師友

下午，趙榮瑞君來訪，渠係前安徽地方銀行同人，此來為致送春節禮品者。

1月25日　星期五　雨

業務

下午，到第七倉庫利用合作社辦公，正在廢曆歲暮，加以並未經營信用業務，無頭寸鬆緊之問題，故覺諸事清閒，只在閒談過年種種，決定若干瑣碎事項，本社職員上下共七人，有眷屬者三人，本市籍者一人，單身者三人，年終應聚餐，以資歡敘，其時間自然最宜在除夕之晚飯，因次日互相拜年，不能從容將事也，但又因無論有無眷屬者均謂除夜有聚談用飯處所，遂最後決定為年終日之午餐焉。此外社內每月發薪均在月底，本月份亦遷就實際情形改為先行預發，上下均為每月一百廿元，為數戔戔，余既為經理之名，帳內亦照支此數，惟余始終抱義務幫忙之宗旨，並未照支，只在帳上作為暫時存款矣，又談及年初為星期日，自不發生放假問題，初二、初三則金融機構均奉令照常營業，本社自亦不能休息，但事實上絕無業務，經商定由職員內指定四人，每日二人，分別擔任值日之工作焉。

1月26日　星期六　晴

師友

第七倉庫利用合作社副理魏盛村君來訪，未有何事，僅專送春節禮物數種即辭去。

業務

下午，訪于兆龍氏談第七倉庫合作社社務，決定下月一日接該社理事主席之交代，談及現任理事主席李正忱君將來之出處，渠謂完全取決於余，余只有表示希望

在社繼續負責，惟名義已經解除，改任以次之名義殊不
相宜，故此事頗費周章，渠以後主張社務完全由余負責
處理，不必與彼相商，意雖客氣而誠懇，但余因與彼係
屬初交，深不以此為然，故未予接受，又談及會計人員
問題，主張不再用現任之高君，余亦同意。中午，在第
七倉庫合作社參加除夕聚餐，因晚飯有家者須回家，無
家者多有他約，故於午間舉行，其實甚為簡單，明日元
旦則仍添菜供獨身之用，後日及初三則分別輪流值班。

娛樂

下午，與第七倉庫合作社同人觀電影，為初出品新
片「春滿人間」，焦鴻英、吳驚鴻合演，旨在宣言台灣
省府去年所推行之三七五減租，內容甚佳，但演技、拍
製、配音等無一可取。

1 月 27 日　星期日　晴

交際

今日為舊曆元旦，在小康局面中官民均有歡度佳節
之情緒，余於晨起即出發拜年，係臨時雇三輪車預定路
線出發，首先至金山街丁惟汾氏處，晤及，余井塘氏
處，未晤，以次至楊綿仲氏處，晤及，張中寧兄、楊天
毅兄、李正忱兄，均未晤，裴鳴宇氏，晤及，洪蘭友
氏、馬兆奎兄、張金鑑兄、李洪嶽兄、蕭之楚氏、劉欽
禮兄、蘇雲章兄，均未晤，然後至姑母家，姑丈、姑母
均在，然後至周旋冠律師處、趙季勳兄，均未晤，劉文
島氏處，雖晤及，而其竟若不識，予人以不良印象，再
至朱佛定氏處、韓兆岐兄處，均未晤，張景文兄、馬聯

芳兄，均晤及，于兆龍氏、谷正綱氏，均未晤，隋玠夫兄，晤及，虞克裕兄、胡希汾兄、王慕堂兄、孫伯棠君、宋延平君、黃南陽科長、秦德純氏，均未晤，此時已中午矣，下午繼續出發，係步行兼搭公共汽車，先與德芳同偕紹中至其業師處，未晤，繼至王莘青先生處，晤及，張志智兄，晤及，王崇五兄，未能尋到，吳先培兄、周天固兄、汪沛然兄、劉階平兄、于子久兄、冷景陽兄、周傳聖兄、楊孝先氏，除劉兄外，均未晤，逢化文兄、鄒馨棣會計師、傅玉甫兄，均未晤，李紫宸兄、李杏村兄、楊紹億兄、陳運生，除二李兄外均未晤。今日來拜年者余皆未晤，計有陳德裕會計師、李正忱兄、魏盛村兄、宋志先兄，鄭錫華、蔡繼善二君、鄭旭東兄、王慕堂兄（余曾往亦未遇）、李紫宸兄、韓兆岐兄、于兆龍氏、李德民君、鈕鉁龢君，以上六人及魏盛村兄均係余在寓時前來者，故皆相遇，互相拜年，今日全日全用於拜年。

1月28日　星期一　晴

交際

今日仍全日拜年，上午到中和鄉宋志先兄處及新莊劉振東先生處，均與德芳同往，且皆晤及，劉氏對政府之整個作風有甚透闢之見解。下午，繼續出發，計往龔祖遂兄處（渠上午來）、王庸會計師處、鄭洛非兄、鄭旭東兄、呂明誠兄、陳德馥會計師（未尋到）、張曉古兄、戰步青兄、孫符玉兄、張雲泰兄、趙耀東協理、廖兆駿會計師、郝遇林兄、徐嘉禾兄、石鍾琇兄、譚嶽

泉兄，除鄭（旭東）、王、鄭（洛非）、戰、孫、石諸
兄外，均未晤及。今日來拜年者有廖兆駿會計師、劉階
平兄、龔祖遂兄、林數五王順之夫婦、吳先培兄、袁守
成兄、徐嘉禾兄、虞克裕兄、胡希汾兄、冷景陽兄、汪
聖農兄、蕭繼宗、叢芳山兄均未晤及，又有楊孝先氏與
張益瑤夫婦，係余在寓時前來，又有比鄰張迺作律師夫
婦、黃梅生兄，亦前來，余僅與黃兄晤及（張益瑤兄處
昨曾前往）。

家事

　　晚，姜慧光表妹來訪，談現專任漁農基金會職務，
但第四建築信用合作社亦需人手，經理宋延平有意將其
調任，而不知理事主席孫伯棠之意向，余允便中先向孫
君探詢。

1 月 29 日　星期二　晴

交際

　　上午，與德芳到張迺作夫婦處拜年，又到黃梅生兄
處。又同到碧潭拜年，計先後到韓質生兄處、孫典忱兄
處、叢芳山兄處、劉馨德兄處、崔唯吾先生處，並在崔
寓午飯，同座者有李祥麟兄夫婦，以上各處僅孫兄與
崔氏未晤面，余與崔師母談所住齊魯公司房屋事，請崔
氏轉達該公司協理李伯平仍照以前所開條件及一萬二千
元雙八折分期付款等履行云。又同到公園路廖毅宏兄及
曾大方兄處拜年，至下午五時始完畢。今日來拜年者有
郝遇林兄、周旋冠律師、孫符玉兄、曹璞山兄、朱佛定
氏、李伯平協理、張子文兄、周天固兄，除郝兄外餘亦

未晤。呂明誠兄來拜年，余未晤。昨晚逢化文來拜年並
閒談。此次因春節收到之禮品食物有數份，計有徐嘉禾
兄、魏盛村兄、第四建築信用合作社、趙榮瑞君、馬麗
珊君，又有姑丈與七弟。余送禮數份計有姑丈，徐嘉禾
兄、宋志先兄。幼兒紹彭收到壓歲錢有數份，計有姑
丈，第四建築信用合作社宋延平經理，冷景陽兄，余則
並無付出者。

1月30日　星期三　晴

交際

今日出發答拜賀年者，計到袁守成兄處、曹璞山兄
處、張子文兄處，及王崇五兄處，王兄處係詢之汪兄得
知地址而順便前往者。今日前來拜年者有劉馨德兄、金
鏡人君、楊天毅兄、王庸會計師、張雲泰兄、廖毅宏
夫婦、鄒馨棣會計師、周叔明女士等。今日到第七倉庫
利用合作社來答拜未遇而留片者有國民大會洪蘭友秘書
長，及警務處副處長劉欽禮兄。

業務

舊曆年後首日到第七倉庫利用合作社辦公，新年後
事實上無何業務可言。

1月31日　星期四　陰微雨

業務

上午，李正忱君來接洽第七倉庫利用合作社理事主
席之交接問題，旋於下午到社會同魏盛村副理商談，決
定辦一交接手續，明日起李君即不負責，以後支票印鑑

由余與魏君簽蓋，倉單亦同，但余將留一圖章交魏，現
金則交另一職員保管，大數逐日送存合作金庫。

師友

　　劉振東氏來答拜賀年，不遇。隋玠夫陪陳天表同學
來訪，係為託代向第四信託存款。

家事

　　姑丈來，留午飯，飯後率紹中回寓小住，晚余往將
同時前往之紹寧帶回。訪張中寧兄。

2月1日　星期五　陰
師友

　　下午訪張中寧兄，託代為洽詢女師附小幼稚園為紹寧設法入學。下午，到第四建築信用合作社代陳天表同學存款，遇孫伯棠理事主席，因該社近來求去人員甚多，特為洽薦趙榮瑞君到該社服務，但未有具體決定，孫又提表妹姜慧光轉至第四合作社服務之原因，謂不便同時兼任山東漁農基金會事，託余轉達一切，余謂此係其內部事，余殊不願置喙云。晚，林樹五君來訪，此為二次前來拜年，據談去年台大畢業後即被派在糖業公司服務云。

2月2日　星期六　陰雨
業務

　　自昨日起第七倉庫利用合作社理事主席由余接任，已開始作形式上之交接，前任理事主席仍以理事資格在社幫忙，今日已將對合作金庫存款印鑑改為余與李朝棟、魏盛村三人中二人有效，對外簽發倉單則由余與魏任之，並將專用章交魏代用，又現金本由李保管，印花亦然，今日洽妥交魏接辦，帳務方面在卅一日李以提取暫存款名義挪移印花款七百元，等於虛人以實己，並謂于兆龍股東應負責補充流動資金，無非掩飾其此舉之不當，殊為不妥也。

2月3日　星期日　陰

交際

上午，同德芳到牯嶺街訪徐嘉禾夫婦，係年後之初次拜訪。上午又同訪林樹五夫婦，係答拜其來賀新年。晚，在姑丈家晚飯，在座尚有王裕堂君等客人兩人，此外所請者未到。

師友

下午，到內政部參加同學茶會，此次由余與王保身、李鴻音、金平歐聯合招待，首團拜，次由方青儒兄報告因李宗仁副總統彈劾案而引起之召開臨時國民大會問題，此中關連之困難甚多，例如人數現在不過一千一百餘人，設港澳准予入境，加上華僑代表及出缺遞補，除去名額有雙份者，據云可足法定人數即一千五百卅三人，但此中是否有對李宗仁表同情者，不能忽視，萬一因此而不足法定人數，或竟作未雨綢繆之計，而先由立法院將國民大會組織法中之開會法定人數加以降低，必將引起李之反擊及外國輿論之指摘，結果反不如不開此會之為愈，故此事為最近最有關係之事云，繼由劉家樹、張中寧、謝澄宇等相繼補充，余早退。以下尚有報告國際大勢者，即不及聽矣。晚，李德民君來訪，謂其姪將與衍訓報考陸軍軍校，詢余意見，余云自當以讀至高中畢業為急務，設無升學勇氣，不妨即考。

2月4日　星期一　陰雨

業務

　　上午，到第七倉庫利用合作社辦公，到市政府合作科拜會科長黃南陽、股長林學禮、李恭悌及林競武等，僅林、李二人在科。下午，到會計師公會出席會計補習學校常務董事會，討論辦理董事會立案手續等事，並閒談建設廳辦理會計講習會籌辦情形。

師友

　　上午，到農林公司訪廖國庥兄，又訪佟志伸兄，余將佟兄已經填就之連保切結，交佟兄轉交公司，即由二人互保，而廖兄則謂實際不需也，又由佟兄偕至福利社買奶粉等物。

2月5日　星期二　陰雨

師友

　　上午，到羅斯福路二段訪蘇景泉兄，不遇。到潮州街訪逢化文兄，探詢以配給米調換良米之方式與折率等情形，並詢立人油廠委託查帳一案迄未進行之原因，託其再與秦紹文氏一談。到武昌街訪陳德馥會計師，係答拜新年，因其地址前次未能尋到也。

業務

　　余自本月一日接第七倉庫利用合作社理事主席，今日已將交接清冊與前任李朝棟會同蓋章，並依魏盛村經理意將器物之類與前接收時之清冊加以核對，清查增損。

2 月 6 日　星期三　晴

師友

　　下午，到台灣銀行訪胡祥麟君，為第七倉庫利用合作社索贈台銀週刊，胡君係濟南舊識，在台尚係初次見面。到交通銀行訪王慕堂兄，談余為其戚丁君謀事除會計師公會之補習學校尚須等候外，第七倉庫合作社會計即將易人，但待遇太薄，惟王兄認為無妨，待先徵求其本人之意見，再作決定，王兄又談其所服務之蜀餘公司正式結束，渠本人調至中本為稽核，後改董事會秘書，但不須辦公。晚，蘇景泉兄來訪，閒談。晚，趙榮瑞君來訪，余告以為其介紹工作有基隆造船公司，先須送履歷再決定是否談話，又有第四建築信用合作社可先往談話，雖未必立即有機會，但在調整人事之間，實現之可能性頗為不小云。

業務

　　城中稅捐稽徵分處昨派人來送去年下半年技藝報酬所得稅通知單，因較之余所申報數略有增加，被德芳拒收，今日余往與經手會員接洽，此人牢騷滿腹，謂既不肯收，已呈報依法查帳，不能再發通知單，余謂拒收者非余本人，今日來取不應拒交，否則余既未能接到通知，無法完稅之責任自不能負，渠始將通知交出，現在稅務人員皆係行政專科學校甫出校門之學生，少年氣盛，往往如此。下午，到會計師公會出席研究小組，研究在會計師立場對於會計師法有何應提之修正意見，已有結論，大致係主張取得會計師資格之規定應嚴，對於會計師不應兼任工商業之經理為現行法所無者，現在仍

主張予以限制，此外最重要者為現行有關法令並無會計師之積極性的法定業務，討論決定應主張在商業會計法內規定一切商業決算書表非經會計師證明，官廳應不收受云。

2月7日　星期四　晴

業務

下午，代表第七倉庫利用合作社以來賓資格參加第四建築信用合作社社員大會，並應邀演說，余提出兩點感想，一為社會對合作事業尚缺乏認識，政府扶助有名無實，故合作運動之階段並未完成，此有待於合作界人士之努力，第二為政府對金融業不能積極輔導，一味限制其發展，使資金脫離金融業，反為害社會，為糾正此點，有賴於合法的信用機構更求發展，本社實責無旁貸也云。晚，魏盛村經理來談七倉社前理事主席李朝棟交代前後用種種方法挪用現金，實屬非是，余亦同感，又袒護高清林使不求去，魏君亦極為不滿，余謂已另約人接替矣云。

2月8日　星期五　晴

師友

上午，訪張中寧兄，閒談，據云國民大會臨時會之出席代表問題刻正在有關方面研討中。到開封街訪楊天毅兄，其所主持之振中印刷廠前日移至此地新址，故特訪問，但未相遇。

業務

　　第七倉庫利用合作社自本月起由余接理事主席後，前數日始將交代接清，其中現金部分余指定由魏盛村副理接管，魏君對於以前李朝棟理事主席自管時期之混淆不清，本不直其所為，故交接之際不無相當爭執，李君實際移交在其移交手續後兩天，故作現金移交之抵現單據又有五、六百元，其中有不應墊付之款四百餘元，經囑其以李個人名義借掛，又在李任內自行支用七百元，以上各款皆係動用代售印花之款，共約一千二、三百元，故每期解繳印花款時必須於次期補售如數，取得現款後始能解出，今日余與李、魏兩人談此事，李君自謂事實上其本人有虧空，非如此無法交代，而所動用之印花款，乃一月間余向合作金庫洽妥恢復代售印花先售後繳後之事，故余為該社辦到之第一事，反使彼私人蒙受利益也。

2月9日　星期六　晴
家事

　　上午，到中心幼稚園為紹寧報名，備參加考試。下午，孫伯棠君來訪，談日前所談之介紹張益東與姜慧光表妹親事，未知已否與姜表妹父母談過，余答尚未，下午往訪姑丈與姑母，僅姑母在家，余將此事轉達，未置任何積極性之意見，但咸以張君已故之妻留有子女二人為問題之癥結云，姑母又談及將宴請孫伯棠、宋延平，答謝宋君新年贈物。

師友

下午，到文化協進會招待所訪楊孝先氏，告以其所存款之振中印刷廠新遷地點。

2月10日　星期日　晴

家事

同紹寧到中心幼稚園投考，考試之教師所問問題最為簡單，據云後日發榜後即可註冊，該園為私立，收費甚高，故招生尚未足數，而此次報名者亦不算多，故錄取甚易云。中午，德芳約以前在山東省銀行行員馬麗珊及姜慧光表妹吃飯，今日為燈節，只吃水餃。

娛樂

下午，同紹中、紹寧兩女到植物園看電影，片為美高美出品「舞宮鶯燕」，原名為 An Unfinished Dance，寫一少女因誤加害於人之心理鬱結，最後反完成一種極友好關係，富人情味。

師友

上午，李德民君來訪，謂趙榮瑞君謀造船公司事極有望，約其日內到該公司談話云。

2月11日　星期一　晴

業務

上午，到太安行訪言穆淵君，將所擬該行與福台公司債務糾紛調解協議記錄草稿交其過目，該約係照言君之要求條件草就，由福台承認按七萬元參加分配償還，言君無異議，只謂此項草稿經對方看過後，尚須由彼函

送香港由其叔核閱後始能作最後決定；談竟即送對方會計師廖兆駿君，廖君云即交當事人李玉階，俟得其同意後即行答覆云。

師友

下午，李祥麟兄來訪，係因渠上月交余轉託姜慧光表妹在第四建築信用合作社存放之款已經到期，特來辦理轉期手續，並閒談國立學校教員一般生活不安情形甚詳。

2 月 12 日　星期二　晴

業務

第七倉庫利用合作社之業務，仍無法展開，只有從固有之倉庫本身上設法，因現在倉庫存貨已只及其半，僅憑半數之存貨即日常開支亦不能應付也，下午，高明一君來訪，渠在萬華區稅捐稽徵處服務，余託其代為介紹倉庫業務及余之會計師業務，此外各公營公司主持人方面亦將有所接洽，藉謀補救，總之此機構雖不甚大，而欲求發展亦甚吃力也。

師友

下午，到交通銀行訪王慕堂兄，告以確定約丁暄曾君到第七倉庫利用合作社擔任會計，俟聘書辦就即可到職。下午，趙榮瑞君來訪，余告以造船公司事極有希望，明晨可到基隆與李德民君接洽，設不能成，則山東漁農基金會方面仍可設法云。

2月13日　星期三　晴

業務

上午，到中山北路訪于兆龍氏，談第七倉庫利用合作社一般社務，人事方面告以余決定准高清林會計辭職，以丁暄曾接充，經理一職自余為理事主席後不願再兼，仍欲以魏盛村再度擔任，于氏對此點堅不同意，同時在座之項望如氏亦作同樣主張，致無結論，于氏又對於李正忱理事主席交代之際動用現款表示不滿，好在為數不多，亦即聽之，渠又準備將存在他處之現款七萬元改存本社，余因介紹借款業務未奉准恢復，暫時不能接收。會計高清林因與魏盛村副理積不相解，昨遞辭呈，余今日批准，並加溫慰，因此人並非不能作事，而不能不去，甚可惜也。

師友

下午，楊天毅兄來訪，余託其介紹倉庫業務，並代至中央日報登事務所遷移廣告。

家事

下午訪姜姑丈，交所具表妹在第四建築信用合作社之保證書，並談張益東提媒事。

2月14日　星期四　晴

業務

上午，鄭旭東君來訪，轉來基隆地方法院所出證人傳票，為黃海公司王馨山侵占案傳證，鄭君謂此案原告為金惠卿，所告要點為基隆魚市場售魚價款收到日期有參差，平安魚輪局緣網作價有弊端，上海辦事處款有挪

用，及售魚價款一千元另一分漏收帳，等四項，法院檢
察處對前三項之理由認為不充分，不予起訴，最後一點
則載立帳冊，係王會計經手，故對其一人起訴，余作證
時希望指為錯誤云，又談其對於黃海公司之當前情形之
觀感，謂經濟部漁管處接辦半年仍然賠錢，可見此事非
憑理想可得解決者云。

師友

下午，趙榮瑞君來訪，謂今日到基隆訪李德民君進
行造船公司工作，因其會計處長另有他事，揚長而去，
致未能晤談云。晚，張中寧兄著子緒心來告請備函將紹
寧之姓名開送女子師範蔡秀明女士，託其轉向幼稚園負
責人設法介紹入學，當即照辦。

瑣記

下午，劉馨德律師來訪，代達崔唯吾氏之意，謂徇
齊魯公司李世澂經理之請，希望余價購住房事早日解
決，余告以此事余絕未拖延，李則始而謂余拖延不決，
繼而謂未向崔氏表示可照一萬二千元打雙八折，故余無
法再作答覆，劉兄謂李在崔氏處表示此房現在值二萬
元，故八折亦當有一萬六千元，余謂渠價款日有增高，
只好請其自行處理，彼可能賣出，余即搬家，劉兄旋謂
余之基本條件不妨提出談談，余即謂價款最初由李經過
崔先生提出，余未還價，只希望分期付款，該公司一再
拖延，現在又要漲價，余決不接受，即今年初該公司張
庶務所談者亦只希望勿打雙八折，迄今不過一月，又作
第二度漲價，可謂無理之極，劉兄謂如價必須維持第一
次所談，則分期付款可再改為一次付款，或將分期縮

短，余謂此點可以伸縮，劉兄又謂設為避免僵持不決，余之最高價可否加至一萬，余謂如劉兄或崔氏作為第三者提出折衷之數，則余最大限度可以漲至九千元，再高余亦無力，房亦不值也，劉兄謂在青島時曾對李有所幫忙，始而低聲下氣，迨問題解決後又倨傲不遜，故雖有同學之誼，而不願有何直接接觸也云，余最後謂依理而言該公司固可行使其產權，但公司離職人員未讓房屋者尚多，未聞有何辦法解決，獨余尚肯實事求是，設該公司不能體會此點，一味糾纏，余亦只有與其長期周旋也。

2月15日　星期五　晴下午雨

瑣記

上午，劉馨德律師來訪，不遇，旋通電話，據謂今日已晤及齊魯公司李世澂經理，談余所住房屋事，告以余堅持照去年該公司所提價即一萬二千元雙八折，彼則認為一個八折可照辦，但分期付款則不能接受，劉兄謂可加至九千元，設余不承認，則由劉兄負責補足，分期一節不妨縮短，假定為三個月，每月三分之一，李答謂彼可照辦，但須請示中央改造委員會並商謀該公司財務小組後再行回話，劉兄謂渠所提者余是否同意，余謂既蒙費神，無不遵命云。

師友

上午，張中寧兄之長子緒心來訪，謂代洽紹寧入女師幼稚園事，學校當局恐滋物議，未能照辦。上午，訪趙榮瑞兄，託其代張中寧兄設法代換外幣，請於下午送

來，但未果來。

業務

　　下午，到基隆地方法院刑庭為黃海水產公司會計王馨山侵占案作證人，所訊者為卅九年一月短收台北魚市場售魚款一千元零一分之情形，余照查帳經過作供，但查出後只作書面報告送該公司董事會，與會計人員未研究該款其他情形，此因余之立場只為鑑定事實，且只向委託人報告，故不與會計商談云云，據王馨山供謂當時款多千元，不知來源，曾秉承鄭旭東總經理之意，交文書組長作為開支周轉金，故無侵占之意思，鄭旭東所供亦同，後由辯護律師梁不勳申述王無侵占之意思，請作無罪之宣判，法官即宣布於二十日宣判，即行退庭，今日所傳證人，除上列者外，尚有該公司監察人牟冀三，法官對於監察人於知悉會計師報告有短款情形後，只通知董事會收回而不查詢該款何在，表示不當，此點頗為中肯焉。

2 月 16 日　星期六　雨

師友

　　上午，趙榮瑞君來訪，交來代張中寧兄兌換之現款，適張太太在余家縫衣，即交其照收。上午，鄒馨棣會計師來訪，因余所登事務所遷移啟事於今日見報，因談及其住址不適，擬按裝電話，或另在市區設事務所，寓所則在鄉間另覓，又談及調查會計師公會內之黨員姓名，另籌備直屬省黨部之區黨部，以便產生代表參加全國代表大會事，有積極進行之必要云。

業務

第七倉庫利用合作社新聘會計丁暄曾君今日到職，上午先來余寓接洽，余將社內情形略加分析，並告以待遇微薄須在此期間先籌謀發展業務，然後始有改善生活之望，渠表示就此職務，意在學習，非為謀生，旋即到社，介紹各職員並辦理交接。

2月17日　星期日　雨

師友

下午，到內政部參加校友茶會，李鴻音、張中寧兩兄報告立法院院長候選人內定提名張道藩氏之經過，及張氏所運用之方法──以退為進，與將來當選後實際政治上所將發生之問題，又報告國民大會籌開臨時會由於法定人數問題，而發生港澳代表入境要求交換條件之內幕，與問題人物李宗仁副總統在港展開收買活動之情形，劉家樹補充謂因人數甚難足額，不免出於由立法院修改國民大會組織，將開會出席法定人數改為三分之一，但立法院須在此舉之前亦交換條件，即由國民大會通過立法院任期之延展，故此中關係甚為微妙云，繼由賴興儒兄報告接任保安司令部督察處督察室主任，任務為蒐集情報與管制走私，希望同學協助，但若干同學提出意見，認為現當局之作風必不能使走私根除，故任此工作決不能免有開罪巨宅及代人受過之情形，與其焦頭爛額，不若適可而止，並列舉若干駭人聽聞之事實，使賴君得有若干警惕，實為不易多得之事云，今日會中所談者多為現時政治之根本或內裡問題，非老同學有共同

了解者，多不能如此言無不盡而鞭辟入裡也。

2 月 18 日　星期一　雨

業務

　　今日全日在第七倉庫信用合作社辦公，會計新易為丁暄曾君，已接收完畢，前任高清林君交代後已無事可做，今日告余將於廿一日離此赴台中，但旅費無著，且欠債二百餘元，亟待清償，乃簽請借支三百元，余商諸魏盛村經理，渠堅不應允，謂彼非如此窮困者，余告高謂過去與魏經不睦，皆係因公，今後交友之日方長，不可決絕，應先與其再談，以免專用簽呈方式，引起隔閡，渠與魏即商談，尚無結果。下午，檢討過去收取倉租辦法，過去根據各倉庫合作社議決，定有一表，今已三年，該表所列極簡單，余閱後所得之了解為計算倉租係以貨品價值為依據按貨價計算百分比即為應收之租金，此項百分比又有一累進表，大致體積愈大（或謂係占地面積）則百分比愈高，於此發生一問題，即同樣之貨堆存愈多者所負擔之倉租較分成若干零星部分應收倉租之和相加為高，理由何在，不易當解，經決定與其他倉庫業者比較研究後作一合理規定，蓋過去雖有此一表，而因不能完全了解，收租時只按價款約略計算而已云。

師友

　　中午，于仲崑兄偕林產管理局兩友人來訪，余託其代為推廣倉庫業務云。

2月19日　星期二　陰

師友

上午，訪楊孝先兄，告以中美大藥房有頭寸吃緊之現象，因楊氏亦存有款項在該藥房也。

瑣記

下午，劉馨德律師來電話，謂齊魯公司李世澂經理對價讓住房事今日有電話來，謂前數日劉兄與彼所談之條件已經財產處理小組商談決定接受，但附帶聲明三點，一即自簽約後此房對公產管理處之房租由余負擔，二為分期付款可照辦，計三期每期三千元，如屆期不付，則以前所付者即為保證金性質，予以沒收，三為原借有少數木器希望交回或一併價購，余對此三點認為亦無所謂，故即在電話中照辦，詳情明晨余往訪劉兄面談，又據劉兄云，此事手續方面將先由該公司草一合約，送劉兄及余獲取同意後再由該公司提董事會核定云。

2月20日　星期三　陰

業務

上午，到中山堂出席本市商業會計法講習會開學典禮，余準時往，但未有甚多到會者，及到樓上稍事盤桓再到大會堂，即已開會，先後均係若干官員演說，無甚可聽，余即早退，此外參加之會計師亦屈指可數，又此期講習會定今晚開始上課，但課表與課本則尚無著，余以電話詢會計師公會常務理事吳崇泉兄，據云此事在事務方面均歸市商會辦理，致若干事陷於脫節，今日已

有接洽，大約課表明日可以分送，今晚先不上課，預定明晚上課云。第七倉庫利用合作社之卸任會計高清林君簽請借款三百元事，余本同情其事，但經理魏盛村認為高並不如此艱窘，而本社對於代售印花款則已挪墊甚多，確實無力，余認為又不能完全拒絕其請，故商定供給其赴台中旅費，數為五十元，以前在社之借款亦不須再還，故實際上所贈者不只此數，經與高君再三說明，始告解決。下午前任理事主席李正忱來社，余將此事面告，李陽為對高表示不滿，陰則又主張其個人亦送五十元，但須由社墊給李個人，余對此項表示深覺不滿，李對社款已借用不少，今又如此，可謂不識大體，余即告以社款墊出已多，大可不必云，高事分明表現李、魏二人之參商，細思之極無謂也。

師友

　　上午，訪劉馨德兄，不遇，旋渠來訪，又談及昨電話所談余頂進住齊魯公司房屋事，據云該公司對木器一項請渠估價，余謂不妨先問其購價再說。鄭旭東、于治堂兩兄來訪，並同在四川食堂吃飯。趙榮瑞君來訪，當介往訪孫伯棠君，旋來謂明日可到該處辦公云。

2 月 21 日　星期四　晴

家事

　　上午，姜岳東姑丈來訪，談慧光表妹因李德民君為其介紹一同學隋君為將來婚姻對象，年齡比較相當，對孫伯棠君所介紹之張益東君主張不必再提，況張君尚有幼兒，亦非所宜云。

瑣記

　　下午，到羅斯福路一段投龍匣里里長選舉，余投現任呂臣長之票，至晚知已當選。下午，劉馨德兄來訪，交來齊魯公司所擬頂讓房屋草約，大致平妥，余允日內詳加考慮後送還。到中美大藥房與方宏孝委員談提取存款事，據云刻實無力，一週內或可設法，渠又談及正在籌議改組為股份有限公司，請余協助其事，此事動機在將債務設法改變為股份，並減輕稅負，渠又託余代為接洽以西藥押借款項以渡難關，余下午往訪第四建築信用合作社宋延平經理，詢其放款情形，據云日內頭寸不裕，下星期或可商洽云。

師友

　　下午，張中寧兄來訪，閒談，提及其長女璧玉將於夏季試考台灣大學，因係以理科為目標，須補習物理與解析幾何，詢紹南有無同樣情形，余允考慮後見復。下午，到內江街醫事職業學校與該校教務處接洽為張磊女士作保之對保事，因張磊上星期將保證書交余填妥帶回交該處，而張磊正在上課，無法面洽，乃另取空白一張填寫，連同對保手續一併辦妥。下午，于治堂兄來訪，因渠執行會計師業務，原擬在楊天毅兄之印刷廠營業處掛牌，自渠搬家後感覺地點不便，詢余能否同在第七倉庫利用合作社掛牌，余因在該社雖屬主持人，但性質則為半客半主，此等事尚須稍緩再議，故無結果。上午，王慕堂兄來訪，閒談其在中本公司董事會擔任空名之經過，並仍在交通銀行辦公情形。

業務

今晚，開始到太平國民學校為台北市第一次商業會計講習會上課，余所擔任者為乙組第四班之商業簿記一學程，課本為吳崇泉兄所編之實用商業簿記，因事務方面歸市商會負責，一切缺乏條理，到校時尚未見分配教室，移時始一一加貼紅條，又學生因課本本應由主辦者統購發給，此點亦未辦到，僅通知各生自行至吳兄處價購該書，致今日上課尚無書可用，乃臨時令學生先作筆記，但多不擅長，又所謂乙組者係學歷較差之部分，經余查詢其程度，亦不得要領，只得先授課一兩次再作道理，此班學生共五十人左右，均為各公司行號之會計人員，其中亦不乏以普通職員充數，以應付政府飭令者，故素質極複雜也。

2 月 22 日　星期六　雨

業務

上午，到社會服務處參加中國合作事業協會台灣省分會常年大會及合作年會，今日為開幕式，只有若干政府官員演說，十二時始竟，並至第十信用合作社參加台北市各合作社之聯合宴會，下午為演講，余因事未往。下午，以來賓資格參加第二倉庫利用合作社之通常社員代表大會，意在知曉其業務情形以供觀摩，當收到各項報表一宗，至會內言論因全體皆為本省人，操閩南語，完全未能聽懂，迨選舉開始即退席，並受贈紀念品鋁面盆一隻，正合當前之需要。晚，續到商業會計講習會授商業簿記兩小時，已講完借貸原理。

師友

下午，到永大旅社訪于治堂兄，不遇，留交余所印供當事人填用之會計顧問聘約空白樣本，因于兄曾兩次來訪索取，余皆因忘帶至事務所而未能應命，今特送往也。

2月23日　星期六　雨

業務

上午，到社會服務處參加中國合作事業協會台灣省分會年會及合作年會，今日為討論提案，將昨日與會者分為兩種人員，一種為各縣市支會之代表及合作事業管理處、合作金庫等代表，另一種為本市各合作社主管人，此項人數今日到者甚少，因只處於旁聽地位，並無表決權，亦無提案分發也，十二時討論完畢，應合作事業協會總分會與支會之邀，在新蓬萊午飯，由總會理事長谷正綱主持其事，下午余即未往，聞節目為選舉分會理監事及閉幕式，晚餐由省府吳國楨主席招待，並有電影以助餘興。晚，續到會計講習會授課二小時，並備調查表一份傳填各學生之籍貫、學歷、服務公司行號、地址、職務等項，就所填觀察，中學程度者占多數，故余所授之課程係按簿記程序漸進，尚屬適合云。

2月24日　星期日　晴

師友

上午，趙榮瑞君來訪，談余介紹其至山東漁農基金會任會計事延擱之經過，由於孫伯棠主委舉棋不定，渠

已另進行其他工作。晚，教廳秘書曹緯初與前省行同人王德塁君來訪，王君現任職於第二女子中學。晚，楊孝先氏來訪，談中美大藥房情形甚為可慮，余主張該藥房應請會計師將其帳務情形向債權人為適度之公開，楊氏甚然此說，將與其關係人一談云。

集會

晚，在余寓開小組會議，討論小組配合總動員業務問題，余發言最多，一小時即散會。

2月25日　星期一　晴

師友

下午，吳朗齋兄及同住板橋之台灣籍友人前台北縣參議會副議長黃君來訪，吳兄介紹黃君聯繫業務，因渠亦經營經濟事業，相談之下，黃君對於當前政府之法令制度，如合作社、戶政、地政等項，認為皆有諸多不得要領之處，渠主張政治、教育二端應由內地官員負責，而戶政、警政、地政等類須保持以往優點之事項，則應由台人負責，確有見地。

業務

晚，到會計講習會續授商業會計兩小時，所講為總帳與試算表兩章。

2月26日　星期二　晴

業務

今日在第七倉庫利用合作社處理數事：一為照市政府規定理事會必須每月舉行一次，本月內尚未舉行，乃

發出通知，定本月廿九日舉行。二為以前有存錨鍊一批
在倉逾期已久，不來轉期，積欠倉租四千餘元，今日貨
主代表人以貨物不值倉租，且渠對原貨主有抵押放款數
萬元，不能完全落空為理由，要求減為數百元，全係託
詞，經予以拒絕。三為中央信託局對各合作社有配售細
布斜紋布之舉，其方式為透過聯合社辦理，須先登記請
配數目，俟核定配數通知交款，四十五天後交貨，但本
社需要量有限，而配價低廉，利益不應放棄，乃由魏盛
村經理與一布號聯繫，由本社出面，該號出錢，合辦其
事，據云市價為二百七十餘元，配價為一百七十二元，
亦許為二百另六元，即加一個半月之十分月息計算，仍
有利可圖，當決定如為二百另六元，則本社分每疋二十
元，如為一百七十二元，其差數平分，今日已將公函發
出，請配四百疋，核准數當有折減，此事如能告成，則
於正規業務外仍有可觀之收益。

瑣記

　　為齊魯公司頂讓住房於余事，上午訪劉馨德兄不
遇，下午渠來訪，余將前數日經渠轉來之該公司草約取
出，以文字無大出入，但有二點須雙方有所瞭解，一為
原草約謂按三個月分期付款，第一次於訂約時付三分之
一，第二次於訂約後第二個月付三分之一，第三次於訂
約後第三個月付三分之一，所謂第二個月應指訂約後
六十天而言，第三個月則指訂約後九十天而言，如間隔
均為三十天，則名為三個月，實只二個月矣，二為原草
約須於款付清後始將向公產管理處所定租約交付於余，
而對該處之月租則自簽約起即由余負擔，余無憑證在

手，何據付租，在技術上須研究也云。

家事

德芳今晨頭暈宿疾又發，僅能向右側臥睡，如須翻身即不免暈厥且嘔吐，下午余提前回寓照料，此症向未延醫診斷，未知係循環系之病抑係神經系之病。

2 月 27 日　星期三　晴

業務

晚，到太平國民學校為商業會計講習會講授商業簿記二小時，今日為結帳方法及決算報表性質之講解，除教本之內容外，附帶解釋決算商品盤存作價原則之進價與市價孰低原則，又講解期初存貨在期末轉入進貨之方式，亦可改為在期初先行轉入云。

家事

下午，姑丈來訪，談姜慧光表妹之婚事，已與重大畢業習化學工程之萊陽人隋簡堂君作初步進行，其他方面概行停止，此事為李德民君所介紹，已經晤面數次云。

2 月 28 日　星期四　晴

瑣記

下午，訪中美大藥房方宏孝委員洽取上星期應允付給之存款，但結果又未做到，據云現金周轉萬分困難，希望協助其渡過難關，其本人決計挺身負責，並將於後日宴請安徽在台知名之士請求支持，其方針在請大數存款人將存款變為股本，改組為股份有限公司，余詢以前

數日託余接洽押款事，是否仍照進行，據所表示者似十分模稜，故未深談，總之其情形甚為可慮也。

師友

晚，訪楊孝先氏，面告今日與方宏孝委員所談該處情形，楊氏之存款余曾與方接洽務請支付，據表示對於小額之存款將先設法償還，楊氏認為此事頗有可能，方為安徽人，其所吸收之大數存款多與在皖大官有關，此等款項多係不願張揚者，方氏乃黨政界中人，對於此等人之弱點當思有以利用，至小客戶皆衣食所託，逼迫過甚，必遭遇強烈反響，渠必不為也。

2月29日　星期五　晴

業務

下午，到西昌街第三信用合作社出席台北市合作社聯合社常年社員社大會，余因另有他事，取得其報告書類即行退社，該社盈餘情形尚屬可觀，今日循例送致紀念品，為現金三十元，余交回第七倉庫合作社作為添菜之用。下午，在第七倉庫利用合作社召集第二次理事會，事先於二十六日呈請市府派員指導，但未果來，仍如時舉行，由余報告社務六點，並討論議案兩件，一為通過任用丁暄曾為會計，二為請政府速予恢復倉庫社介紹借款業務。

師友

楊天毅兄來請介紹至第四建築合作社押款，當與宋延平經理洽妥，即日辦理。

交際

　　晚，參加本市各合作社公宴合作事業管理處新舊主
秘陳恩藩、湯增湘、科長沈宗澤等五、六人，計主客
共五席，由聯合社主辦，予適在第一席，各科秘多初
次見面。

3月1日　星期六　晴

業務

晚，續到太平國民學校為會計講習會講授商業簿記兩小時，今日所授為特種序時帳簿之現金簿及其設定專欄之方式，此章較為複雜，略費講解，又今日開始夏令時間，時鐘撥快一小時，學員到者不甚整齊，若干認真者仍不缺課，其他則不免有一曝十寒者矣。

師友

上午，劉馨德兄來訪，談與齊魯公司頂受房屋事已再度與該公司接洽，該公司有意將付款期間定為二個月，余仍堅持三個月，所借木器則劉兄假定作價一百元，余允調查後再復。

交際

下午，應邀參加太平保險公司週年紀念雞尾酒會，到者不多，且相識者無幾，稍一周旋，即行辭去，此等應酬可謂無理由之極，該公司所以見邀者，想係因第七倉庫合作社之故。

師友（二）

下午，李祥麟兄來訪，探詢最近基隆法院為其處理債權和解之結果，按比例分攤之方法頗有若干疑點，經余觀察解釋，李兄亦即了然，即日再託算盤熟練者代為扣算。

3月2日　星期日　晴

師友

下午，到內政部參加校友茶會，今日討論主題為對

日和約僵局造成之內裡原因，發言最多者為駐巴拿馬公使鄭震宇，此外則任立法委員之同學數人亦有若干報告，鄭之目的在發動各同學之參加立法院外交委員會者能提出一案，邀請專家舉行座談會，渠可藉此獲得參加與發言機會，此君之作風在運用一切方式能擴大影響，使本人有自我表現之機會，姑不問其為人如何，此種利用關係之方法，確使工作有若干開展，其幾次發言充分表現步步追緊之善辯姿態，頗堪注意。

交際

晚，楊綿仲、汪茂慶、劉大柏、唐季涵、楊孝先諸人在楊寓請客，到者有袁守成、朱鼎及余等，到時始知為前數日吳先培、袁守成之生日，入席前余託楊氏為余在金融界謀事，渠未有肯定表示。

3 月 3 日　星期一　晴

師友

上午，陳天表同學來訪，託代取在第四建築信用合作社之存款，並閒談當前工商業之經營不合理與政府管制之徒有其表情形，深致喟嘆。下午，宋延平君來訪，探詢姜慧光表妹之婚事進行情形。

業務

在第七倉庫利用合作社辦公，處理聯合社轉向中央信託局配購白布事，此事將託布店墊款並代購，盈餘原則上平分，本社所分得者將以公定零售價與配價之差額收社帳，另一部分則分配同人，以補現在待遇太低之不足。晚，到會計講習會續授商業簿記兩小時，授銷貨、

進貨二簿之記法。

3月4日　星期二　晴

瑣記

　　上午，訪劉馨德兄，將頂受齊魯公司房屋事作最後決定，即付款期限定為三個月，簽約時付三分之一，四十五天內及九十天內再各付三分之一，並定於下午二時蓋章，至時余再往，即由該公司代表張致遠及余並以劉兄為中證人三方均各蓋章，隨付第一期款三千元，張並談及借用木器事，因零星不好收帳，容以後再議，然則前數日劉兄所提作價一百元事即作罷論矣。

師友

　　上午，訪楊孝先氏談中美藥房債權事該房成立監理委員會之經過情形，並約定於下午同往訪該會主要人物楊績蓀氏，至時同往，楊氏談前數日該會定有辦法，主要為由該藥房於一星期內造送資產負債表，並將今後收支割斷，由該會另派會計出納並由兩委員常駐照料，又為周轉計，決定由該房經理陳君以房產作抵，由該會介紹押款數萬元，將抵達基隆之進口藥品提出，但此項決議二、三日來因故未能實行，今晚將再開會議作進一步行動之打算，余提出意見先行控制其一切資產，愈早愈好，而資產負債表提出不宜太遲，且應注意其有無隱匿資產與浮列負債情形，楊孝先氏主張聘余為會計師協同辦理，楊績蓀氏又談及將來儘可能先將存款五千元以下各戶提前付還，聞全部負債為一百七十萬元，以皖省在台政界中人居多，全部資產有一百八十萬元，係方宏

孝氏所報之數，實際若干在未審查其資產負債表前，未能斷定，惟該藥房方宏孝與陳二人開支浮濫不免各有短處，究竟有無重大虧空，實難揣奪，此外所營有東南亞貿易行，亦有謊騙他人款項情事云。

3月5日　星期三　晴
瑣記

　　上午，到中美藥房觀察虛實，與方宏孝及經理陳某均未談本題，渠等亦是一副不告不理之神氣，繼遇該藥房債權人新成立之監理委員會所推駐守人員鄒希榮代表，詢以昨日開會情形，據云經詳查資產情形，能相抵負債而有餘，第一步驟為先籌款十五萬元一面提海關到貨，一面先付小債權人，其數以三千元以下者為標準，余詢以四、五千元者如何，據答亦當在應先行償付之列，鄒君似對此事表示樂觀，未知實情如何，抑係故作鎮靜，日內當知之也。

師友

　　下午，佟志伸兄來訪，謂內定立法院長張道藩恐須接受一同學為副秘書長，慫恿余活動其事。

業務

　　晚，續到會計講習會授課二小時，今日所講為統制帳戶與原始簿專欄之運用。

3月6日　星期四　晴
業務

　　第七倉庫利用合作社去年存倉有錨鍊一批，久不來

提，欠租四、五千元，李前理事主席正忱與周旋冠律師
數度研究變價還租之手續，未完全知其要領，余今日訪
周律師未遇，但第一步估價工作自屬必要，李君詢過二
家，一家估四千元，一家尚未提明，余今日訪天源五金
行經理雷賓玉不遇，與其副理談及，當到倉庫驗看，據
云此係漁具五金，該行並不經營，余託其代向其他方
面詢問價格，不必強該行收購，彼允照辦，於詢明後
告知。

3月7日　星期五　晴
師友

上午，訪楊孝先氏，適遇新任台北縣汐止中學校長
周君亦在座，但先辭去，楊氏謂渠有世交，約其到校共
住，雖有此意，又恐久之難免不便，故甚躊躇，又談中
美大藥房情形對債權或尚不至完全落空，但亦不會完全
不落空，連日來手頭不便，甚至不敢出門，余即允下午
送百元來以為暫時支應，至時即為送往，略談而返，楊
氏閒居無俚，臨池自遣，余見其所寫詩句有「一脈青山
景色幽，前人田地後人收，後人收得莫歡喜，還有收人
在後頭」，甚剛勁，然亦可見意興之一斑矣。

3月8日　星期六　晴
家事

上午，因紹寧右腮耳下發炎，牽赴蔡文彬醫師處就
診，注射盤尼西林及服藥粉，又因以前檢驗大便有蛔蟲
卵，服藥後未見蟲出，詢以如何辦理，據云須再度檢查

大便後再定治法云。

師友

　　午間，文華閣墨汁店張玉如君到第七倉庫合作社來訪，請通融五百元，余以本社不作信用業務，允向第四建築信用合作社接洽，必可成功，渠謂與該社曾共往來，頗多不歡，堅不肯辦，乃作罷，張君與余曾通有無，今日實欲為其解除困難，而己力不勝，殊不無耿耿也。

3 月 9 日　星期日　晴

聽講

　　上午，同紹南到師範學院參與人文學社所舉辦之演講「中庸」，以朱注本為主，但不完全依於宋明理學之解釋，而多由文學、哲學之理論加以闡發，深入淺出，生動有味。

師友

　　晨，韓兆岐兄來訪，談表妹姜慧光婚事將為介紹一後期同學，余允將此意轉達。下午，到逢化文兄寓參加友人座談，余到時已散，聞所討論者為國大代表及同鄉會等問題云。

家事

　　下午，姜姑丈及姑母來，余與談表妹婚事，如與隋君不言婚娶，可另作進行云。

師友（二）

　　晚，王慕堂兄來訪，據談聞之交行當局云，中本紡織公司為完稅問題最近聘王、劉二會計師會辦去年度決

算，詢余知否其事，余告以不知，王兄主張仍須對有關
方面多作聯繫，不能一味閉戶待人訪賢，因現在一切俱
尚偽而不求真，既從事此項業務，即須略改作風也，云
云，所談自是鞭辟入裡，且為故人質直之言，泛泛者不
肯道也，余自省亦覺十分痛切，無如雖早有此種認識，
而遇有具體事項時，或不知如何下手，或知之而不肯自
居卑下，仰面求人，其奈之何哉。

3月10日　星期一　晴

師友

上午，訪韓兆岐兄於立法院，本意為昨日韓兄談將
為其一同事張君介紹表妹姜慧光婚事，余先往觀察張君
為何等樣人，不料張君不在辦公室，余外出移時再返，
仍未獲見焉。

參觀

上午，在中山堂參觀郎靜山攝影展覽會，作品共
二百幅以上，皆瀏覽一過，其中十之八九為取材於自然
風物，十之一二為裸女照片，標價為在四百元至六百元
不等，前者被訂購者甚多，後者則無一幅，想見多尚係
傳統思想，以為此等線條美之作品不能登大雅之堂也。

瑣記

今日忽起朔風，冷如初冬，窗紙多為連日來紹彭撕
裂，寒風難當，夜間自為糊補。

3 月 11 日　星期二　雨

瑣記

上午，鄒馨棣會計師來訪，約同到省黨部探詢會計師公會如何成立直屬黨部事，當晤及第二組涂君，據云省級人民團體無成立直屬黨部之例，但應成立黨團，省黨部去年已成立此項黨團十餘，今年計劃尚須成立廿單位，會計師公會情形須即調查，如有必要即按規定辦法先派幹事籌組，同時希望將公會內黨員情形協助加以調查，俾供參考云，按此君所談各節，甚為具體，按現在黨務機關情形，必係青年團系人物，則余等今日所提之意見，省黨部雖樂於採納，而結果必將選派一系人物，作為將來操縱理事選舉之張本，果爾將適為人利用而已。

業務

與周旋冠律師以電話商談第七倉庫利用合作社欠租已久之寄存物品變賣方式，其法先由寄存物之經營業者調查市價以作底價，以數家平均數作最低限價登報徵求比價，物品數量以足數補償欠租為準，設第一次無出至底價以上者即減價再度比價，云云，談竟即由李正忱理事長著手調查市價，以便進行辦理。余之會計顧問公費到期未見送致者近有黃海水產公司、新中央橡膠廠及太安行等家，除黃海有糾紛無法索取外，餘二家今日發函催送。

3月12日　星期三　晴

業務

　　晚，續到太平國民學校為商業會計講習會乙組四班授商業簿記二小時，今日所授為關於統制帳戶之補充材料，即以總傳票代序時帳簿之特種日記簿與專欄，每日彙總記入總分類帳內，繼授課本內之應付憑單制度與零用現金制度，因全課程所餘鐘點無多，故進度略為加快，今日有學員提出請以其他提前結束之課程所餘時間兩小時由余加授本課程，余以須與主辦者接洽為理由未予採納，因如自動加授反易引起誤解也。途遇隋玠夫兄，據談其所服務之台灣省合作金庫營業部對第七倉庫利用合作社之信用仍未能恢復，頗有不接受以本社倉單承做押款之意，經解釋後始予通融，盼此後能多加聯繫云。

3月13日　星期四　雨

業務

　　上午，訪省合作金庫事業管理處主任秘書及第三課長均值開會，又分訪第二課長徐正一，與其談市政府合作科長黃科長南陽所主張之將台北市八個倉庫利用合作社併為四個之擬議，在道理上與法令上均說不通，在事實上與執行上均做不通之理由，徐君表示除非各社有互相自願合併者外，自然不能相強，設市府有此種方案呈送，自當慎重，又訪許振珽秘書，詢以倉庫利用合作社介紹借款業務奉令停作以待內政部解釋，迄今數月究係如何了局，據云內政部已有解釋，不主開放信用部，仍

可作介紹方式之借放款，不日即將公文轉行，又對倉庫
社社員儲蓄問題亦呈請財政部核示，尚未奉復，繼即談
一般合作社所遭遇之問題，台灣本省人與內地人作風之
不同，倉庫可能發展之途徑（例如以社員押品代向合作
金庫請求貸放資金等），甚為詳細，許君對合作事業甚
為熟悉，有若干見解亦甚深刻云。

3 月 14 日　星期五　晴

師友

　　上午，訪楊孝先氏，談中美藥房存款事，據云迄無
眉目，下午楊氏來訪，謂曾與該藥房債權人監理委員鄒
希榮接洽，雖無具體辦法，但已將存條交其代為設法
云。李祥麟兄來訪，託代向第四建築信用合作社辦理存
款取息。蕭之楚氏來訪，託代為其子證明在第七倉庫社
工作，至建國中學入夜間部。

業務

　　下午，吳崇泉、鄒馨棣、周傳聖三會計師來商談省
黨部所擬成立會計師公會黨團事，均認為難免為青年團
分子把持，對將來公會運用更增困難，決定密切注視其
發展，並相機加以運用。

3 月 15 日　星期六　晴

業務

　　上午，到合作事業管理處訪主任秘書湯俊湘，探詢
內政部對於倉庫利用合作社辦理介紹借款業務之解釋，
據云依部內釋示為必須為社員間之借貸，合作社只可居

間，且須負擔保責任，利息不得超過官定利率，依此項
解釋，無異於謂無法承做，故將再呈請予以變通，目前
此項命令暫不轉行云，又訪第一課長李建中與第四課長
張增齡，為普通拜會。到市合作社聯合社答訪新任經理
林土堆，並訪理事主席黃土對，係普通訪問。

瑣記

　　下午，到中美大藥房訪方宏孝委員，出示所訂還欠
辦法，凡八九條，大意為在三千元以下者自下月十五日
起分三個月還本，利息不停，但準備在還第一期後停
息，其餘欠戶則先停息一個月，以後利息改為六分，三
個月整理期間滿後酌量還本，又存入方一個月者不受上
項拘束，余之存款僅超過三千元，日期亦不過三個月，
當與方君面商，無論如何不能視為大戶或久存者，渠對
此點允與特別考慮，今日見有往索存款四百餘元者亦無
辦法，又推至下星期，可見其困難之情形，而所定各種
辦法似亦只為一種原則上之應付，變化恐正多也。

業務（二）

　　晚，續到會計講習會授商業簿記二小時，今日所
講為結帳前之整理，補充資料為對於年度劃分之基本
觀念，為所用課本內比較簡略之部分，尚引起學員之
興趣。

3 月 16 日　星期日　晴

師友

　　下午，到內政部出席同學座談會，余到時已遲，若
干同學已有報告，其時正值由台南來此之王醒魂同學報

告其失業後之苦況，激起廣泛之同情，決定推定三人向中央日報及教育部、內政部接洽謀求工作，一面解決目前經濟問題，其方法初擬用樂捐方式，但王君反對，在座亦有不同意，乃改用邀會方式，每股三十元，每月拔會一次，第一次由王君用款，余與李鴻音兄合認一股，輪流交款。

家事

下午，與德芳率紹中、紹寧兩女及紹彭兒出發至動物園游覽，到車站後應換乘十路公共汽車，候半小時始見車來，因候者眾多，一時秩序大亂，車窗玻璃且破，乃知難而退，改赴新公園散步，並到兒童游戲場任諸女游戲，盤桓至四時，因天陰有雨意，乃相率出園。

聽講

上午，率紹南到師範學院第二次參加人文學社潘重規教授講中庸，此兩次所講多引文學作品或經、子、佛、老之說以相會通，頗有意趣，如釋中和，中庸之喜怒哀樂之未發謂之中，發而皆中節謂之和，引曾點言志，浴乎沂風乎舞雩泳而歸子曰吾與點也一節，證明所謂中節之謂何，又引「水流心不競，雲在意俱遲」，又石曼卿語「樂意相關禽對語，生香不斷樹交花」，司空圖詩品「采采流水，蓬蓬遠春，窈窕深谷，時見美人，碧桃滿樹，風日水濱，柳陰路曲，流鶯比鄰，乘之愈往，識之愈真，如將不盡，與古為新」等語以說明和之含意乃人與宇宙同其節奏者，聽之令人意遠，今日所講小人反中庸而無忌憚，引列子語「子產有兄曰公孫朝，有弟曰公孫穆，朝好酒，穆好色」，子產勸之不聽，其

兄弟皆有其反中庸或自以為中庸之理論，「為欲盡一生之歡，窮當年之樂，唯恐腹溢而不得恣口之飲，體憊而不得肆情於色，不遑慮名聲之醜性命之危也」，極為清新，又解「人莫不飲食也，鮮能知味也」句，知味之意謂道之不明心無主宰，引某禪師釋其修行要領謂只是「飢來吃飯，困來即眠」，並謂一般吃飯睡覺者均在吃睡之間「百種需索千般計較」，自然不能知味矣，又釋「驅而納諸罟獲陷阱之中而莫之知辟」句，謂此為自是其所知者之通病，舉例云某大官學禪以法華經「黑風吹舫墮入鬼國」句請某法師講解，法師不語，突呼此人之名，方續與語問，此人聞直呼其名，神色不期而厲，非如適間之平靜，法師謂此即法華經句之所指也，甚有意思。

3月17日　星期一　晴

師友

上午，張中寧兄來訪，託轉託友人代為兌換現款，並極言坐吃山空之不可終日，又閒談友人中之落寞消沉者固屬多數，而方在志得意滿中者亦大有人在，此輩多抱勢力之見，故能存在於今日云，言下感慨無既。晚，訪前馬公防守司令官現調台灣防衛總部副司令官李振清氏，在李寓遇卅九師師長韓鳳儀，此人即謀殺山東各校長及學生者，而又自誇其能，真無恥也。

公益

午，出席山東輔導漁農基金會，因貸出之紗格於政府不准黑市買賣之規定，無法收回實物，折現若干則請

示法院與警務處均無肯定答復，在座有主張向與此會接近之王豫民興訟解決以杜悠悠之口者，因而主委孫伯棠大發脾氣，語多傷人，招致不歡，最後決定改以陳貫一為對象，又以前對任用趙榮瑞事謂提會解決，但未見提，此等人說話毫不負責，余未終而退。

業務

晚，訪于兆龍氏閒談第七倉庫合作社業務進行情形及將來可能發展之計劃。

3月18日　星期二　晴

業務

第七倉庫利用合作社址房屋係屬公產，今日接公產管理處通知限期價購，此事昨晚曾與于兆龍氏談及，決定接通知後即可照辦，今日決定照購，並將適用土地銀行所定分期繳款辦法，惟公產處尚未能表示接受，將於日內再作一度交涉云。

師友

下午，張子文兄來訪，謂黃海水產公司大股東間已大致取得協議，此項協議已印成油印，即將簽字解決，又談渠現在正經營皮革工廠，利用美援原料製革，因成本低廉，按美匯官價付款，大為有利可圖云。下午，趙榮瑞君來訪，交來代張中寧兄所換現鈔，該款晚間由張兄著其長子取去，點查時發現短少二十元，即將向前途洽補。

3月19日　星期三　雨

業務

晚，到商業會計講習會續授商業簿記二小時，今日為最後兩小時，已將吳崇泉兄所編之商業簿記一書內開始起至傳票一章止，完全授完，以下各章則因擔任講授商業會計法及會計帳表一般規定等科者應已講過，故可以略去。今日課間有學員表示各科中以余所授者為最精彩，並詢余之地址以備隨時請教，余即告之，當有學員在黑板開出全體抄錄。

集會

晚在余寓開黨部小組會議，分輪特別捐，並改選小組長（原任半年已滿），余當選。

瑣記

中美藥房關係人楊續蓀、方宏孝來函因進行改組為公司，關於帳目與手續須向余請教，今晚開會請余參加，余以電話告之因事須晚到，但余十時半前往時，彼等已散去。

3月20日　星期四　曇

瑣記

上午，到中美大藥房訪方宏孝君詢有無現款可付，據云仍無，此刻正籌集中，又謂昨日開會決定推楊續蓀、周煦龍、陳家璋及余為改公司籌備會小組，商討如何使債權人誠願將其債權移充股份，下午小組集會，至時余往，當以該藥房財務資料迄今未能整理出來，故只能就大體狀況加以臆斷而規定原則，大意為將債權

一百八十萬之總數提一百萬為新公司之股份，作為優先股，月息五分，至以債移股之方式則尚須視存款之多寡久暫再作詳明之決定云。

業務

晚，商業會計講習會舉行綜合考試，乙組四班由余主持，事先吳崇泉兄來訪，並一同前往，共考三小時，一般成績均不甚佳，且逾規定時間三小時後多數始能交卷，秩序亦欠佳。

3 月 21 日　星期五　雨

家事

因昨日聞姜慧光表妹謂姑丈一週來染病近始大體痊癒，乃於今晨前往探視，據云已就診在告痊之中，但血壓稍高，仍須注意，又談表妹與萊陽隋君尚未議婚，日內擬託李德民君向其探詢意向，如有此意即先往檢查體格，因隋君甚瘦弱，五、六年前曾有輕微肺結核，治愈近況如何不甚明晰也，此外未言其他，自係希望有所成就，承堅留午飯後始辭出。

師友

下午，趙榮瑞兄來訪，據云前日代張中寧兄所換之款當時未全點，竟有短少廿元之事，經向前途查詢不得要領，渠將個人賠墊，余即拒謝，因此係偶然疏忽，只有張兄負擔也。

業務

近來第七倉庫合作社代售印花業務大為蕭條，查悉係比鄰第四建築信用合作社因頭寸短絀急於吸收現款，

除大宗出售者仍照向例將手續費貼出外，近則門市少數
購買者亦賠給手續費，而七倉社不營信用業務無法利用
其頭寸，即不能貼出手續費，以致買印花者多移轉至四
建社，此種競爭殊無法對抗，然亦可見該社飢不擇食之
窘態矣。

3月22日　星期六　晴

師友

　　晚，劉道元兄來訪，閒談對台灣政治經濟一般觀
感。晚，徐嘉禾兄來訪，閒談移時辭去。

瑣記

　　中午，到中美大藥房參加該藥房改組股份有限公司
籌備員會議，將前日所擬之籌集股款辦法通過，略有修
正，解決後即繼續討論該藥房至今不能將資產負債表交
出問題，雖決定於三日內交出，但觀於一再延展及管
帳人之漫不經心，全無制度，事實上恐仍無把握，此事
如不能辦到，則如何移充債權為股本仍屬空談，最後談
當前難關之渡過問題，因債權人監理委員會上星期分頭
籌款，原指有以香港存藥向此地陳君押款五萬元應付小
額債權人，並對若干戶洽妥今日付款，結果此事尚未辦
妥，今日債權人紛紛前來取款，藥房竟無以應，乃決定
由監理委員先行墊款，即分認其數，尚未認全，正躊躇
無策，接港電貨已交提，則日內自可在此用款，只好待
後日再說矣，今日取款者中有若干小戶涉及醫藥喪葬等
費，坐索不去，甚至有只數百元者亦不能應，窘狀畢
現，幾已山窮水盡，此款借到後如何支配，亦是問題，

原則上為儘先還小戶本息，但詳細帳目有若干尚不能全知，余建議監理會應在款收到前先行開單分配，庶幾屆時不致再生困難云。

3 月 23 日　星期日　晴
集會

上午，到第一女子中學參加山東同鄉會會員大會，余到時已經報告完畢，開始選舉，選票係憑交納會費收據領取，計投理事七人，余投秦德純、逄化文、張子隆、張敬塘、趙季勳等，監事二人，余投裴鳴宇、于寶崙，投票後即退出，今日會眾甚踴躍，多為普通公務員商民等。

聽講

上午，續到師範學院人文學社聽潘重規教授講中庸，今日所講為由第六章至第十一章，此數章脈絡相通，其講法仍為引經據典予以解說證明，惟今日似不若前二次精彩。

3 月 24 日　星期一　晴
業務

上午，到第一劇場參加台北市第一屆會計講習會結業典禮，演說者有財政廳廳長任顯羣、台北市稅捐稽徵處長鮑亦榮及會計師朱揆元，並由學員代表答詞，任所報告者為財政收支之整個情形，多舉數字，出諸負責當局之口自屬可靠，但其判斷多係單純的與直覺的，惟所提繁榮工商應注意如何培養購買力一節，為一般財政官

所不言，自屬有其特色也。下午，評閱余所擔任之會計
講習會乙組四班商業簿記考卷，總數三十餘人，成績特
優與不及格者各三數人，其餘皆屬中等，但分數皆從優
評定，實際言之不及格者在半數左右也。

師友

　　下午，訪楊孝先氏，告以前日在中美大藥房所聞日
內對小戶存款有支付希望之消息，楊氏業已聞悉，今日
終日等候鄒希榮君之消息，結果失望，余允明日往詢後
告知，楊氏云日來窘困已極，房租未付，前日賣黃金一
錢權充零用云。晚，張中寧兄來訪，談度日開支浩繁，
託余轉託友人代兌外幣放錢生利，並將調集在外之資金
來台供用云。

3月25日　星期二　陰晚雨

瑣記

　　上午，到中美藥房訪方宏孝委員，詢對小額存款之
支付時間，據云借款者今日下午可來商洽，故至速亦須
明日，余索閱昨日分配單，知楊孝先氏及余之款均列入
一部分，歸以電話告楊氏。

業務

　　下午，出席會計師公會理事會，討論案件有對會計
師法與商業會計法修正之建議，法院破產宣告委託會計
師管理及成立法律工商稅務等研究小組等。晚，第七倉
庫合作社副理魏盛村來訪，託代于兆龍氏向合作金庫接
洽借款，又孫夢奎君亦來談類此事項。

師友

　　下午，劉馨德兄來訪，談有意在余處掛律師牌，余
告以須與合作社方面接洽。

3 月 26 日　星期三　晴

師友

　　上午，到和平東路訪張子文君，不遇。到合作金庫
訪隋玠夫兄，探詢黃金押款能否變通辦理及普通押款情
形，均不得要領，此二事係受託，一代于兆龍氏詢問，
一代孫夢奎君詢問。

瑣記

　　今日至中美藥房探聽消息兩次，遇魏壽永兄，據云
以藥為押款還小戶欠款事，雖已洽妥，但借款人要求監
理委員亦須出錢，不肯獨任，致該款尚未得到，尚須奔
走決定辦法。

娛樂

　　晚，率紹南至中山堂觀沈元雙義演京戲，係其自編
之養女恨，情節並不緊湊，沈之身段多有瑕疵，唱音
太低，以廿餘年之票友，自應勝此一籌也，未終劇即
先返。

3 月 27 日　星期四　晴

師友

　　上午，到南昌路訪周傳聖兄，詢昨日何事來訪，據
云係有友人需要押款，託余轉為設法，但因時間性已
過，故不再需要云。上午，訪張中寧兄，送交託趙榮瑞

兄代換之外幣，渠本託余代存一部分至第四建築信用合
作社，迄下午來洽時，余探詢知該社頭寸甚緊，未免萬
一起見，即將此意作罷矣。下午，張子文君來訪，因渠
曾經營砂糖交易，向其探詢此中經緯，所談甚多，因目
前糖價甚低，台糖不久收購，故收購待價極為有利。楊
孝先氏上下午來訪兩次，上午謂曾往詢中美大藥房存款
事，知借款償還小戶事又有變化，蓋承諾借款之程某將
押品在港收到後本應在台立即交款，但彼居然自食其
言，聲言中美既能騙彼之存款，渠即可騙彼之藥品，若
干人均不防有此一著，於是大費周章，楊氏迫於無奈，
乃向余暫借一百元留付房租，並以振中印刷廠存條交余
到期取償，余允借款，但此方式殊太涼薄，始而不允，
渠堅留，余即未再固執，下午楊氏復來，謂在中美再度
與鄒希榮洽談，知還款仍屬無期，鄒君先墊付二百元交
楊氏，故來先將上午所借一百元送還，但振中款到期仍
請取還一部分並歸還前欠余之一百元云。下午，孫夢奎
君來訪，謂合組一緯大行，專營捐客業務，現所營介紹
印花業務本係與第八倉庫合作社聯繫代為推銷印花，現
因該社飄搖，信用不佳，無法取得印花，除貼給購戶手
續費外，以十天繳款之利息雙方分享，余因第七倉庫合
作社不經營放款，無法配合，謝絕之。趙榮瑞君來訪，
談台銀匯款事。

3月28日　星期五　雨
瑣記

　　上午，到中美藥房探詢還債情形，當晤及方宏孝委

員，據云昨晚開會商討應付誑騙藥品捐款不付之程某之
方法，深夜始散，決定繼續交涉，昨晚之會曾通知余往
參加，因余已離事務所，至未送達，又程某昨日曾交款
萬元，已將若干小戶應付一部分云。

師友

　　上午，訪張子文君再談買糖事，據云如何買台糖棧
單以備提價轉售而免看貨之煩，須往基隆市上與南部到
基糖商接洽探詢究竟，始能作為決定之根據云。

3 月 29 日　星期六　晴

業務

　　上午，到會計師公會出席補習學校常務董事會，決
定從速租賃房屋籌備開學，一面趕辦備案手續，開學需
要之墊款將由各董事籌措息借六千元，每人四百元。上
午，途遇張子文君，據告已到基隆探詢糖業中人目前
市價及一般情形，據判斷不但台糖公司收價將予提高，
即統稅亦將增加，此二因素均利於購進，因目前行市與
台糖收價甚近，此價係包括現在稅額也，余留字於魏盛
村經理，請準備一切，下午魏君外出歸來，來訪詢問情
形，余告以所聞，經決定渠即往籌款，明日余再與張君
見面請其介紹糖商以便辦理，至實際購買諒須魏君到中
南部與糖商接洽，款則息借十五天，屆時脫手。

師友

　　下午，到板橋中山路廿二號訪吳朗齋兄，並同往訪
仕紳黃老先生，因不久以前渠曾來訪，故為禮貌上之答
訪也，黃氏曾在內地居住多年，兒女有大陸生長者，一

切頗有見地。

3月30日　星期日　晴
師友

上午，訪李公藩兄於其新居，據云此房仍準備非賣出即出租云。下午，王慕堂兄來訪，閒談，並提及前介紹來第七倉庫利用合作社工作之丁暄曾君正進行其他工作，因本社待遇太低云。

業務

上午，訪張子文君探詢中南部糖價，據云已步步漲價，今晨一茶商來此曾會訪余未遇，據談此間買進已經不易，該商聞余與張君所談台糖公司調整掛牌消息後，已連夜電中南部買進，故此項消息反被利用，下午魏盛村經理來訪談此事，余告以此茶商在基隆尚可接洽介紹買糖，但魏君認為後天即調整掛牌，此刻已經不及，最重要者為頭寸難即調集云。

聽講

上午，到師範學院續聽潘重規教授所講中庸，今日凡講二小時餘，為十二章以後各段。

3月31日　星期一　晴
師友

上午，楊孝先氏來訪，閒談。上午，陳天表兄來訪，託代向第四建築合作社取存款息並轉期。上午，訪楊天毅兄，不遇，下午，渠來訪談其所住房屋台灣大學聲請法院明日再度強制執行，正在與監察院委員數人接

洽補救辦法中，又交來楊孝先氏之利息八十元，託轉交，余於下午訪楊氏，楊氏即補足二十元還余前借之一百元，余初不受，強而受之。

瑣記

晚，到臨沂街五十九巷九號周煦龍寓參加中美藥房監理委員會議，自八時起開會至十二時始散，今日中心問題為向半月前答應押款之程治秋追索未取來之款，程亦在座，此人初允中美在港交藥一批在台押款十萬元，交藥後又謂藥價不能按中美賣價計算，須按彼之估計只值六萬元，故只允押五萬元，結果又只交一萬元，謂此藥運台稅費須由此款內扣付，尚可再出二萬元，今日又改為美金五百元，只合一萬三千元，經各在座者向程再三交涉，允三日內再交七千元，至此項二萬元之用途，本欲還小額欠款，結果因其他急需尚多，且二萬元亦不足分配，決定存款停付，改以此款用為進貨還貨款及繳交結匯保證金之用云。

4月1日　星期二　晴晚雨

業務

　　下午，到大龍峒方宏孝寓參加中美藥房監理委員會小組討論關於查核該藥房帳目問題，該藥房自卅九年成立，初將內外帳劃一處理，後將存款本息收付劃出另行處理，與營業帳間設立往來戶處理，在此期間均由左谷清主辦其事，至去年十二月經理陳繼舜又將出納收回自辦，其所記帳又不完整，且有六天遺失，故難作考核，現因明悉其有無弊端及真實之資產負債狀況，已將有關資料整理彙總，決定由委員楊績蓀、魏壽永二人會同余點查封存後，開始查核其內容，當於今日下午會同加封，為慎重計均不主張在較公開之場合辦理，以免有人前往搗亂，遂決定在余寓辦理其事，談至六時始散。

師友

　　上午，到溫州街楊天毅兄寓探望台灣大學對其房屋採取強制執行事情形，余到時見法院書記官及憲警已到，另有孫君及逢化文兄亦在，據云已發動一次作欲執行狀，經說服後暫休，第二次在余到後又發作，經逢兄及孫君與余等說服，書記官回院將推事請到，推事到後與余及逢化文、何冰如、戴興周諸兄商談，余等由何代表發言，聲明係以第三者身分調處，其實即為阻撓其執行，相持二小時後，由何君提出解決辦法謂楊天毅刻不在台北，余等非其代表人，只能請其母設法限期將其子尋回，在此期間當出面另為合理之解決，如能調處成功，自可免於釀成事端，法官對此表示可行，乃商定以十天為期，到期如無成議，仍當再來執行，詢之台大代

表，渠不敢作主，乃由其以電話向其校長請示，良久始
歸，謂仍令其請法官執行，此點出於法官意料之外，渠
明知今日如必須執行將有鬥毆之局，且憲警事先與楊兄
已有默契，抱隔岸觀火之態度，故聞知台大校長態度
後，又值時已下午尚未用餐，乃自作調人主張，強台大
代表接受此項十天限期之辦法，台大代表亦不再堅持，
事至此本已可謂圓滿，不料有台大另一職員需要遷入居
住者，當場要求推事允許其遷入所空之一間居住，推事
認為可行，余等力爭無效，遂予接受，此點似不能謂為
執行，但在大勢上彼方又進一步，恐將造下失敗種子
矣，此時已下午一時半，余因另有他事，未待至最後結
果見分曉後即先辭出。

4月2日　星期三　陰晚雨

瑣記

上午到古亭區合作社接洽本月份配給米事，據云米
須數日後始到，余請先少撥一部分，經該社應允，初又
謂無蓬萊米，後又謂可略支配少數，乃洽定取蓬萊三分
之一，約略足本月食用，在來三分之一，備衍訓交火食
團，其餘三分之一則換取現款，此項解決辦法，特殊而
又特殊也。

師友

下午，吳先培兄電話約晚飯，至時前往，在座尚有
楊綿仲、楊孝先、唐季涵、陳希曾、劉大柏等十餘人，
楊綿仲氏酒逾量，余亦略過，飯後同車送楊氏，余歸時
亦不支矣。

4月3日　星期四　陰晚雨

業務

上午，到金紹賢會計師事務所出席七人小組審查會計師公會章程及服務規約等，決定照原議分二組審查，下星期二分別開會一次，星期六即提全體會討論云。緯大行孫夢奎君繼續來談代銷印花事，余見其將應得之百分之二・五手續費交購印人，另將所收現款自收到至解繳日之利息雙方平分，生息方法為存在中本紡織公司，余主張由孫君提供中本遲期之票，屆期交換，孫君則認為中本方面有困難，主由緯大行開支票而以中本所出之存款憑證交存本社以為保證，原則似不困難，技術尚待熟商。周傳聖兄來，閒談業務。

4月4日　星期五　晴曇

家事

上午，訪姜岳東姑丈，因昨日第四建築信用合作社理事主席孫伯棠來告在該社服務之姜慧光表妹處理工作多有馬虎錯誤，特往轉告，又據姑丈談及表妹之男友隋君正進行檢查身體，已先透視肺部，認為無結核病，如此重要問題似已漸趨明朗，恐將議婚也。

師友

中午，馮達璋與汪平二兄來訪，汪正辦一建築公司，須辦理公司登記，向余探詢詳情，余約略相告，實際亦因余對於實務方面亦非全知，渠似未準備以此事相委託也。

業務

　　第七倉庫利用合作社去年存倉錨鏈一批，至今欠倉
租四千餘元，屢次來商洽折減，余均不應，今日又來，
甚謂渠持倉單係由押款而來，押款由於倉單價值太高，
意似責本社不應特填高價，其實本係出於要求，今竟以
反噬，可謂可惡，今日余告以法律立場本社完全無何瑕
疵，略減不妨商量，如欲藉此討大便宜，本社為對社員
負責計，不能通融也。

4月5日　星期六　晴晚雨

娛樂

　　晚，同紹南、紹中兩女到萬國戲院看電影，片係華
納公司出品「慾望街車」A Street Car Named Desire，
由費雯利主演，共十四本，演二小時，寫一落魄女子投
奔妹家意圖創造新的生活，但因種種奚落猜忌，終於無
法出頭，最後至於瘋狂，故事簡單沈悶，全部注重心理
描寫，演來自屬不易，此片為轟動世界之名片，以細膩
見長，所缺者耳目之娛耳。

師友

　　下午，楊孝先氏來訪，談向中美索債事，余認為日
內恐無希望，楊氏悵然而返。

4月6日　星期日　晴晚雨

聽講

　　上午，同紹南到師範學院繼續聽潘重規教授講中庸
二小時，為第十七章以後者。

師友

下午到內政部參加同學茶會，並歡迎項定榮同學太太回國，並討論經濟互助辦法，決定原則為不採前次所提之合會式，改將金額降低，原則上不動本金，俟將來生息備用。

交際

晚，鄒馨棣會計師約吃飯，在座尚有富伯平、嚴以霖、周傳聖、朱慶堂、吳崇泉、逄化文等。

瑣記

晚，到中美藥房參加監理會，因人數不齊，自由談話，多數主張從速籌款搶運在港、日、美所定藥品，並償還小債務，因該藥房所估計之資產負債情形可以相抵，但如藥不到達，則一切落空，故將再度開會決定如何說服大債權人另行量力籌款以度難關云。

4月7日　星期一　雨

業務

上午，到合作金庫訪隋玠夫兄，請其介紹該庫與合作社有業務關係人員分別拜訪，以便聯繫，今日計訪談者有業務部周經理，營業部郭經理（不遇），呂、劉、郭三副理及放款科長簡永昌等。張玉如兄來訪，余不值，乃往回訪，據云其同鄉友人馬超群刻任宜蘭縣警察局長，因其主計主任有勾結其他人員共同在營繕工程上舞弊情事，刻此人已送法院，馬因顧慮其縣內所屬職員是否有他人串通，欲將此主任所管帳務加以檢查，余允明日到該縣面洽再定其他，晚間張君又來訪，謂已通電

話，並先支旅費云。

家事

上午，姜岳東姑丈來訪，談前數日由第四建築信用合作社提款一部存天德行情形。

師友

下午，訪楊孝先氏，告以昨晚中美藥房債權人談話情形。于懷忠兄來談中美事。

家事（二）

紹南本學期在台北一女中請獎學金已經學校審查核准，計發三十元，為該同班學生四人中之一，得獎後為德芳購胸別針一枚，為余買刀片五張，用去廿餘元，用見其支配用途，頗費心思，且其第一次獲得獎金即以父母為念，亦可見所得雖微，未嘗全為己謀也，特為記出。

4月8日　星期二　雨

旅行

因業務上午乘快車赴宜蘭，中午到達，傍晚在礁溪洗溫泉，無硫磺氣息，晚宿大華旅館。

業務

到宜蘭縣警察局晤馬超群局長、劉林華秘書及張主計主任談查核因案被拘之前主計主任經手之帳務事，首研究能否由馬局長委託查其所屬機關帳務事，無何問題，繼與劉、張兩君談進行計劃，決定明日起著手，今日先與張君談該局平時之收支程序及應用之會計制度，以及經費平時挪移流用與暫借墊付等特別情形，對大致

輪廓已有瞭解。

4月9日　星期三　晴

業務

　　自上午九時至下午二時在宜蘭警局主計室查核其卅九年十至十二月之帳目，發覺所奉審計部存查通知之報銷底稿無卷可查，而總分類帳各月份各科目之餘額不能平衡，而報銷奉准之數又不能由帳上找到根據，可知處理凌亂，由來已久，原始憑證尚未及核對。

旅行

　　下午三時由宜蘭乘車西返，六時到八堵，七時換車南行，八時到台北，沿途山洞極多。

集會

　　晚，開小組會議，由余主席，討論總動員內社會改造運動之社會調查問題。

4月10日　星期四　晴夜雨

業務

　　上午，答訪嚴以霖會計師，不遇。會計師業務報酬所得稅又定為三個月徵收一次，本年春季限本月十日前申報，今日余填申報表送城中區稽徵分處，因收不敷出，計淨虧三百餘元，依法自不能徵稅。下午，舉行第七倉庫利用合作社本年度第一次社務會議並聯席舉行理事會議與監事會議，理監兩會推余主席，即席報告市政府來文及本社業務情形，後由監事主席致詞，市府指導員林學禮致詞，繼討論議案，由余提兩案，一為試辦代

理寄存品之介紹售賣，一為請合作金庫增加代售印花之
限額，均經通過，並閒談當前合作事業所遭遇之一般困
難，尤其本社奉公守法尤感開展不易云。

4 月 11 日　星期五　晴

師友

上午，訪周傳聖兄，託代表出席會計師公會修改章
則七人小組會，計今日下午一次為分組，明日下午一次
為全體。晚，訪方青儒兄不遇，渠昨日來訪，留交實踐
研究院所發介紹人才表空白，其中學資歷等項由余代為
填就，重要各欄為描述被介紹人者，則留待方兄自填，
此表係前日渠面告余將以余為介紹人之一，今晚不遇，
即將表封好，留字交他人轉交。

交際

晚，為第七倉庫利用合作社對關係方面之聯絡在勵
志社宴客，計到有省合作事業管理處主任秘書湯俊湘、
秘書許俊珽、科長沈宗澤、合作金庫副理呂鴻昌，業務
部副理隋玠夫、合作事業協會汪茂慶兄等，又有市府合
作科長黃南陽，共約其半。

4 月 12 日　星期六　晴

旅行

上午，搭宜蘭線第九次快車赴宜蘭，八時四十分開
車，十一時半到達，晚宿東亞旅社。

業務

下午，繼續在宜蘭警察局查帳，今日主要工作為查

核三十九年十至十二月份之傳票，只完成其一部分，該
項傳票均由現在因案被押之前主計主任龐元化所製，此
期間為開初業務尚未上軌道之時期，故支用款項多用
暫付款科目，以後再行整理，久之輒養成濫支濫借之習
慣，又此年年底直至次年三月始將收支記載完畢，然後
又因支用超過預算，乃將超過之數由各支用科目轉入暫
付款內，不但加重次年負擔，且憑證與帳目不符，只因
支出憑證不必送審，遂有此弊，但審計部派員抽查，仍
是問題，晚與馬局長談及此事。

4月13日　星期日　陰

業務

今日全日在宜蘭縣警察局查帳，仍為三十九年度部
分，本欲將全部傳票一一核過，但局方聞審計部因主計
主任龐元化案發後將本週末派員前來查帳，為先明瞭全
部情形起見，此年度僅將該局十月成立之初及決算期之
傳票加以審核，今日時間大部用於年終之整理記錄，此
部分帳項均係於二、三月間補做，將若干超出預算之
費用轉入次年度，其方法或用現金收回將單據移入次
年度，或先轉暫付款，滾入次年度，均增加以後負擔
者也。

4月14日　星期一　陰

業務

全日審核宜蘭縣警察局之帳目，該局本身部分已核
至四十年三月，下午省派主計處及財政廳、主計室兩部

分所派查帳人員到達，將全部帳表、傳票封存待查，因而余之工作只有暫告中止，乃以其餘時間著手審查兼辦自衛總隊之帳目，自卅九年十一月至四十年三月，此部分比較凌亂，蓋章手續多半缺漏，卅九年底因未將資產負債與收支科目分清，致溢列經費剩餘一千二百餘元，經面囑改正，將來繳庫可不致有誤，核畢後決定將此工作暫時結束，以備解封後再作計擬。

4 月 15 日　星期二　晴

旅行

上午乘火車回台北，於十時半在八堵換車，十一時半到達台北，計在宜蘭共工作三天。

師友

下午，到文化招待所訪張玉如兄，談在宜蘭警察局查帳經過情形及暫時中止之原因，張兄談及該局希望余將公費數目向其言明，俾簽請縣政府撥發，余雖亦聞之該縣主辦人員向余接洽，余因不願該局馬局長造成私累，故無具體答復，而該局人員亦未提及係請撥公款，故一直未有言明，馬局長昨晚來台北，但張兄云並未與其會晤云。

4 月 16 日　星期三　晴

業務

上午，訪李洪嶽律師於中山北路，閒談太安行與福台公司案之不能迅速處理等情形。上午，訪隋玠夫兄，同在該庫訪林專員談第七倉庫合作社印花續約擴充數額

事，林不在，下午再往，晤林，余提出要求為加至五萬元，渠肯二萬元，余再提三萬元，似合折衷之數云。

師友

下午，隋玠夫兄來訪，閒談。下午吳先培兄來訪，同到程子鳴診所看房子，因吳兄所主持之公司有遷移之意云，該房甚好，惟無電話，晚飯並應約在吳兄家吃飯。

4月17日　星期四　晴

師友

上午，訪韓華珽兄於立法院，不遇，留字，旋通電話，渠本欲為表妹姜慧光介紹婚事，現因其頗有發展，故告以容後再談云。上午，訪山東漁農基金會孫伯棠主委，因明日有切要用途，請先支會計顧問公費一千元，渠允明日照辦。下午，與李祥麟兄通電話，為林毓祥兄病故在台中公祭事，決定合送輓聯，由李兄託人撰寫云。

業務

金紹賢會計師召集公會七人小組會，原通知係今日下午開最後一次會，但余按時前往，竟無一人，僅公會書記在彼處等候，結果流會。昨日新中央橡膠廠阮隆愈經理與張之文會計來委託，定下星期在該廠查核去年度之帳目。

4月18日　星期五　晴

師友

　　上午，訪張中寧兄，已赴草山受訓，與其夫人談因余付齊魯公司第二期房價需款，而近來業務上公費須稍緩時日始能收到，希望借其優利存款存單一用，押借款項暫作支付，但因張兄存單印鑑係用戒指，未置家中，故約定明日張兄下山後商洽，余將於後日往訪以作決定云。

交際

　　中午，前山東銀行同人龍易華君來訪，謂日內即赴曼谷工作，余約其夫婦於晚間在梅龍鎮吃飯，余與德芳偕往招待，龍君暫攜眷赴暹，但東南亞緊急時仍作來台之準備云。

4月19日　星期六　晴

業務

　　余處理會計師業務一向不喜預將公費算出並預先收取，其原因一為照中國世故人情不便開口直言錢財，況委託者有時為固有之友人，二為在查帳工作言之，往往在開始前不能預測工作之分量，故遇有此等情形時，常有工作完畢甚久後始能收到公費，最近為宜蘭縣警察局查帳，該局初亦數問報酬若干，余因上故未予先言，現在工作已暫告停頓，而該局方面一週來亦無消息，余恐曠日持久，益滋遷延，乃於今日函原介紹人張玉如君，告以照此次工作分量言之，按規定最低標準應收二千五百元（係照每天二百五十元十天算），希望先收

半數，此次查帳已完成將半，先將已查者提出報告抑俟
全部彙報，由局方決定，余當照辦，至於往返旅費，余
所墊為數無幾，不必計較，張君所墊則余當奉還，所以
聲明者，因照章仍由當事人負擔，張君墊款余雖將還，
而實出於額外者也。

4月20日　星期日　晴

聽講

上午，續到師範學院聽潘重規教授講中庸，今日所
分析者多為祭祀之社會的意義，甚精闢。

師友

上午，訪張中寧兄，借到其在郵局所存優利存款存
單，將持以向原存郵局押借款項備支付齊魯公司第二期
房價之用。下午，第七倉庫利用合作社魏盛村君來訪，
談商界友人來告細布進口為數甚多，而政府不肯立即
配售，故日來行市甚高，但相信半月內必將配售，故擬
出息借布千疋，半月後補進償還，除息外尚能盈餘數萬
元，余允探詢詳情。

4月21日　星期一　晴

師友

中午，孫伯棠代表在厚德福請客，主客為由高雄來
台北之李書忱律師。下午，程子鳴醫師來訪，據云其成
都路診所房屋仍作出頂之準備，託余充分注意此項機會
云。上午，訪楊孝先氏，閒談臨池執筆，頗有獨特見
解，而認為凡事當注意有恆與工夫，勿貪近功，殊佳。

瑣記

在漢中街郵局憑張中寧兄優利存款存單借二千六百元，該局向未辦過放款，頭寸又不夠，余又至他局交涉，經電話通知始於下午五時辦妥，當即通知齊魯公司派人來取去二期房價。

4 月 22 日　星期二　陰

瑣記

上午，到中美大藥房訪方宏孝君，詢對小額存款尤其楊孝先氏之存款有無支付辦法，據云暫時尚不可能，連日來籌款提藥及申請結匯已由李鶴齡氏籌到八萬元，但手續繁多，必須稍待云。

業務

下午，開始到新中央橡膠廠查核該廠四十年度之帳，此事係上週該廠來余事務所委託者，本日只將上期之決算表與總帳補助帳餘額加以核對，此外即係與經理院隆愈談當前橡膠業一般情況及該廠股東間糾紛演變之現在階段，今日工作三小時。

4 月 23 日　星期三　陰

業務

下午，續到新中央橡膠廠查帳，繼續核對四十年上期各補助帳與總帳之餘額是否相符。晚，到和平西路參加中美大藥房監理會議，主要議題為前向李鶴齡借款五萬元贖回一部分貨物後，因向商業銀行押款需時，而小債權人之索款者已因藥房一再失信而不可終日，乃商

量緊急籌款還小債權人之方法，計需五萬元，但在座認
墊者只二萬七千元，餘數將向押品超額之債權人請求墊
借，席間空氣緊張，十二時半始散。

4月24日　星期四　雨

業務

今日全日在新中央橡膠廠查帳，核對四十年下期總
帳與補助帳之餘額，其中資產負債科目之年底數與十二
月份數自然相同，損益類則因每月結算一次，故實際所
核對者只十二月之一個月數而已。續開始審一月份之傳
票，尚只看過半個月。

集會

晚，舉行小組會議，除報告上級例文外，討論社會
調查辦法，決定各就經驗所及將認為應予改造事項分別
寫出彙總報出，又決定推兩人參加廿八日舉行之古亭區
大掃除。

4月25日　星期五　陰雨

業務

下午，到金紹賢會計師事務所舉行會計師公會章則
審查小組最後一次會議，先將前已審竣之酬金受取標準
內所列特種營業登記一節加以檢討補充規定，再將公會
章程討論保留各點於今日將所查人民團體法規加以檢
討，將選舉方式加以規定，即選舉理事監事，均用無記
名限制連記法，前者連計三人，後者連計二人，又開會
時是否可以委託出席，法規無所依據，乃加以有條件的

規定，即不得代表參加，但人民團體法規有所規定時仍應照法規之規定作為修訂章程之標準，此點余本不贊成，但因多數如此，只好聽之，最後審查服務規約，係以林有壬會計師所擬草案提交大會者為原本加以增損，大體刪多而增少，至下午五時竣事。

家事

德芳自昨日腦暈宿疾復作，余牙痛亦於昨晚復發，今日精神極不濟，且自上週紹中改為上午上課，故午前照料幼兒，責無旁貸，余在寓半日，未出外辦事，德芳則就醫診療，服藥頗效，其實積勞所致，遂以不支，因諸兒女中幼小者極為煩神，而最令父母操心者尚為三女紹寧，終日問題層出不窮，幾於無法應付，幸下午在幼稚園，尚可略為和緩也。

4 月 26 日　星期六　晴

業務

今日續到新中央橡膠公司查帳，現在所進行者為核對傳票，終日只將一月份（去年度）者審核完竣，而特別注意其現金支付之憑證，轉帳收付之根據，傳票過帳情形僅遇有特別情形時始予抽查，因該公司傳票全年未編號裝訂，一一核對過帳，頗有不便，而其所以如此則因完稅之帳只根據一部分傳票記帳者，去年所得稅甫完過，尚未及整理也。

師友

下午，訪于兆龍氏，承留晚飯，閒談第七倉庫合作社事及渠二十年來從軍之感想。

4月27日　星期日　晴

師友

上午，王慕堂兄來訪，談交通銀行已發表調其去西貢充支行副理，一兩月後啟程。晚，逄化文兄來訪，閒談上星期在淡江英專遭遇屋頂塌下壓傷人命事之所見情形。

家事

明日為市政府規定大掃除之期，趁今日星期日提前辦理，因為事繁多，臨時雇一短工幫助辦理，舉凡曝曬疊席，掃除灰塵，拭抹門窗，均窮全日之力為之。

瑣記

下午，參加中美藥房監理會議，討論預定廿九日支付小額債務之應付方法，最低限度需籌款三萬元，煞費周折，始將數目湊足，尚須於明日繳收現款，此外則討論將來維持業務之方法，議論多而辦法少，只提定五人組織委員會從事設計，七時始散。

師友（二）

下午，訪石鍾琇、徐嘉禾二兄，因二人均在內政部服務，部長余井塘氏上星期甫經交代，故為知二人近況，特往訪問，石兄已離該部，徐兄則早調至勞工司，可免於更動云。

4月28日　星期一　晴

業務

全日在新中央橡膠廠查帳，今日審查去年三月份傳票，特別注意購料領料之手續是否齊備，凡金額在百元

以上之領料手續均一一核對，在以下則為時間所限不及
細核矣。

體質

　　連日牙痛有轉趨纏綿之勢，對飲食冷熱特別敏感，
平時亦覺痛疼，前、昨兩日晚間服散利痛一片，果立見
奇效，余恐成習慣性，故非萬不已，不肯服用，前、昨
兩日又因開會及大掃除未能得充分睡眠，牙痛亦受連帶
影響，精神煩躁不安，甚以為苦。

4 月 29 日　星期二　晴

師友

　　下午，到新市場訪同鄉甄田芝君，託代為買蜻蜓牌
麵粉半袋，因夏間不能久貯故也。

瑣記

　　今日為中美藥房通知小額欠款戶支款之期，楊孝先
氏託余代為洽取，余於今晨到該藥房詢知所籌之款仍只
有半數，且須九時始能開始支付，余因事不能久待，適
楊續蓀氏亦在，乃託代辦，一面以電話通知楊氏，又余
見其昨晚所決定之支付名單，余之存款將付二百元，余
乃將存條亦交楊氏代辦，但據云此項支付尚須明後日始
能辦理，今日支三千元以下者云。

業務

　　終日在新中央橡膠廠繼續查帳，今日所查為去年三
月份傳票，方法與昨日所用者相同，有若干轉帳分錄
係根據余去年查帳報告作出者，尚須參證該項報告核
對之。

4月30日　星期三　晴

業務

　　續到新中央橡膠廠查帳，今日核閱去年四月份傳票，僅餘月底數張結帳傳票，其餘全部看過，其中屬於現金部分皆逐筆與所附憑證核對，收入傳票則十之八九均無憑證，但應另有收據存根或支票存根之類另外保管，尚未核對，實際其重要性較差，轉帳部分發生次數最多而最具重要性者為原料物料之購進、領發，製成品之出倉，與銷貨時客戶收貨之手續等，轉帳購進原物料皆屬大宗，發票收條、收料日報等憑證或全部具備，或只有其一二，發料則有領料單及原物料收付日報，製成品之入倉有轉部傳票及製成品日報，出倉有製成品日報及客戶簽章之收貨回單，大體上甚屬完備，但實際盤存仍不免時生盈虧耳。

瑣記

　　上午，楊孝先氏來訪，據告其在中美藥房之存款條據，昨日交楊績蓀氏代為收款者，結果並未取到，託余再往該藥房一詢，比往，遇方宏孝君，據云計劃支付楊氏之數比他人為多，可能達到五百元，但須下午或明晨始有現款，乃以電話告知楊氏在寓候送，又昨日支配支付之存款單列余有二百元，乃亟向經手人取來支票，立即到華南銀行提取現款，以防或有退票情事。

5月1日　星期四　晴
師友

上午，訪廖毅宏兄夫婦，因即赴高雄，表示惜別，據云星期日成行，往訪時因尋找門牌，費時一小時餘始行尋到，在附近查詢再三，始徵得其部位，否則不免徒勞往返矣。上午到中央財務委員會訪虞克裕、汪天行諸兄閒談，據云該會在中國鹽業公司之商股已照前次余等查帳之結果解決矣云。接孫伯棠君來函謂姜慧光對會計非所擅長，所記山東漁農基金會帳及第四建築信用合作社帳多有錯誤，請余為其另謀工作，並自行辭職，下午該社經理宋延平君來解釋此事，謂孫出於一時憤慨，姜小姐雖有錯誤，不致如此嚴重，望稍緩再行轉達云，余知其意不外為其個人賣弄人情，連帶說明孫之有背人情，其實此事彼等必事先商量過也。楊孝先氏在寓候中美大藥房送款一天，毫無音訊，今日以電話託余向該藥房交涉，結果謂下午準送到一部分，並請楊氏直洽該藥房云。

業務

中午，何冰如、趙自強二君來訪，趙君委託為其清理債務，因渠雖未足破產條件，但財產不能變現，亦不足以孳息抵欠息，故託會計師出面洽減欠息，以輕負擔云。

5月2日　星期五　晴
業務

續到三重埔新中央橡膠公司查帳，今日所查為五月

份傳票及六月份現金部分傳票，今日進度較速，因對於
普通收付事項之數目在百元以下者不再一一以單據對照
傳票，得以節省一倍以上之時間，所以如此變通者，因
過去五個月中尚未發現此等小額款項有何不符情事，可
以推斷其不致有誤，且過去每日只能審核一個月，預定
十個工作日將全部帳表傳票核訖，不設法加速，不能有
濟，三則該公司帳務甚有條理，此等常年查帳，得簡略
處且簡略也。

5月3日　星期六　晴有陣雨

業務

續到新中央橡膠廠查帳，所查為六月份轉帳傳票及
七月份全部現金轉帳傳票。

家事

上午，訪姜岳東姑丈，談前日孫伯棠君為姜慧光表
妹事所來之信及宋延平經理之一席談，認為此事雖不必
久幹，但目前不妨先冷靜觀察，孫信亦不必告知表妹，
晚間姑丈來再談此事，以為既有此等信來，即不必勉強
拖延，余意原則固屬如此，但數日內仍不妨不動聲色，
余對其來信亦置之不理，以待有合宜之時機再行言辭亦
不遲也。

5月4日　星期日　晴

聽講

上午，到師範學院續聽潘重規教授講中庸，首先有
一段有關新文化運動意見之演講，潘氏對於一般認為新

文化運動乃以摒棄中國固有典籍為事，大為貶斥，認為
中國經籍絕無吃人禮教，為此論者乃別有用意，潘氏對
於當前肯為此項見解者之少，甚為痛心云。

師友

上午，分訪逄化文、張益瑤兩兄，為林毓祥兄之遺
族募捐，並閒談公路局內瑣事。

集會

晚，參加第四區分部委員會議，票選趙春霖連任常
務委員後即散會。

5 月 5 日　星期一　晴

業務

續到新中央橡膠廠查帳，今日所核為八、九、十三
個月之全部現金及轉帳傳票。

師友

晚，王慕堂兄來訪，因不久有西貢之行，詢余介紹
友人知該方情形者，余曾提及謝澄宇兄，因渠前年曾往
東南亞各國勸募愛國公債也，乃到牯嶺街訪問，至則知
方在陽明山受訓，乃返。蔡文彬醫師因房屋租賃糾紛
涉訟，今日來訪，余不在，晚間往訪，據云今日法院
開庭和解成立，日內即將筆錄送到，無需再託人另外
設法云。

5 月 6 日　星期二　晴

業務

到新中央橡膠廠繼續查帳，今日所查為十一月份傳

票，並以所餘時間將全年十二月份之估計成本實際成本
加以比較，各項費用之撥用數亦分別加以羅列，俾作報
告時分析之用。

瑣記

　　晚，到中美大藥房參加監理會議，數日前對小債權
人已應付一部分，但因款項不足，昨日有尚未分得者在
鄒希榮處開會，表示不甘，故日內尚須再以籌萬餘元以
為應付之計，此問題尚未有具體辦法，出席者多對於數
月間之種種處理意見參商之處提出檢討，意氣不平，有
出語傷人之處，引起若干無味之爭執，余此次開會深感
該藥房前途實未許樂觀，未及散會即退，今日開會由楊
續蓀、魏壽永二人報告甚久以前封帳之經過，並徵求大
家意見是否即將帳交余查核，並以何名義出具委託書，
劉啟瑞主張臨時仍行封存，待將來中美果無法轉動時再
以債權人名義委託清算，但此帳如何保管，又互相推
諉，最後決定推楊續蓀與方治共同負責保管云。

5月7日　星期三　晴

師友

　　上午，蔡文彬醫師來訪，對於其所住房屋續租問
題，希望余能介紹其向律師請教，移時其封翁來，乃同
到中山北路訪李洪嶽律師，不遇，改約下午再往，至則
詳詢租約經法院調解延期有效之手續，據判斷其所疑舊
約有未入新約之文字仍應有效，因調解筆錄係對新約之
變更事項加以紀錄，設非另訂新約，舊約自不能即行作
廢云。

業務

下午，出席台北市各合作社聯誼會，由黃南陽報告市府對三倒閉合作社處理之情形，並討論普通事項數件，會後並舉行宴會歡迎送社會處與合管處新舊處長。

5月8日　星期四　晴
業務

續到新中央橡膠廠查帳，今日查去年十二月份傳票，除數份結帳分錄尚須詳加推敲外，其餘大致核訖，不妥之處甚少。下午，出席會計師公會理事會，報告修正公會章程與公費標準及服務規約等項之七人小組已有報告提出，此刻當務之急即為定期召開會員大會，經決定於月底前召集，次為討論對付一、二未入會之會計師在外競爭業務，應如何應付，決定呈請主管官署予以取締，此外即為決定不日成立稅務、工商、法令等小組。

5月9日　星期五　晴
業務

今日續到新中央橡膠廠查帳，全年傳票均已核訖，並將對入帳戶之餘額及收付情形加以審核，特別注意其終年餘額未有變動者，此外即審核由於去年余之查帳報告提出後，該公司據以補正之分錄，其中因有在查帳提出報告書以前該公司已經作帳而不在，被查時期以內亦即去年一至三月間者，須就此項已分錄之數字為基礎而加以調整，致未能與余在報告書所擬相同，乃不免再加一度校對工作，故頗費時間云。

集會

晚間小組會議，報告上次會推出參加清潔服務隊之代表人前往工作情形，並討論下次會之中心題目，決定為總動員運動問題，推出一同志作研究報告全體討論。

5月10日　星期六　晴

體質

連日右牙臼齒時時作痛，尤以晚間為甚，今日到康橋牙醫診所診視，斷為牙齦發炎，尚未發展為牙根潰瘍，不必拔牙，自今日起每日洗淨敷藥即可，詢以是否服藥，謂可注射盤尼西林，遂即注射1CC，即三十萬單位，又取來藥粉三包，備痛疼時可以服用濟急。

參觀

下午到第一女中參觀運動會，事先通知家長參加，余到時只餘游泳比賽，參加選手只十餘人，有五十公尺自由式、蛙式、仰式，及廿五公尺各式，一小時餘完畢，參加表演者較精彩。

集會

下午到省議會參加工商協進會營利事業所得稅問題座談會，發言者皆工業會與商會及各同業公會代表，發言有動聽者，亦有不動聽者，然皆卑之無甚高論，其實只是一種向政府表示之姿態而已，又有自稱會計師代表之王庸發言，設有埋伏鼓掌，用心良苦，此等人皆用此等方法襯托標榜而造成虛聲也，余未俟會終因見為時已晏，即先退席。

5 月 11 日　星期日　晴
聽講
　　上午，到師範學院續聽潘重規教授講中庸，今日所講為治國之九經一段，引證史實頗多。
體質
　　牙痛自昨日治療後，昨夜已未大痛，睡前曾服所配藥一種一包，夜間睡眠甚好，今日上午續往診斷，由醫洗滌一次，並注射油質盤尼西林1CC，計卅萬單位，但洗後反起痛疼，於是者終日數次，上午續服藥一次，亦未見效，此藥酸味，諒係阿斯匹林之類。
家事
　　表妹姜慧光來訪，談已將第四建築合作社職務辭去，據云該社內容甚複雜云。

5 月 12 日　星期一　陰雨
業務
　　今日續在新中央橡膠廠查帳終日，今日殆為最後之程序，即將所核全年傳票所記錄之要點重新加以複核，並估量其重要性為何若，以為編製報告書之根據，其中有需口頭查詢者，亦分別與會計張之文君面談，但亦有若干渠已不能省憶者云。
師友
　　晚，蘇景泉兄來訪，閒談，多為關於政大及清華事，因渠為二校之校友也。
體質
　　牙疾有進步，今日未往洗滌，但入晚又有陣陣之痛

疼，服酸味藥粉一包亦無大效。

5月13日　星期二　晴有陣雨
作文
　　下午，撰「自傳」，凡二千餘字，係應中央改造委員會第五組通知準備，為調訓之用者，內容注重家世、學經歷、最佩服之長官師友、思想過程、宗教與信仰、今後抱負等。
師友
　　下午，李祥麟兄來訪，為其夫人發起托兒所邀余為發起人之一。下午，楊孝先氏來訪，閒談，認為今後世界變化不可捉摸，當前之人不可視錢財為護身符，應注意須有隨身本領，且不可苟且偷安云。晚，宋志先兄來訪，詳談此次在陽明山受訓四星期之經過情形。

5月14日　星期三　晴
業務
　　今日整理新中央橡膠公司查帳工作底稿，將準備列入報告事項加以分類，又有若干數字分析統計資料須由逐月結算表內摘出，作為初步材料，亦已分別查出。下午，到會計師公會出席會計補習班常務董事會，據報告已在館前路覓到班址一所，只須與房東定四六拆帳之合同即可使用，一切設備由房東負責，此項條件在公會開辦費不甚充裕之現狀下自屬最為適合，當即決定進行簽約，並決定雙方規定租金最低限八百元最高限一千五百元云。

5 月 15 日　星期四　晴

師友

為代王慕堂兄與謝澄宇兄約時談僑胞情形，以電話聯絡謂不在寓，乃與立法院韓兆岐兄約定於明日開會時託韓兄代為約定時間以便走訪，韓兄並為余介紹該院僑委會主任秘書蕭君，據云對西貢情形略有所知，似乎軍事情勢嚴重，前往者以慎重為是云。下午到文化招待所訪張玉如君，閒談之意在促起其對於宜蘭警局查帳報酬事延不解決之注意。下午，訪周旋冠律師為林毓祥遺族募捐，不在，留片。訪楊天毅兄，並遇何冰如君，談及同鄉在此動態等。

5 月 16 日　星期五　晴

師友

上午，韓兆岐兄來電話，謂已與謝澄宇兄約定明日上午八時在寓候訪，余即往交通銀行訪王慕堂兄相告，因此事為王兄主動，渠將有西貢之行，欲託謝兄就所知之越南友人予以介紹也。

業務

下午，到第一信用合作社出席台北市合作社聯合社臨時社員大會，此會之召集目的為討論該社以前奉令接收日人合作社財產並經取得產權，現公產管理處又根據另一種法令不予承認一案，決定推出代表若干人分頭向各方面及主管機關呼籲有效云。

5月17日　星期六　晴

業務

今日全日用於整理新中央橡膠公司查帳資料，並撰擬查帳報告書，已將初稿完成，其中有統計數字若干係交丁暄曾君代為整理，預留空白準備插入，今日整理關於該公司所採估計成本制度下之估計成本與實際成本之差額一項，參考希美不勞成本會計譯本，發覺對於此項差額之處理方法多著眼於實際成本內在製盤存之轉帳，而於產製額與銷售額之差別的大小對於此項處理如不加區別，則整個損益受或多或少之牽動一點，均有意無意予以忽視，此問題尚須參考其他著作為進一步之探討也。又對於利息之處理，該公司均加入製造成本，因而製造費用每不能隨產量為等比例之負擔，建議應求定率照實際成本計算加入，餘數作為財務費用，此係余所想像中之合理近情方法，在所見會計著作中尚未見提及，未知有當於學理否。

瑣記

晚，參加中美藥房監理會，討論如何向設定質押權超過債務部分之債權人收回藥品變價，應付小債權人之討債，並見所擬四個月整理計劃，因無資料可據，不能批評。

5月18日　星期日　晴

聽講

上午，到師範學校續聽潘重規教授講中庸，今日所講為第廿章末段「誠者天之道也，誠之者人之道也，誠

者不勉而中，不思而得，從容中道，聖人也，誠之者擇善而固執之者也。博學之，審問之，慎思之，明辨之，篤行之，……果能此道矣，雖愚必明，雖柔必強。」潘氏釋誠字，引紅樓夢香菱學詩為例，由獃而瘋而著魔，以現代語言之，即為一切不顧，管子謂「思之思之鬼神將通之」，又謂自我之完成每人只有一次，故必須有此誠之的精神，人一能之，己百之，人十能之，己千之，則必能達成所期望之境界，換言之，五十歲不能，六十歲必能，六十歲不能，七十歲必能，所謂朝聞道夕死可矣，即是此意，擇善固執，其真諦若此，此段潘氏發揮參考，講解時有引人入勝之妙，而歸結於「變化氣質」，的是中肯。

集會

上午，到中山堂出席黃海水產公司臨時股東大會，由陳良主席，討論事項為辦理公司登記必須修正之處，而最重要者為選舉董監事，此事日照、即墨兩幫已於會外獲得協議，故即照名單投票，亦即照名單產生，俟董監會成立後，經濟部代管階段即行告終，今日之會尚未表現舌敝唇焦之現象，可謂一大進步，但所以有此尚因外省人陳良之居間調處，會後聚餐顯然陳已成為中心人物，山東人只有歌頌之不暇，思之亦奇恥也。

師友

下午到內政部參加校友會茶會，由方青儒報告國際大勢，及陽明山革命實踐研究院此次新定之教育計劃及蔣總裁之辦理方針與最近意態，賴興儒報告最近破獲匪諜情形及軍服舞弊案與農會盜賣軍公糧案之梗概，最後

由王保身報告同學會理監事會最近開會決定慶祝校慶之
辦法。在中山堂遇蕭繼宗兄，漫談近況。

5月19日　星期一　晴
業務

上午，將新中央橡膠工業公司之查帳報告書加以最
後修正，並將丁暄曾君所核算之各項表格加抽查複核，
即交丁君謄清，此次查帳報告共九頁，比去年包括兩年
餘之帳者計少二頁。合作社聯合社來電諮詢一某律師
地址，本社亦不知，當由余去信鄭重介紹李洪嶽律師
辦案。

師友

下午，朱興良兄來訪，談靜居台中，半年餘未來，
此次北來係聞立法院會計處長有更動消息，故來活動，
朱兄現在擔任彰化銀行研究員，或有可能調來台北辦董
事會對外事務云。

5月20日　星期二　晴
交際

今晨見報載監察委員趙季勳之太夫人昨晚在台大醫
院逝世，乃至建國北路趙寓弔唁，至則知即停靈於醫院
太平間，不復往殯儀館治喪，於是馳至台大醫院，先行
禮，然後參預執事，下午三時大殮，殮前排隊瞻仰遺
容，繼即蓋棺，家屬舉哀祭訖，來賓致祭，孝子至庭前
謝客，並懇親友執事治喪，事畢即集議明日舉殯暫厝之
程序，分別告辭，此次治喪地點墓地及棺槨等均特別設

法，較之在殯儀館可以節省一倍，可謂切實之至。

5 月 21 日　星期三　晴有陣雨
交際
　　下午三時，到台灣大學醫院太平間弔趙季勳兄太夫人之喪，其時為預定出靈之時間，弔後即參加送殯，地點在六張犁下內埔，到達之時大雨傾盆，在交通車上等候半小時不能舉行穴祭，遂原車回市內，今日送喪者在百人左右，余送禮五十元，數不甚多，為力量所限也。
業務
　　將新中央橡膠廠之繕就查帳報告書加以校閱，頗有錯字，尤其丁暄曾君轉寫時對於標點全不注意，且多缺漏，不能不一一增加，所幸筆跡尚屬清楚，比較悅目。
師友
　　晚，董成器同學約集同班同學在寓晚飯，到者有朱鼎、馬兆奎、虞克裕、王慕曾、朱興良、高應篤等，飯後談及以後輪流召集辦法，但並未作具體決定，此後經常集會恐不易云。

5 月 22 日　星期四　晴
業務
　　上午，訪太安行言穆淵副理，仍談關於福台公司債務問題，其久居香港之叔父來信對於此案經久不決表示不滿，並謂對余可允給提成，顧問公費停給，但此言君則謂公費於節前送到，此案仍希望於節前能有結果，幾乎含有交換條件之意味，余深為不快，但亦未言其他，

只謂仍當求有結果，遂到廖兆駿會計師處再度催促，渠允日內即與福台李玉階作最後商談。下午，到新中央橡膠廠訪阮經理隆愈，交查帳報告書，並退回調用之決算表十三份，又與阮君口頭解釋查帳結果要點，及商談該廠會計制度以後之改善問題，又順便詢其用款目前利率，將介紹二、三戶送款來存云。

師友

上午訪張中寧兄，將前月所借用之存單送還。上午，訪周旋冠律師，不遇。

瑣記

晚，參加中美藥房監理會，籌款過節希望甚微，部分人主張攤牌，至十一時尚未散。

5月23日　星期五　陰雨

師友

下午，訪楊孝先氏，以昨晚中美藥房開會情形相告，余雖未終會而返，但預料必仍係設法籌款過節，在節前節後尚未有攤牌可能，楊氏又託余向他處取款過節。

交際

晚，參加台灣省合作金庫大稻埕辦事處之落成宴，來賓凡百人左右，極熱鬧。

娛樂

五月廿日為母校校慶，今晚舉行游藝晚會於中山堂，節目有新打城隍、保狀元（湯懷自刎）、梅龍鎮、黑風帕、全部棒打，無特殊精彩之處，棒打出場余即

返寓。

5 月 24 日　星期六　晴
師友

　　下午，張中寧兄來訪，託余代為存放款項，適新中央橡膠廠來電話對余前數日所提將為介紹存款一節再作具體接洽，當決定於廿七日會同前往，明後日即籌措款項。

業務

　　下午，到會計師公會出席補習學校常董會，討論房屋問題，因館前路房主要求條件太高，決中止進行，另與汪孝龍會計師洽商接辦其不能維持之補習班。

集會

　　晚，舉行小組會議，臨時將討論主題定為研讀「民族正氣」訓詞，余主持講讀。

5 月 25 日　星期日　晴
聽講

　　上午，續到師範學院聽潘重規教授講中庸，今日所講為第廿二至廿四章，此三章闡明誠與性二字，發揮至為透澈，其間並穿插故事二則，甚有趣味，其一為紅樓夢之賈寶玉，此人所抱之女子至上主義，超乎其生死榮辱順逆之外，其見解之正誤為另一問題，其至誠之意念鮮有其儔，其二為章太炎之革命事跡，在上海坐牢時口中仍不斷推翻滿清之說詞，在北京坐牢時則食花生去尖謂之殺袁世凱之頭，能超出生死之關，亦至誠之

所致也。

5月26日　星期一　晴

師友

　　李祥麟兄託余以姜慧光表妹名義存入第四建築信用
合作社之款今日到期，又姑丈在該社所存者亦於今日到
期，事先商定因該社頭寸常緊，且表妹已不在該社，均
將存至他處，余為之介紹新中央橡膠廠，今日將款取出
後，遂由余陪同至該廠辦理手續，該廠利率八分，較該
合作社略高。

體質

　　近日牙痛已止，且吃飯咀嚼亦較前得力，惟兩臂曾
注射盤尼西林各 1 CC，初尚無異，一週來反起硬塊且
有蕁麻疹現象，奇癢難當，三日來每日作熱敷一次，現
範圍漸縮小。

5月27日　星期二　晴

師友

　　上午，前日與張中寧兄約定在國民大會秘書處晤
面，余到達略遲，渠已將應領之待遇領去，余到時須等
候第二批現款由國庫領出，正等候間，渠又轉回，余請
其自到新中央橡膠廠存款，歸程余到第七合作社，渠云
將於下午到合作社將代領之款送來，但等候半日，不見
前來，迨余回寓，始知其已遣其長公子送至余寓，但余
預定用途只好延至明日。

5 月 28 日　星期三　晴晚雨

師友

　　上午，訪楊孝先氏，因值端節，送自製角黍四隻，天熱未能多談。下午，趙榮瑞君來訪，贈食品兩色，並謂正進行農林公司工作，因須考試而又不知方式，希望余能設法關說。

采風

　　今日為廢曆端節，因市面有不景氣現象，即食品店生意亦不見佳也，巷口有福州人在馬路旁演戲，自昨日開始，今日繼續，夜以繼日，聽眾甚多，亦動亂中小點綴也。

閱讀

　　讀中國經濟月刊，載周德偉著「經濟政策與經濟學理」，近三萬言，頗深入，如飲佳釀。

5 月 29 日　星期四　陰雨

師友

　　上午，孫化鵬兄來訪，渠現在服務於台中裝甲兵學校，此次因參加黨部代表會議前來台北，今、明兩日開會，後日逗留一日即行南返，余約其於後日下午在余寓晚飯。

體質

　　牙痛已勉強治癒，左齒尚可食略酸之泡菜，但兩臂注射盤尼西林所起之硬塊仍未消散，僅周圍之蕁麻疹狀癢症由於連日施作熱敷之故，已漸漸失去，又近來因漸臻炎暑，睡眠不足，兩目常似模糊，致視力漸退，則年

事日增老花之兆也。

5月30日　星期五　陰雨
業務

下午，出席台北市合作社聯誼會，重要討論事項有以合作同人名義向中央合作事業考察團提出建議書案，由市府合作科主稿，討論時余指出三點，一為原案主將倉庫合作社合併改組並設信用部，余認為合作界同人不應自作束縛，應將合併改組字樣刪去，二為認為工礦公司須充分透過合作社配售水泥肥皂，余指出水泥應為水泥公司，三為主修改票據法，准信用社參加交換，余指出此舉與票據法無關，均獲通過，嗣接開座談會與考察團檢討合作問題，會後公宴，九時散。

5月31日　星期六　晴
師友

上午，訪佟志伸、廖國庥兩兄於農林公司，詢趙榮瑞君報名考臨時職員事，據云大約後日可考，科目為珠算造表等事。上午，訪韓兆岐兄，下午訪孫化鵬兄，均不遇，係約於晚飯吃飯，至時二兄均來，閒談至十時始辭去。晚，前濟南中央銀行邵襄理夫婦來訪，互道契闊及友人狀況。

業務

通函余在會計講習班任課聽講之各公司行號，因七月起將實施商業會計法各項規定，如諮詢事項當義務解答，如託擬制度公費優待，計共發出三十八件，

均印刷品。

6月1日　星期日　晴有陣雨

聽講

上午，到師範學院續聽潘重規教授講中庸，為二十六、七章，因趕課關係，徵引不多。

師友

下午，舉行同學茶會於內政部，互助辦法決於本月實施，並推定趙葆全、王保身、石鍾琇及余等五人為審議委員，繼由吳望伋、張金鑑等報告草山受訓及同學前途之觀察等。

瑣記

晚，到中美藥房參加監理會議，該藥房事先通知小債戶三日來分藥品，但尚須籌款始能向有押品之債權人贖回結匯證，到海關完稅提貨，此款難有著落，至十一時尚未散會。

6月2日　星期一　晴有陣雨

家事

下午，姑丈來訪，謂在第四建築合作社存款今日提取一千五百元，後日並向他處提取數千元，將於後日改存新中央橡膠廠，並約定余尚有一千五百元待提出後以姑丈名義一併存入。

師友

晚，徐嘉禾君夫婦來訪，贈奶粉三磅，並閒談此間同學中之一般龐雜情形。

業務

第七倉庫合作社四、五月份由中央信託局透過聯合

社配布，頃已送到，決定其中一部分行市甚好以及行市不好者一併轉讓他人，如此一進一出尚略有手續費數百元可賺云。

6月3日　星期二　晴
師友

上午，分訪魏壽永兄與李洪嶽律師，均不遇。下午，李俊杰兄來訪，據談黃海水產公司改選董監事後，再度決裂，聞有將船舶按股份分配之說，此事對於小股東又如何，似未聽到，渠將於星期六訪陳良談此事，余認為小股東應有所主張，不能使此輩一手抹煞云，李兄又談此間因美國對繡花品需要殷切，而香港對大陸來貨禁運，故台灣之此種手工業大有發展之前途，又日本方面已有此種手工業，銷美甚暢，故吾國應急起直追，庶免喪失市場。

6月4日　星期三　晴
師友

午前，韓質生兄由新店來訪，託為證明曾當選為本縣國大代表候補第二名，並受託訪汪聖農兄請轉洽當時山東選舉監督劉翔予以證明，汪兄外出，託其夫人代洽。韓質生兄再度來訪，余以上情見告，又李俊杰兄與王春芳君同來訪，託代為計劃設立織繡工廠之官方手續，晚飯時與韓、李兩兄在真北平小酌，並與李兄到衛生大隊訪于隊長。姑丈來託與新中央橡膠廠聯繫，續送存款項，至下午始通電話，計送去四千元，內有余款

一千五百元。

6月5日　星期四　晴
師友

上午，劉逸南君來洽取余代李俊杰兄轉交之明墨一
錠，託其代售，移時李兄來，渠已辭去，以電話向他處
詢問，亦不在，遂罷。趙榮瑞君來訪，渠與德芳云，已
到農林公司參加考試臨時職員，據云所考珠算及製決算
表等所答均甚滿意云。

瑣記

齊魯公司派職員張致遠來洽取第三期房屋價款，並
將與市府所定租約交來，又謂如將來辦理過戶手續，該
公司當代為洽妥一切事項，惟此事並無時間性云。

6月6日　星期五　晴有陣雨
瑣記

晚，到中美藥房出席監理會議，討論提藥以一部分
還小債權人事，此事本係洽由有抵押權人之周煦龍，
撥出藥品二百瓶，押款一萬三千元，向海關繳款提貨
一千四百瓶，除以一部分續充押品外，其餘抵債，但無
人肯押，又改變辦法由林光旭出款將提出之藥以一部分
作價歸林所有，且抵還舊債一萬元，餘藥還之小債戶，
但作價甚低，有近要索，無人肯負責接受此項條件，致
會議無甚結果，有主張由小債權人集款繳稅提貨者，但
無人有此力量，故亦不得要領，此事討論至十一時猶未
獲結果，余感不耐之至，遂未終會而返。

師友

　　趙榮瑞君來訪，謂昨日已到農林公司投考臨時職員，自以為成績尚佳，余即以電話託佟志伸兄查詢，據復趙君所考造表成績距第一名甚遠，故未錄取云。

6 月 7 日　星期六　晴

師友

　　上午，于懷忠、王慕曾兄來訪，商討與中美藥房討債之方法，咸以為曠日持久必有損失全部之虞，此刻有兩法，一為全般的，即接辦中美聯號東南亞貿易行，用其招牌集資進口西藥賺回債權，二為局部的，約同三五友好債權人代該藥房辦理結匯進口在港藥品一批，取得抵押權，二法並行不悖。下午，李俊杰兄來訪，據云黃海水產公司已按董事派別分成四小組個別經營，形同瓜分，怪現象也，李兄股票將設法出賣，余亦託其一同辦理，價合宜即脫手。

業務

　　下午，王春芳君來託代為擬草手工企業有限公司緣起。下午吳崇泉、鄒馨棣、周傳聖來集議十日會計師公會大會之對策，決定屆時堅持照舊議程，只討論章程不辦選舉，章程內限制連記選舉法主改為二人之連記，如此可分成二組進行競選，成功後占四分之一。

6 月 8 日　星期日　晴

聽講

　　續到師範學院聽潘重規教授講中庸，已近篇末，潘

氏對復古一詞闢除正反兩種片面解釋，引唐太宗所謂
「古之不舊，今之不新」及孔子所謂「行夏之時……」
為例，新穎可喜。

瑣記

晚，參加中美藥房擴大監理會，亦即全體債權人大
會籌備會之發起會，因到會人數較往時為多，意見龐
雜，余未終會而返，今日之會有可注意者為：（1）劉
啟瑞公開指摘該藥房經營地下錢莊，走私，與今日中央
日報專欄揭露合作社案與走私案有關，又提出現在封存
之帳為假帳，債權人不必打民事官司，應以行政手段對
付，該藥房方宏孝未否認假帳之說，只謂如有走私案之
一文關係當眾自殺，（2）有提出應即登記債權人並查
帳者，但未研討具體技術問題，（3）有對於現行由大
債戶出錢代辦結匯完關稅及順便取得抵押權，並甚至將
舊債連帶獲償一項辦法提出不甚合理之見解者，但亦未
推翻。

6月9日　星期一　晴有陣雨

業務

下午，舉行第七倉庫利用合作社社務會議，理監事
均出席，余主席，報告兩月來業務數字及市府所來公
文，又因在余接任理事主席前倉庫房屋曾過至于漢江名
下，渠之社股最多，實際社內財產幾完全為其所有，此
事本屬無謂，但有小股社員向政府舉發，謂社內職員盜
賣財產，此種舉發在形式上理由充足，而存心則在搗
亂，余曾苦思解說之法，結果因今春向公產管理處承購

社址時係由此社員墊款，乃認為此項過戶即為墊款之保證，今日開會即以此意報告，謂理監事亦皆知實際情形，故聽取報告後即仍再作成決議案，表示同意，詢之市府所派指導員，亦認為並無不可，又討論倉庫業務推進之方法，決定向郊區求發展，並為減除自行投資之不易，決定徵求社員合作，凡在郊區有較大之房屋者，可借給本社經營業務，一切手續由本社辦理，而保管則由屋主負責，所收倉租則按成分配，訂約辦理，此法實行後則業務立即有開展之可能云。

師友

遇張雲泰君，據云黃海公司已分船分組經營，渠所經辦之一組所分之船最新，已出海作業，余之股份渠已列入，詢可否照辦，余亦只好同意，但謂股票如有受主即售云。

集會

晚，舉行區分部小組會，討論總動員綱領之內容，並談開展工作之方式。

6 月 10 日　星期二　晴

業務

下午，出席會計師公會臨時社員大會，今日會議為討論修改會章而開，險未足法定人數，討論會章時對大問題爭論甚少，小問題爭論反多，修正草案對選舉法採三人限制連記法，余等主張二人，使更接近單記法，但因表決技術關係，竟未通過，又開會委託代表問題，社會處指導員認為可以代表，而草案則早已刪去，結果仍

照草案，惟社會處核定時可以修改，又討論公費標準，內容無多爭論，但對於不受約束之會員應如何制裁，多有發言，余亦有所主張，但最後並無結論，今日之會出席僅足半數，情緒顯見低落，除少數人外，一般自由執業者多不重視團結也。

瑣記

晚，參加中美藥房監理會，人數極少，討論反易有集中之意見，楊續蓀提出持有抵押品超過其債權者應追出，均贊成，但楊所代表之李鶴齡亦有同樣情形，會中認為應一視同仁，防其以新押品抵舊債，鄒希榮有方案主張以此法擠出之貨應作為流動資金由債權人接辦該藥房，繼續申請進口信貸所得籌還欠債，原則極為正確，而技術問題並不簡單，但此係一良好之出路，此外則為由債權人自動分組出款以中美名義辦理結匯進口，以盈餘還舊債，此法之困難為需先墊付貨款關稅（以上照監理會議決出資結匯者俟貨進口後除歸還墊款外，尚可按所墊數之五成收回舊債，故欲收回舊債萬元，須結進二萬元始可，換言之即欲收回債權，先須付出加倍之現金），且進口時間須兩月，如在此期中該藥房竟告倒閉，貨到無法提出矣。

師友

下午，訪李德民太太，詢衍訓遷移居住地點事，據云成功中學袁先生處可以借住。

6 月 11 日　星期三　晴有陣雨

業務

　　為王春芳君草擬創設裕農工藝製品有限公司緣起，二千餘字，下午到中山北路訪王君，面交草稿，並約定明日續擬公司章程，又討論可否採用合作社組織，經商討結果認為不甚合適。

師友

　　下午，韓質生兄來訪，詢問託汪聖農兄向劉翔請為其證明為國大代表候補候選人一案接洽情形，余因汪兄未復，故無從告知。晚，王慕堂兄來訪，贈毛線，並謂西貢之行將俟法大使館簽證後成行，渠又託余對七倉合作社職員丁暄曾（其親戚）多施教導。

6 月 12 日　星期四　晴下午雨

業務

　　中本紡織公司聘余為會計顧問又滿一年，上午訪王慕堂兄同往該公司為友誼拜會，計先後晤及協理代總經理趙耀東、稽核汪驤侯、會計主任朱福增，及董事會秘書張百成．趙協理謂因監察院將招商局所聘顧問多人登之報端，故該公司對所聘顧問將有調整，此外未具體言及其他，余與張秘書所談較多，為余兩年來任該公司顧問之經過，並留片拜會洪董事長蘭友，余辭出後王兄復返以其為該公司董事會秘書之身份向各關係人員再作懇切說明。為裕農工藝製品有限公司草擬章程，主要以各股份有限公司章程為準則，參考公司法內有限公司之規定加以增損，以期適合，惜無此類公司藍本。

瑣記

晚，參加中美藥房債權人籌備會，決定先定期登記
債權人，以備召開大會，關於大會前之準備工作，余認
為必須充分，以期意志集中，此外須排除之障礙有三，
一為有抵押品與無抵押品之債戶漸形成對立狀態，須知
如前者不肯相當放鬆，後者必有洩忿償事者，引起破產
問題即將同歸於盡，二為債權人有已向法院控告者，此
事影響全局，應為釜底抽薪之計，三為特殊債權如第一
建築信用合作社因倒閉由政府清理，因政府站在背後，
無形中成為特殊優先債戶，影響全體權益，應如何應
付，余發言後未及散會而退。

6月13日　星期五　晴下午雨

師友

晚，訪楊孝先氏，談中美大藥房事近來之發展，渠
主張余應善加運用，單獨取償，但具體方法尚無從掌
握，楊氏對於債權人有已經控告者，最值得注意，余亦
以為最為可慮，應付之方最宜向該藥房負責人表示將申
請行政及治安當局補救，因此舉必有嚴重後果，即申
請司法補救者對此著亦無從對抗，但此法亦應比加運
用云。

集會

晚，出席里民大會，七個里只到三數十人，情形至
為閒散，余稍坐即退出。

6 月 14 日　星期六　晴下午雨

師友

訪台灣銀行新任人事室主任虞右民兄，閒談並轉達李俊杰兄之意，希望在其原任中央財務委員會秘書範圍內之事業機關謀一職務，但不得要領。上午訪王慕堂兄不遇，旋王兄來訪，謂已再度與中本公司數負責人接洽續聘余為會計顧問，或不致成為問題。下午，王春芳君來訪，談關於設立裕農工藝製品公司事，其中有股東仍主採合夥組織，但所擬辦法又似公司，枘鑿不能相容，請余加以修正，余謂最好先與敷衍，俟自知不妥，當發現應何以修正，此刻指出，反不易被彼等接受，其發起人中列有余名，余告以余不便參加，王君旋約晚餐，並談將來山東工藝品出口之統制經營問題，頗有興趣。晚，李德民君來訪，談衍訓之住處問題，均同意設法在其就讀之學校借住體育室或他處，余又託李君代于兆龍子女物色家庭教師，又託蒐羅有限公司章程。

6 月 15 日　星期日　晴

聽講

上午，續到師範學院聽潘重規教授講中庸，為最末之卅二、卅三章，卅二章為贊聖數章之結，最後一章為結論，闡明入德之方，至此已完全結束，聽眾興奮，效果極豐。

交際

趙季勳兄母喪定明日開弔，昨函託蕭繼宗兄代撰輓聯，今晨蕭兄親送來，聯曰：「別情不作於色，失志不

介於懷，凜然壼教同嚴父，歷亂尚全其身，瀕死尚憂其
國，久矣箕疇備考終」，余自書就，並於晚間送往，隋
玠夫兄事先來訪，代渠與王文甲兄列名。

師友

　　下午，同德芳到羅斯福路三段訪邵光裕兄夫婦，閒
談。下午，到內政部參加同學茶會，並於遇宋志先兄時
面交代向鄰居索贈之幼貓，今日之會各同學所報告者多
為全國代表大會之召開問題，及草山訓練之感想等項，
並開始收繳按月之儲金，又因會員王醒魂要求續作生活
救濟，乃由初審委員四人至吳望伋兄寓所開會商討，但
無結論。

6月16日　星期一　晴

業務

　　因黃海水產公司董監事成立後董事長已經選出，該
公司積欠一年之顧問公費已至索償之時機，其步驟當分
兩方面，一為該公司董監事分船經營，成為四組，代表
四派，其中鄭旭東、張雲泰兩派已分別說明，均無異
辭，今日在趙宅喪禮中遇省黨部一派之代表人裴鳴宇
氏，向其說明，亦表同意，當將事先繕就代裴氏致該公
司董事長陳良公函一件請其簽字，攜回備發，二為直接
向陳良有所表示，今日往其私邸為禮貌訪問，不遇，留
片致候，又遇張雲泰君，據其表示最好辦一公函致該公
司董事會，渠等當再向陳良董事長作肯定之表示云。

師友

　　上午，因趙季勳兄之太夫人於今日補行開弔，致送

輓聯外，並於上午前往致祭。

6 月 17 日　星期二　晴
師友

上午，到臨沂街訪于懷忠、王慕曾兩兄，余將日昨魏壽永兄所復之函交傳閱，魏兄所主張者，在原則上與余等所見者略同，但困難在如何實施方有利無弊也，又不日債權人登記截止，面臨之步驟即為如何召開此會，此會乃百餘人之群眾，就各個人言之，自無人不重視其債權之合理保障方法，但群眾場合往往情感勝過理智，故如何作準備工作以期收穫預期之優良效果，亦為籌備人員所當注意也。

6 月 18 日　星期三　晴下午大雨
師友

上午，鄭旭東君來訪，談此次黃海水產公司分組分船經營之原則，係將股份、船隻、負債三項條件予以配合，然後抽籤分配，每組船二隻，其中一組三隻，此項船隻均按新舊及待修之程度估價，股份則與此相稱，債務亦然，設股份多於船時，負債比例減少，反之增加，例如張雲泰之一組，兩船估價三億元（舊法幣），附隨債務為每億九萬元，應負擔債務廿七萬元，但其股份只有二億四千萬元，按預定標準，每千萬元應加算負債七千元，故不足之數為四萬二千元，結果分得負債三十一萬二千元即是此故，然則由於若干附帶加入之小股，彼等每千萬之股票即省去七千元之負擔，故此項股

票按此價售之彼等實為最公平之數，因此項七千元之數字尚只代表船之使用權，今連股票全算，自然應更高於此也云。中午訪王慕堂兄，約其於明日晚飯，同時訪侯銘恩兄，亦以此事相約，下午王兄又來訪，告余中本公司顧問過去太多，正在設法調整，聞會計師將只留王庸一人，其餘則將另籌帳外負擔之法，但尚未定局云。

6月19日　星期四　晴有陣雨
師友

上午，王慕曾兄來訪，談中美債權事。晚，楊孝先氏來訪，談中美債權人中一部分安徽地方人已將目標移於李品仙所掌握之抵押品，並將清查其與東南亞貿易行之關係以作要挾之題目，因聞李氏曾加入東南亞股份三十萬元，後又透過中美撤回現款二十五萬元也，楊氏認為此輩之目的在取消部分之債權的著落，故認為不妨與彼等聯繫，並隨時知其動態云。上午訪趙榮瑞君，並與其長兄晤面，並訪遷居其後院之馮達璋經理。探李正忱君病。

交際

晚在勵志社為王慕堂兄及李鴻漢兄送行，因二人不久赴越南也，作陪者有丁暄曾君。

6月20日　星期五　晴
瑣記

上午，訪孫雨航君，並遇鄒希榮君，談中美大藥房債務事，目前中心問題已非小債權人索取現款，而為積

極籌開債權人大會，以便計議取償辦法，並對付有抵押
品在手之戶頭，旋同到該藥房探詢情形，該藥房當前工
作為向保持超額抵押品之吳仲模即周煦龍戶索取溢額貨
物，該藥房備函送往，但相信其若非有大力為後盾，恐
一只空文無濟於事也。山東漁農基金會上午開會，余因
該會負責人孫伯棠、宋延平二人不友之至，避未參加。

家事

下午，姑丈來訪，閒談表妹姜慧光之婚事已近成熟
階段，將合訂婚、結婚為一日云。

集會

晚，出席區黨部召集之小組長聯席會，討論加強訓
練及向中央控訴市黨部處分所派區黨部幹事席亞賢不公
案件，會議至午夜始散，發言者多批評與牢騷，甚至抨
擊改造之失敗，雖屬真正表現一般下層之情緒，然在如
此大局下亦徒託空言而已。

6月21日　星期六　晴

集會

下午三時到裝甲之家參加國大代表聯誼會召集之歡
迎五華僑團體茶會，賓主人數相埒，各在百人左右，由
主席莫德惠氏致歡迎詞，繼即由王僑團領隊演說此次回
國觀光之意義及回去後對於僑胞準備宣達祖國情形之決
心，一時情形極為熱烈，余未終而退。

師友

下午，訪楊績蓀氏談中美藥房前途，咸以為非維持
結匯業務不足以增加還債之能力，但此又必須債權人繼

續墊款，又有若干債權者採其他途徑，故實際上如何進
行非輕易可以決定也，又其與劉啟瑞間之結匯證蓋章問
題已說明解決矣，但周煦龍部分尚須努力云。到安東街
訪冷剛峯氏，約定下星期二同到經濟部訪友。

6月22日　星期日　雨
師友

上午，王慕堂兄來約同到新生南路訪中本公司董事
長洪蘭友氏，只在閒談，其實為請其續聘為會計顧問
事，彼此俱知而未明言耳。上午訪張敬塘兄，約下午訪
崔唯吾氏，至時分頭到新店崔寓，尚有新近被誣感訓昭
雪釋出之任新舫君，對卅八年張敏之案之寬抑情形就當
時被害之政府文告加以分析，備明日起稿送談明華君，
渠在草山受訓曾對總統報告此事，頗蒙注意，囑再送書
面報告。中午，應裴鳴宇氏約在第四建築合作社晤面，
係談黃海公司分組打魚辦法之帳務問題。

6月23日　星期一　陰雨
師友

上午，依昨日之約定將談明華君之呈總統報告稿擬
就，約計一千字，下午崔唯吾氏與張敬塘、任新舫兩兄
來會同商量修正，余撰寫不過費時一小時，修改反費時
二小時，完畢後又無人謄清，余即到醫事職校訪張磊，
囑其請假作繕正工作，渠正楷甚慢，直至十時凡費時四
小時尚未寫完，乃囑其帶回自寫，約定明晨逕送張敬塘
兄處，因今日下午約定由渠明日上午到陽明山送交談明

華君也，余於十一時始返寓。冷剛峯氏來訪，閒談其數年來與政治脫節之經過，甚為詳盡，總之因不合時宜，漸漸不能入流而已。王乃文君來訪，面交其擴充生產苦土製品之計劃書，希望能助為宣傳拉攏，以便能早日著手籌備云。

6月24日　星期二　大雨

業務

上午，鄭旭東君來約赴基隆地方法院應傳為證人，緣渠被張雲泰君等控告侵占，經高院發還重審，今日為檢察處傳集被告及證人開偵查庭，時間為上午九時，但到達後直至十二時均謂檢察官另有要公，改為下午二時，午後再到，即在其辦公室開審，問余所查黃海水產公司帳內償還平安漁輪局黃金四十一兩五錢之記載情形，及與台北魚市場往來帳核對情形，余供出上款無上海該公司帳冊可資核對，故該款是否無弊，無由斷定，後者則余與各魚市場對帳函發出後迄未接台北魚市場之答覆，故有無弊情亦不能明悉。

師友

前日與冷剛峯氏約今日下午同往經濟部訪友，余因在基隆延誤，四時始到台北汽車站，遲約定時間一小時餘，正在大雨之後，未見冷氏蹤跡，只好作罷。張敬塘兄來訪，謂今晨在草山晤談明華君，渠對昨稿主刪改，張兄傍晚赴新店與崔唯吾氏洽商，十時返，已定稿。

6月25日　星期三　雨

師友

　　上午，到合作社，候張敬塘兄與丁暄曾君，因代談明華所擬報告係昨晚託丁君寫清，張兄則上午即須上山面送也，直至十一時餘丁君始寫完，經校對後面交張兄於十二時上山。趙榮瑞君來訪兩次，託余為其作為經歷證件證明人，並託余在農林公司與關係人員請託對其待遇從優核定，因聞臨時人員之待遇可由二百五至七百元，伸縮太大，余即函廖國麻兄。

家事

　　下午，到姑丈家託於到新中央橡膠廠時，代余加存三千元，代張中寧兄取息，晚飯後返。

6月26日　星期四　晴

師友

　　上午，趙榮瑞君來訪，談今日已到農林公司充臨時辦事員，正辦理敘俸手續，照規定辦法如年資較高者可敘至七百元，但聞人事室只簽三百元，欺人太甚，云云，余下午往該公司訪主計處長廖國麻兄，請其與人事室交涉，據云人事室不肯從優之原因為趙君所送履歷證件均為各銀行便函，不肯作數，殊無道理，廖兄當以簽案向人事室提出。下午，到冷剛峯兄處為前日未能如時到達車站致歉，並重新約定明日如天不雨仍於下午到車站會齊往訪。

業務

　　上午到武昌街答訪王樹基會計師。下午，鄭旭東來

訪，問前日基隆地方法院檢察處對余所說明之黃海公司出給平安漁輪局之欠款憑證為借據，而鄭供為兌條，望余說明二者實為一事，余即照該項條據所註在申或台漁撈款先須還此款一節，實即含有兌款之性質，聞此案原告方面將遞狀聲請撤回，因分船經營以後，安協之局已成，往事勾消云。

6 月 27 日　星期五　晴
師友

上午，到中和鄉探望宋志先兄之病，據其岳太夫人云，已赴醫院照 X 光，所患為膽石症，照得真象後恐須開刀云。下午，到車站同冷剛峯氏到景美以東經濟部訪友，預定拜訪者為張靜愚次長、張景文會計長、劉桂參事等，但均不遇，繼至附近溝子口考試院新址，渠訪馬國琳秘書長，余訪隋石孚專門委員，此兩機關新房均極簡陋，考試院且無圍牆，辦公室外即為田塍，盤桓至五時始乘車返。到溫州街訪張中寧太太，面交今日在漢中街郵局代為取來之存款息及轉期存單。中午，楊孝先、王慕堂先後來閒談，王兄頗主余放棄會計師業務活動台灣銀行職務，聞該行刻正著手整飭人事，大是機會云。

6 月 28 日　星期六　晴
師友

李祥麟兄昨日來訪，係託代向新中央橡膠廠洽取存款到期之利息，余知日內張中寧兄將由草山回至台北，亦到該廠取息，故將李兄之存單轉張兄，請其帶同洽

取，並將此項辦理經過以電話通知李兄，並謂大約星期一可以辦理竣事云。陳天表兄上午來訪，託代向第四建築信用合作社洽取存款利息及本金之一部分，陳兄談話時始終對於現狀表示不滿，並謂高唱入雲之歡迎外資，無異另一種不平等條約，自亦有其見地。

6月29日　星期日　晴有陣雨

師友

下午，到楊天毅兄寓與七、八友人談天，初談山東同鄉會之成立人選問題運用經過，繼談同鄉會目前進行之工作為協助山東學生由馬公遷台中之請求與運動，目前最重要者為與台中豐原駐軍商洽遷騰一學校之校舍，至遷移費則主管機關認為須本省人士自籌，其來源咸注自山東漁農生產基金委員會所保管之相當於一百四十件棉紗之財產，地方人士對此點亦皆同情，但此項財產如何由私人之手集中回來尚須設計也。

6月30日　星期一　晴有陣雨

師友

下午，王慕堂兄來訪，謂中本公司之顧問公費下月內可以支付，大約由一種專款內動支云。

交際

晚，參加魯青國大代表聯誼會與台北市山東同鄉會召集之茶會，歡送劉欽禮、蔡同芳二人明日赴美，及王金祥、賀叔昭日內赴滇從事游擊工作，致詞者有秦紹文、裴鳴宇、趙季勳、延國符等，四人分別答詞，其中

劉欽禮兄為正式赴美讀書，以行將四十之年有此志趣，
殊屬難能而可貴也，答詞中以蔡為最重修辭，而以劉為
最稱坦白，十時餘始散。

7月1日　星期二　晴

家事

上午，到姑父家，送精鹽三數斤又茶葉數兩，下午姑丈來訪，閒談，未有何事。

業務

上午，往賀嚴以霖會計師遷移。王春芳來洽公司成立及登記事。何冰如等來洽振中工廠欠第三建築信用合作社押款本息，將託余向該社清理會計師交涉辦理。

師友

下午，到連雲街訪李祥麟兄，將新中央本月存息帶交，不遇，交其夫人。上午，張中寧兄來訪，不遇。下午，李俊杰兄來訪，昨由台中來，俱道台中方面友人情形甚詳。

7月2日　星期三　晴

業務

昨日王春芳君託為其所籌設之公司計劃第一次股東會應辦事項，余於今晨代為依照公司法有限公司之規定加以歸納，代擬股東會成立會程序及認繳股款收據式樣等，於下午送其新地址襄陽路卅五號，至公司章程應提此會，前已代擬，並告以不可亂改云。

師友

下午，訪吳先培兄，閒談並代劉文光推銷技與藝月刊一份。下午，于治堂兄來訪，謂來此為辦理證件。下午訪于兆龍氏，並留晚飯，因客多，僅略提及上半年合作社大概。

7月3日　星期四　晴
師友

上午，到內政部訪李耀西兄，面告關於會計師執業之應準備事項，並面約今日下午在會計師公會晤面，以便索取入會應用表格等件，因余下午開會到公會也，但余回事務所查閱開會通知，發覺係四日開會，余誤記為星期四，乃以電話與李兄聯絡，渠未到內政部，於是請部內同學徐嘉禾兄到其住所通知，歸謂業已出發，先至財廳，以電話詢財廳，謂尚未到，為踐上午之約，遂至公會，既到達又知李兄業已到過，頃離去矣，揆此事之陰錯陽差，全因余記憶上之疏忽，近年因記憶力大為衰退，常有此等困擾之事，而又事先無法防止，輒使橫生種種煩惱，雖自恨自怨，而復無法自拔，心情為之惡劣，無法排遣。

7月4日　星期五　晴
業務

下午出席會計師公會理事會，討論重要事項為前次會員大會所通過之修正章程，因大會人數問題，尚未呈報主管官署，緣該次大會僅足法定人數，照會章規定凡章程之修正案須有到會人數三分之二之通過，在當時討論章程至末數條時，到會會員已陸續散去大半，設通過時點查人數即有不足之虞，則章程修正案之能否成立自然不無問題，今日討論結果僉以為當日曾盡量避免用表決方式，如有對人數發生疑問者，雖事實上頗有理由，而形式上並無積極證據可以指出，故決定仍照大會通過

之修正條文作合法之呈報云。下午全省合作從業員舉行
演說競賽會，余為評判之一，因時間衝突，余未出席。

7月5日 星期六 晴

業務

上午，到中山堂參加第卅屆合作節及中國合作事業
協會年會大會，十時開始，由谷正綱主席，演說者皆內
政部及省政府之主管首長，會中並分發此次各合作社演
說競賽與法令就賽之優勝獎品，第七倉庫利用合作社監
事主席王述先於昨日參加決賽獲第二名，凡領取獎品四
種，唱合作歌後攝影散會，下午討論會余缺席。

師友

王慕堂兄來訪，促余進行台灣銀行職務，其友人國
大代表武鑛震東最近發表該行稽核，下午王兄與余同
往訪問，辭出後同回余寓晚飯，飯後王兄歷述其在濟
南交通銀行時期與中國銀行競爭業務之經過情形，深
夜始去。

7月6日 星期日 晴

聽講

上午，到師範學院聽潘重規教授講論語，此為第一
次，先概括的介紹論語一書之來歷，並引證若干根據
說明絕非偽書，頗為精彩，經文則今日只講學而篇之
首三句。

師友

上午，訪楊綿仲氏，詢以有意進行台灣銀行工作，

請指示可否進行及如何進行，楊氏認為無地位相稱之工作，且不必與台人相爭，該行俞鴻鈞董事長做官重於做事，亦可不必云。

家事

晚，應姑丈之約晚飯，在座尚有李德民夫婦及正與表妹姜慧光議婚之隋錦堂君。

7月7日　星期一　晴

業務

上午，因前接章宗鈺會計師函定今日遷址，乃於上午前往道賀，其寫字間甚寬敞，在台之同業中恐首屈一指，聞此人多做完稅業務，官商雙方俱能逢源，收入當不惡云。

師友

下午，因李耀西兄兩次來訪不遇，乃到內政部答訪，面交余之事務所所用各種印刷品空白式樣。下午訪張中寧兄，談余此刻進行台灣銀行有何方法，彼意應請託有權勢者介紹，余亦然其說，而人選一時難獲，蓋余等之人事關係向失之單純也。

7月8日　星期二　晴

業務

第七倉庫利用合作社上半年結算純損三千餘元，因所營業務完全在合法範圍之內，自然無法挹注，況對他社有益對本社不必有益之業務亦有之，比如代售印花，他社貼出手續費比收進者為高，係在信用業務上統籌彌

補，本社將所得手續費完全貼出即等於白忙，現在每月
開支不過三千元，印花定額有三旬各二百元，如不貼手
續費即足夠開支之半。

師友

下午到立法院宿舍訪林鳴九兄，為其姪女今日訂婚
道賀，並遇孫典忱兄，閒談。

7月9日　星期三　晴

師友

前日聞李耀西兄云，財政廳對於推行商業會計法及
推行稅務仍在計劃延聘會計師合作，余與今晨往訪財廳
顧問劉大柏同學，不遇，歸後渠來電話，余告以今日往
訪之意在聞悉該廳有若干業務將與會計師聯繫，請隨時
注意並幫忙，渠應允但未涉具體。

集會

晚，舉行小組會議於第七倉庫利用合作社，共到六
人，由余報告一月來工作及接到上級之來文，繼討論中
央正在推行之動員月會問題，又由余報告自清運動之大
要內容。

7月10日　星期四　大雨

師友

中午，訪王慕堂兄，談及余為進行台灣銀行事，與
楊綿仲氏昭談尚未獲致結論，將作再度之研討，並研究
進行之方式，余提出可否請監察院監察委員推薦，王兄
認為不妥，因台灣銀行董事長俞鴻鈞正有被控之案在該

院研議，如此夾雜其他意味恐起反作用也，余又主張不妨毛遂自薦，然後再相機活動，採車輪戰法，王兄亦以為然。

職務

今日依稅捐稽徵處之限期申報四至六月之所得額於城中區稅捐稽徵處，用掛號信。

7月11日　星期五　雨

業務

下午，參加會計師公會召集之工商小組座談會，所討論者甚廣泛，計有外資參加生產及港澳僑資來台，公司登記，及商業會計法之推行等問題，發言者以余及章宗鈺、陳寶麟及財政廳主管科等為多，最後決定下次由余召集，並事先擬定討論題目與大綱。

家事

下午，李公藩兄偕姑丈之房東單鳳標君來訪，謂賓東雙方今午因細故口角，單決定退租，傍晚余往，單邀晚飯，李兄亦在，余表示此事口角經過余不願細問，但相信單君之所言，姜先生既為余之至親，理應請罪，蓋單君今日因此事受甚大之刺激，如再先從口角內容上詳加檢討，必致治絲益棼，反之用此方法渠將無可再發之氣，結果在和諧聲中散席。

7月12日　星期六　雨

家事

上午，姑丈來談日昨與房東單鳳標口角事，決定另

行覓租房屋，余未表示意見。

業務

上午，到裕農公司籌備處訪王春芳君，據云正欲託余代辦一切手續，以前代辦為草擬裕農有限公司章程，其中又有人主張改為股份有限公司，故章程須另行修改，至於用意何在，似亦不免模糊，余知此等人多自作聰明，且屬一知半解，故不加可否，只允為草而已。

交際

山東萊蕪國大代表呂學勛兄患高血壓於前日故去，余今日見報始知之，亟到殯儀館弔祭，至則已準備起靈火葬，余因須到他處開會，故未執香送葬。

公益

下午，澎湖防衛司令部子弟學校代校長苑覺非在社會處招待台北山東各界人士，余往參加，首由苑君報告三年來率學生在澎之辛酸苦辣，至於淚下，繼由到會者發言，均表同情，並推人成立遷校設計委員會，積極向政府交涉。

7月13日　星期日　晴

聽講

上午，續到師範學院聽潘重規教授講論語，今日為第二次，由孝之一義講起，將全書涉及孝者選裁而貫通之，是新方法而仍不悖舊理論也。

師友

下午，訪李耀西兄，談其會計師執業之準備事項，及其預備採取之重點與作風，晚間渠又來訪，取去查帳

報告用紙格式及信箋信封格式並索取空白顧問證書五張。下午，到內政部參加校友茶會，所談者多為應否作復校活動一問題，未有結論。

7月14日　星期一　晴
師友

王慕堂、冷剛峯兩兄來訪，談及余井塘氏介紹冷兄到馬公任教職，王兄與余皆不贊成其接受此事，因僻處外島將與此間隔絕，妨礙新的活動也，並決定由余函大甲中學劉幼亭兄詢其有無延聘可能，再作計議。晚，林萬秋君來，謂彼在特工系統內從事調查張敏之、鄒鑑冤案，望余能將張由獄送出紙條提出作證，惜早已遺失矣。

業務

王春芳、金問義二人來訪，託代為將以前所擬裕農公司章程加以最後之修正。

7月15日　星期二　晴
師友

上午，訪吳崇泉兄，探詢其以前所辦公司登記情形，以作參考。張敬塘兄來訪，謂關於張敏之、鄒鑑冤案，刻保密局已派員作調查工作，鄒部分有其校內一教師準備資料，張部分則請余代擬，但內容可不與上月代談明華君所擬者重複，以資加強效用云。

業務

下午，出席會計師公會召集之法令小組座談會，大

致為稅務及出庭手續等事。下午，參加裕農公司之股東
會，討論余所代擬章程，費時四小時尚未完全通過，意
見參差，可見一斑。

7 月 16 日　星期三　晴

師友

下午，張敬塘兄與煙台聯中教員于君來訪，持示于
君所擬鄒鑑為黨服務之生平經過節略，甚為詳盡，余今
日亦代擬一段張敏之之經過情形，約七、八百字，即交
張兄彙總備送一韓君，韓為保密局人員奉令出面調查
此案者。晚，王慕堂、武震東兩兄來訪，二人皆金融
界中人，而所談則政治、軍事為多，武君已進台灣銀
行為稽核。

體質

余目力本甚健全，但自今年漸覺閱讀時之距離有逐
步放遠之勢，昏花之徵歟？

7 月 17 日　星期四　雨

師友

下午，汪聖農兄來訪，談余以前代韓質生兄轉託前
山東民政廳長劉翔為之出具當選候補國大代表證明事，
因渠刻不居官，不能加用印信，且當時選舉呈報情形已
無文卷可查，故不能應命等語，並附預寫之信一件，余
當即轉達韓兄。下午，談明華、林萬秋來訪，希望余從
速催張敏之太太提供其以前服務證件，以便呈報。晚，
逢化文兄來訪，託後日代表出席其所參加之中國蠶絲協

會大會。

7 月 18 日　星期五　大雨
師友

　　上午，張敬塘兄同保密局韓思敏君來訪，為調查張敏之、鄒鑑冤案之情形，余因昨日已將所知者寫成文字交張兄轉交，故無其他可以奉告之事，移時崔唯吾先生來，將其所了解者與韓君詳談，尤致意於此案主使者韓鳳儀、劉惠蒼等陰謀之背景與可疑之點，推斷為大有受共匪指使之嫌，韓君一一記錄，直至下午五時韓君始去，崔氏並云日昨與談明華談及此案，認為須進一步以真憑實據充實談君呈送總統之報告，其方法如何，經今晨與孫典忱兄研究，決定將該報告須提供證明各點，分頭聯繫知情者加以證明，此項資料將由談君與林萬秋君送至總統府張參軍，因參軍處已奉總統將談君報告交下澈查也，又此項證明之應如何蒐集，崔氏於下午訪秦紹文氏面商，渠甚願為之證明，但不贊成約集可證明者茶會商討，以免引起注意，至此項證明辭可為之代擬云。
業務

　　第七倉庫利用合作社上期賠三千餘元，大社員于兆龍氏對魏盛村經理表示憂慮，謂最好緊縮開支，除賣印花職員及廚役外，其餘停付待遇，余對此不表贊成，因每月不過虧五、六百元，只須出租一部分房屋即可補苴，至今後之經營方式，或全賣，或全租，或全用，或半用半租，皆可免於虧蝕，是在如何決策耳，惟在半年來之經驗，在合法範圍內之經營，殊無善策可以造成盈

餘，如行險僥倖而遭失敗，則寧願破財不願招災也。

瑣記

　　鶴鳴鞋帽商店英文徵譯中文成語，第二期用 To
know is one thing, to teach, that is another pair of shoes，
余以家人名應徵三則，一曰「教學相長，劍及履
及」，二曰「學然後知不足，教然後知困，教學相
長，踐履篤實」，三曰「一冠一履，頂天立地，設
無真知真傳，何由執斯業牛耳。」

7月19日　星期六　雨

師友

　　下午，崔唯吾先生及孫典忱、林鳴九、張敬塘諸兄
來訪，談關於張敏之、鄒鑑案請談明華兄所呈總統報告
所須補充之證明，經決定分頭與關係人員接洽。訪曹緯
初君不遇。

業務

　　下午，訪于兆龍氏，談第七合作社上期略有虧損，
下半年之補救辦法，余提出將社取消以不動產出賣或出
租為上策，以局部出租尚保留合作社為中策，目前勉強
維持為下策，經決定採中策，另在郊外覓定合作經營之
倉庫，而先將目前之倉庫價購後出租云。

7月20日　星期日　雨

聽講

　　上午，到師範學院續聽潘重規教授講論語，係採分
類法，將有關「孝」者講完。

集會

上午，參加中國蠶絲協會會員大會，今日只在選舉新理監事，修改會章而已。

師友

下午前，訪林鳴九兄，據談今日訪丁治磐氏，請為證明鄒鑑所辦之國華中學學生在青島與山東大學附匪學生鬥爭情形請其證明一節，丁氏表示不願先出證明，但有向彼調查之人員，當將實情面告云。晚在于兆龍氏處吃飯，在座尚有李延年氏等。

7 月 21 日　星期一　雨

師友

下午，張敬塘、賀拙忱、于仲崑、崔唯吾、孫典忱諸人先後來談關於為談明華蒐集張敏之、鄒鑑一案之證案事，一、二日內仍不能集齊，決定分頭加緊催辦，又曹緯初君處三度往訪不遇，今日以電話約來會談，決定有關抗戰期間張敏之工作情形由彼查明寫出交來云。

瑣記

晚，參加中美大藥房債權人大會籌備會，對於鄒希榮所提移債權為股權接管經營辦法原則通過，但如何使全體債權人均能一致，則尚須分組開會作說服工作，午夜始散。

7 月 22 日　星期二　晴晚雨

師友

下午鄭旭東兄來訪，據談長記輪船公司債權人大部

分的債權四百萬元已將該公司之亨春輪接收抵償，另組
新公司名東方繼續經營，但此四百萬中尚有欠銀行貸款
等一百五十萬須作債務，故只能作為收回二百五十萬，
且此船實值只值二百五十萬，故收回之債權實只一百萬
而已，又該公司失敗之原因一由於與四川人王某合作，
二由於賀去年遭訟累，無人照料云。

家事

　　下午，姑丈來談正積極覓房遷居，又談新房客即為
李公藩兄，殊為不倫云。

7月23日　星期三　晴有陣雨

業務

　　省合作事業管理處與市政府合作科正開始全市合作
社總檢查，第七倉庫利用合作社業務雖屬簡單，但應整
理之處亦復不少，今日根據總檢查注意事項會同魏盛
村、丁暄曾二君從事整理，其中最重要者為社員名簿，
在春間改組時即未完全調整符合，此次勢難再延，決定
澈底加以整理，使名簿與股票存根兩相對照云。

師友

　　王樹基會計師來閒談，由同業間作風及工商業中怪
現象等談起，以至渠從事此業二十餘年之經驗，於今日
本省同業之品類不齊，使業務難以經營，均慨乎言之。
下午，吳先培兄來訪，閒談內地人在此經營工商業成敗
參半，但欲有成非與官府中人徹底溝通，事絕無濟，又
談及亞東銀行之失敗與顧竹淇自肥情形。

參觀

參觀台灣文化協進會所辦書法展覽，出品四百餘件，形形色色，不成熟作品佔多數，水平線上者不過十之一，然此中確有功力甚深之作，如宗孝忱、莊嚴、高逸鴻，所作字皆極佳。參觀劉延濤山水畫展，出品數十幅，格調相似，均有逸氣。

瑣記

十八日所記英語漢譯文字，該店已經揭曉，首名譯文為「名師千個法，真傳有幾人」，次名譯文為「知教互不相屬，此一事也，彼一事也」。此兩則與該店之宣傳似無關也。

感想

美國共同安全總署中國分署登報徵聘英文會計人員，余去函應徵，但提筆為一普通函件及履歷表，極感生澀，足見學之不進則退，殊為可懼，前日又聞之友人謂有李漁叔者在青為軍部秘書，詩文甚工，書畫則未入門，近來在此展覽書畫，聞係二、三年來新學成者，雖謂天才，亦肯努力者，否則不能致此，斯今日絕好榜樣也。

7 月 24 日　星期四　晴有陣雨

師友

王慕堂兄下午來訪，據談台灣銀行稽核機構之成立為目前應密切注意之事，望余積極進行，余下午將前數日所擬之致俞董事長鴻鈞函加以刪削，繕正後備發。

集會

晚，舉行小組會議，應到八人，實到只四人，討論
事項為應事實需要推定幹事一人，由劉燦霞同志擔任，
又關於捐款救助港、澳、南韓僑胞，今日分別收款，此
外為奉令造具黨員名冊，因內容比較繁複，故當場分別
填註，但未到者尚須補查。

7月25日　星期五　晴

師友

上午，王篤修君來訪，談遇曹緯初兄，關於準備張
敏之兄自第六聯中至湖南煙台聯中之經過，曾有談及除
煙台聯中一段經過外，其餘王兄亦不十分清楚，因即託
其將此段草擬；下午途遇曹緯初兄，據云渠曾託王兄
代寫，但渠今日上午所談似不如此，是亦怪矣。李祥麟
兄來訪，閒談。張敬塘兄來訪，謂鄒鑑過去之證件已大
部收到，明日將赴新店與談明華、崔唯吾二氏晤談，其
中關於余所接到之于仲崑兄所送共匪組織一覽，曾與張
鄒案判決書核對，發覺判決書所載鄒鑑於卅五年五月開
始為新民主主義青年團工作一節，有莫大漏洞，即此團
之議設為三十五年十月間事，鄒何能於五個月前預為工
作，且各種名義亦均牛頭不對馬嘴，余即據此寫一簡要
節略交張兄託黨務主管方面簽名提出。下午，楊孝先氏
來訪，所談仍集中於中美大藥房事，楊氏係於今日接得
通知今晚舉行債權人小組會云。晚，林萬秋君來訪，詢
余向張敏之太太索證件事之答復情形，余告以只索來一
件，其餘俟詢潘維芳兄云。

7 月 26 日　星期六　晴有陣雨
師友

　　上午，到台灣銀行訪虞克裕兄，持繕就之致該行俞董事長鴻鈞自薦函請表示意見，據云甚為得體，遂即交郵。上午，到衡陽路彰化銀行訪朱興良兄，渠最近始由台中調至此間。

家事

　　下午姑丈來訪，謂代存至新中央橡膠廠之款今日應付利息，取來三十日支票一紙，將由余屆期提取交換。上午率紹寧到衛生展覽會參觀，並為其注射結核試驗針。

交際

　　晚，大陸救災總會在裝甲兵俱樂部招待各合作社主管人，報告募捐十萬元目標事。

7 月 27 日　星期日　晴
集會

　　上午，出席中華計政學社社員大會，選舉理監事，全由計政學院及政府官吏包辦。

聽講

　　上午，到師範學院續聽潘重規教授論語，按分類法開始選講關於「詩」者。

師友

　　上午，周紹賢君來訪，由台南來為張敏之冤案供給資料，余留午飯，略談後即囑其到新店訪晤崔唯吾氏。下午，韓質生兄來訪，閒談。下午，談明華兄來訪，取

去張敏之服務總證一張轉交張參軍。下午，王春芳君夫
婦來訪，談其工藝公司籌備事。

7月28日 星期一 晴
集會

上午，到師範學校參加基層幹部講習會，由省黨
部派員講各項專題，卑之無甚高論，午飯後余因事退
出，通知小組幹事劉燦霞君前往參加，因至下午七時
始散也。

師友

下午，崔唯吾氏與張敬塘兄來訪，研商進一步為張
敏之、鄒鑑冤案蒐集證據事，決定請青市在此新聞記者
證明張敏之並未參加該項團體，口供與事實不符，此外
則設法通知當時被拘以後釋放之學生，證明審案人員非
刑拷打，又由余再函王培五女士請將以前張由獄送出之
字條送來。王慕堂兄來，閒談。張中寧兄來訪，還所借
零用款。晚，金鏡人、趙榮瑞兩君相繼來訪，係談商業
會計法講習班及趙君刻在農林公司升職事。

7月29日 星期二 雨大風
業務

今日各合作主管機關派員來第七倉庫利用合作社作
合作社總檢查，此舉為全省性的，計檢查一整天，事務
人員四人，而由合管處第三科魯科長鎮湘總其事，余對
於當前合作社所遭遇之困難，向魯君談起甚多，此外
四人則完全技術工作，所發問題有扼要者，亦有粗淺可

笑者，不必一一詳記，但今日受檢查幸賴事先有充分準
備，故只小節略有挑剔，大事尚無或指摘，尤其庫存不
足供繳印花，臨時移款加入，而能應付裕如，則賴事前
籌慮得宜也。

家事

上午，同紹寧到中山堂作結核檢查後之複驗，係陰
性反應，立即接種卡介苗。

師友

下午，趙榮瑞君來訪兩次，仍為其關說升職事，余
允明日訪廖國庥處長一談。下午，王篤修兄來訪，交來
所擬張敏之在阜陽之工作情形。朱興良兄來訪，談彰化
銀行之作風及保守太過情形甚詳。下午，楊天毅兄來
訪，談其請秦紹文號召出股公司計劃。

7月30日　星期三　晴

業務

下午，鄭旭東、李紫宸、李移生、王文季四人來
訪，係因彼等為長記輪船公司賀仁庵之債權人，佔全部
債務之半，約二百五十萬元，原與該公司洽妥以其亨春
輪抵償，該輪約值此數，但須附帶還債一百五十萬元，
故實際只能償還十分之四，但賀又反悔，而若干其他債
權人亦欲以此輪抵還債務，以致前案推翻，現決定按通
常途徑進行解決，第一步委託余辦理債權人登記，自明
日起登報，三天辦完，然後召開債權人大會，進行查帳
或起訴，公費一節，因在登記階段非發起人全體應有之
責任，請先免付，將來按清算百分比報酬，余已允予照

辦，並代擬登報文字，並請彼等將委託書於明日開始登
記前備好交來。

師友

　　上午，訪鄭旭東兄，不遇，將余之黃海公司股票交
其夫人，並留字請不日將款付給。上午，訪隋玠夫兄，
不遇。下午，先後因張敏之、鄒鑑冤案來訪者有林鳴
九、周紹賢兩兄，周君並將代沈成章、李先良所擬之證
明稿交余寄台中李兄。下午，冷剛峯氏來訪，謂接劉幼
亭函，大甲中學教職未接受。吳崇泉兄來訪，閒談業
務。晚，訪廖國庥兄於溫州街，詢該公司有無調整臨時
雇員待遇或調升實缺之事，據云兩事全無，該公司因本
省正辦理扶植自耕農，需要大量資金，將以農林公司與
工礦公司估價出售抵付地價，故該公司已只有半年之生
命，此刻甚難有若何更張云。下午，訪李祥麟兄，送去
以前姑丈代向新中央橡膠廠取來之利息支票於今日到期
提付交換而得之現款，並取來渠代向法學院借來之西文
會計審計書各一冊。

7月31日　星期日　晴有陣雨

業務

　　今日開始為長記輪船公司登記債權人，上午李移生
君送來委託書，竟將昨日余所擬之稿「公費另議」字樣
略去，雖與實際無十分大之關係，但其不肯負責之情
形，昭然若見，余未作十分不悅之表示，準備在債權人
大會上再作要求，下午李紫宸、王文季兩君來，係探詢
登記進行情形，及進一步之工作為召開大會產生代表及

要求該公司報告財務封存帳簿。

師友

　　下午，崔唯吾氏及張敬塘、周紹賢、于文波諸君先後來訪，為張敏之、鄒鑑等冤案呼籲昭雪事趕辦應有之工作，崔氏擬有代談明華君致張參軍家銓之全部說明函一件，將各方一切證件加以貫穿，因談君不肯出面，特託張敬塘兄往訪裴鳴宇議長請其出名繕發，又于文波君為煙台聯合中學學生，與張、鄒二人同時被捕，但釋放另就工作，現有多人在第六軍某團工作，全體有集體寫作，記載自移湘至到澎湖之辛苦經過與非刑拷打之身受情形，頗為逼真，由周君代擬簡單證明一件，即於明日往團部聯名簽字送回，據所記各節，除拷打外尚有強姦女生之事，殊為不法云。王慕堂兄來訪，談俞鴻鈞氏復余之函及進一步之辦法，又研討冷剛峯兄為劉幼亭兄所拒絕經過及將來進行之方式。

8月1日　星期五　晴

業務

上午，商船聯營會儲家昌偕馮錡來訪，談長記輪船公司債權人登記問題，聯營會亦為債權人之一，上月長記曾有讓船於債權人之協議，其方案為私人債權人將船接收，按船價所折合之數，先十足還聯營處等機關之債務，然後以殘餘歸其餘債權人，實得約不及半數，以此數成立新公司借款開船，續為經營，約已簽字而公司方面反悔，於是引起各債權人澈底清算之反響，設演變至破產程序，則以前準備十足償還之各戶亦將同樣受損，故儲君主張舊話重提，渠將與公司方面賀仁庵接洽，託余與委託登記之債權人接洽，下午債權人中主要分子鄭旭東、沈紹宗、王文季、李移生、李紫宸相繼來余處，余轉告儲君之意，但在座者無一認為可以照辦者，且當前急務為籌款將亨春輪於五日以前開出，以免喪失信用及虛耗靠埠之損失，王文季主張唯一可行之法為請聯營會將此款墊出，並請交通部令飭辦理，縱使他債不還，此款亦須先還，俟將船開出再談以外之過去的問題，此法雖切近事實，但聯營會墊款本以十足歸還其以前之借款為條件，今欲以局部借款之方式使放棄其優先權，恐該會亦未必答應耳，討論至數小時尚無何結論，後因見余另有客人來訪，始相率辭去，由今日情形觀察，此事暗礁正多耳。

師友

中午，于仲崐兄來訪，謂係與周紹賢君約定中午在余處晤面者，但候至一時半周君始來，來時並與前煙台

聯中學生于文波君同來，面交二十餘學生所具以前與張
敏之、鄒鑑一案中所受非刑拷打之實情報告，囑余轉
交崔唯吾先生，周君即辭去，至傍晚崔氏來余處，又約
周君與張敬塘兄來，共同商討雪冤進行方式，據云已與
總統府主辦此案之張家銓參軍晤面，渠對此案已完全明
瞭，並展限一星期續送近日所到之證件，尤主張將昨日
崔氏所擬之總說明文字由山東知名之士繕送張處，故決
定由孫典忱、張敬塘二人明晨訪裴鳴宇議長商談，此外
證件亦須分頭往催云。

起居

　　三數日來均為繼續不斷之會客，每日在八至十小
時，至晚即疲乏不堪，中間更無一刻可以休息，因之
精神壞極，勉強以香菸支持，然面容憔悴，眼球布滿
紅絲，形容殊為不佳，加以因參與若干賣力不討好之
事，召集種種誤解，經濟困難，外人欠帳不還，更令
人揪心也。

8月2日　星期六　晴

師友

　　上午，王慕堂兄來訪，託為其友人之子備函行政專
科學校為投考說項。上午，單鳳標君來訪，意在催姑丈
早日搬家，但措辭甚婉轉耳。下午，為張敏之、鄒鑑冤
案聚集余處商量進行者有崔唯吾、裴鳴宇二氏及張敬
塘、于仲崑、周紹賢、叢芳山、苑覺非、談明華諸兄，
本日重要決定為關於此案之總說明將由裴氏提出，以致
張家銓參軍函之方式出之，裴氏已應允，但希望各同人

備函致裴氏相委託，其意似在避免山東在此官長如秦德
純等有所非議，或被視為招搖，當即由余屬稿，即席簽
名者七、八人，尚續簽中。訪張景文兄閒談，並談及前
託代為推銷技與藝月刊請將款及訂單交余轉交。

8月3日　星期日　晴

聽講

上午，續到師範學院聽潘重規教授講論語，續講書
中有關詩經之篇章，尤其注重詩經之美刺類似春秋之褒
貶，而表現方式不同，復引子貢、子夏與夫子論政之
句，多由詩經之句比興，而結語特別富於含蓄，以證詩
經之不徒為文學作品，極有致。

師友

下午，逢化文兄來訪，談張敏之、鄒鑑及學生冤案
平反事，渠刻在陽明山受訓，所知一週來情形不多，僅
因目前有總統府專門委員某君與渠談及，故來相告云。

集會

下午，參加中美藥房債權人大會，此會為一部分債
權人所登報發起，與前數日所謂債權人大會籌備會者，
係屬二事，但籌備會仍將入股重新經營一辦法草案分
發，結果所起反響不佳，經表決通過今後不予扶助，反
之決定予以清算，由大會推定代表十五人，余亦在內，
召集人五人，余亦在內，由此會決定一切詳細辦法，及
延聘會計師律師云。

8 月 4 日　星期一　晴
師友

上午，欒文廉君來訪，談係為張子文君代來登記長記公司債權者。下午，李福祥君來訪，談為張敏之出證件事，渠擬與弓英德君共同作一報告致前山東教育廳長徐軼千，由渠出面較妥云。下午，王慕堂兄來訪，談冷剛峯兄之事尚待續為進行，余當再函劉幼亭校長設法。晚張允中、李醒華夫婦及林樹五、王順之夫婦來訪，張君任北投育幼院內組長，談此項特殊教育機關之辦理特為困難，李女士為德芳之同鄉同學。

8 月 5 日　星期二　晴
師友

下午，先後來訪者有崔唯吾氏及張敬塘、任新舫、李梅生諸兄，續談張敏之、鄒鑑一案之蒐集資料工作，決定李梅生會同弓英德、王篤修函徐軼千廳長，請其簽蓋證件證明煙台聯中籌備成立之經過，並由任新舫提供關於卅九師中人有通匪嫌疑者之資料。
瑣記

晚，在金輅君家開中美藥房債權人大會代表會，十五人中到十三人，決定此會先向警察機關備案，初步工作為向押品超過債權者追索其超過部分分配各債權人。

8月6日　星期三　晴
師友

上午，中美債權代表會召集人鄒希榮、于懷忠、金輅來訪，談具體進行方式，並於下午訪劉啟瑞代表交換意見，請轉達方宏孝、陳繼舜兩債務人充分合作。晚，楊孝先氏來訪，談中美藥房事，對於數日來之發展表樂觀。楊天毅兄來訪閒談。

瑣記

下午，警務處組員孫君來訪，查詢中美大藥房之情形，余將數日來債權人方面之情形約略相告，至藥房內容則未告之，並請其重視債權人意思勿使倒閉。

8月7日　星期四　晴
業務

下午，中美藥房債權人代表召集人五人在余事務所開會，該藥房負責人亦參加，債權人方面切實表明該藥房目前應與債權人之立場無有二致，當前重要工作為向大戶追回超押之藥品，並由藥房將上次封帳後至現在之財務情形與債權人名單開送代表會，至店務及收回藥品之處理，望各提意見交全體代表會決定。晚，開長記輪船公司一部分債權人會，余與戴天球律師亦參加，決定分別擬定手續洽開債權人大會，明日將再度交換一次意見。

師友

上午，陳天表兄來訪，託代向第四建築信用合作社提取存款。上午，到聯勤第一總醫院探望宋志先兄之

病，渠係上星期四入院割治膽石症，已將全膽除去，大石發現七塊，小者無數，手術經過良好，再約十日即可出院云。裴鳴宇議長來訪，談關於申雪張敏之、鄒鑑冤案望各項證件從速集中，崔唯吾氏代其所擬致張參事家銓函望遇孫典忱兄時將文字再加斟酌。劉文光君來洽代為推銷技與藝月刊事，余告以尚有一份訂單未退回，另一份直接到月刊社接洽，餘七份待收款，此外則退回云。

8月8日　星期五　晴有陣雨

師友

上午，訪張敬塘兄，詢日內如何對張鄒案資料加緊蒐集，因已有數日未聚會矣。

家事

下午，姑丈來談已覓定住房一所，約於明日會同前往一看，並談籌付價款方式。

業務

下午，長記輪船公司債權團來商洽訂於星期一召開債權人大會事，決定由余代為登報聲明召集，但如何決定會場運用方式，尚待續商。下午，方宏孝君與一陸君同來訪問，係因口舌之爭，來向余採證有無其事者，余為笑置，此等事在此時偏多也。

8月9日　星期六　晴有陣雨

家事

上午，到安東街看姑丈擬購之房屋，余因對房價及

營建工程所知甚鮮，未表示意見。

業務

　　上午，開中美藥房債權人會代表會常務會，研討收回抵押品溢額之技術問題，方宏孝董事長亦來參加，表示與各代表係持充分合作，情緒尚甚融洽，並定明日續談。

師友

　　下午，崔唯吾先生與張敬塘先生來訪，為繼續蒐集張鄒冤案資料有所商談。

交際

　　晚，參加曹緯初君之婚禮喜筵，其婚禮儀式係日間在地方法院公證處舉行者。

集會

　　晚，舉行小組會議，辦理黨籍總檢查，但不到者有二、三人，尚須費一番周章耳。

8月10日　星期日　晴有陣雨

聽講

　　上午，到師範學院續聽潘重規教授降論語，仍採分類法，凡兩小時始告一段落。

業務

　　上午，開中美藥房債權人召集人會議，決定推金輅速擬索取抵押超額藥品之公文，圖記已刻成，暫交余保管，使用時憑全體召集人之判行，今日又談及將來一旦將藥品收回時之處理方式，如出售事在中美門市辦理，恐款項被截留，但如在他處出售，技術問題亦不簡單，

決定俟取回時再開十五人代表會商討之，又押品越額之
計算將涉及作價問題，此事必發生爭執，余主張應參考
他戶之不久前已結價者作為重要根據。晚，晤楊續蓀氏
談及此事，渠仍主接管店務，余謂非開十五人會不能解
決云。

集會

　　晚，光復雜誌社發行人楊續蓀召集座談會，余應約
參加，到者十餘人，討論中央改造委員會所定第七次全
國代表大會之四大議題中之第四題，即反共抗俄時期工
作中心之擬定，余提兩點意見，一為宣傳工作者首重正
名，二為經濟動員應加強農業外項目。

8 月 11 日　星期一　晴

家事

　　上午，姑丈來訪，因決定買安東街房屋，現款不能
集中，託余以電話詢新中央橡膠廠能否將所存應於廿五
日到期之八千五百元（其中有余三千元）提前支取，余
詢商結果知該廠頭寸甚緊，無法照辦，但到期時希望照
付，彼方尚無肯定之表示，有待續商。

業務

　　下午，中美藥房方宏孝來訪，謂李鶴齡超過抵押之
藥品已洽妥取回，希望到店處理，又彼等近來秘密處理
一項業務，即已借款萬餘元結匯香港賀爾蒙四千瓶，價
值約十六、七萬元，但日內店內有空前之危機，一為一
部分債權人續利用官廳壓力索債，二為開支不出，電燈
已被掐斷，余告以關於參加店務及處理藥品非開十五人

代表會無從決定，至秘密結匯應絕對不能妨害債權人之
利益，亦即不能私自處理一瓶藥品云。下午，開長記輪
船公司債權人大會及代表會，決定各項基本作法，如開
始時之文書印信及業務方面之聘會計師、律師等案件，
以及開始時期之籌墊經費等。

師友

下午裴鳴宇、崔唯吾二氏及叢芳山、孫典忱、張敬
塘諸兄來訪，商談張鄒冤案各項資料之最後彙集辦法，
決定現在所差者有趙季勳、李梅生（代徐軼千）及宋志
先等三件，趙件由張兄往催，李、宋兩件由余往洽，經
即將該稿送李梅生君，請繕後送回以便再送徐軼千之代
表人曹緯初蓋章，繼即至第一總醫院訪宋志先兄，將崔
唯吾氏所擬稿一件面交請其蓋章，至此全部工作即可於
明後日完成云。

8月12日　星期二　晴

業務

下午，中美藥房債權人代表會常務會開會，到金
輅、鄒希榮（請假）、柯蔚嵐、于懷忠及余，當場核定
文稿三件，一向警務處警察局報備案，一向中美藥房負
債人方宏孝、陳繼舜通知本會成立，一復總工會對該會
請求優先清償一節表示須俟該藥房果然破產時再予核
辦，此外並討論將超額債務押品索回後之保管處理手
續，應招十五人代表會討論決定，至於債權登記亦應由
十五人代表會決定委余辦理。晚，鄭旭東兄來訪，談長
記託辦清理債權查帳事債權團意按百分之一計酬，余只

允照章略減。

師友

　　楊孝先氏來訪，因索振中存款取來支票一紙，託余代向彰化銀行取出，經代取送往。

8 月 13 日　星期三　晴

家事

　　晨，姑丈之房東單鳳標來詢姑丈何日可以遷讓房屋，余告以因其存款尚未到期，正商洽提前，尚無結果，但至遲亦當於廿六、七日將款取出，即行付款搬家，渠聞言後，既認為時間太長，復懷疑其是否有此項困難，表示若干不近情理之意見，余均不予理睬，只允轉洽儘量提早，渠見不得要領，遂口稱晚間再來聽信而去。

師友

　　上午，叢芳山兄來訪，詢前日宋志先兄之證件已否蓋章。下午為張鄒冤案前來者有孫典忱、張敬塘兩兄，決定最後集齊之限期為後日下午，所缺附件二種，必於是日送齊，遂辭去，孫兄回新店，俄頃裴鳴宇氏來訪，謂所缺之證件中之一為丁治磐、趙季勳證明鄒鑑在青率領學生與山大左傾學生對抗一事之證明，此項證明雖已送來，但措辭模稜，反不如缺之為妙，言下大罵此輩人為官僚不止。李梅生來送證件，此證件係代徐軼千所擬，余當與代徐蓋章之曹緯初兄以電話聯絡，明日來蓋章。

業務

下午，鄭旭東兄來談長記輪船公司辦案公費，仍欲照百分之一計算，並謂律師聘定周旋冠君，洽定為公費百分之一‧五，余謂會計師公費最低本為百分之二，茲亦只能再讓至與周相同，經即照此商定，渠即辭去於明後日送來委託書。晚，參加長記輪船公司債權團常會，余與周律師均出席，決定分函有關官署，通知長記交帳，及與另一債權團體即官方份子之聯繫方式，續辦債權登記等。

8月14日　星期四　晴

交際

上午，到台灣大學醫院探視蔡文彬大夫之封翁，據云因年高不能再行開刀，恐將不治云。

師友

下午，裴鳴宇、張敬塘來談張鄒冤案證件事，裴氏將丁治磐、趙季勳一件摒除，另繕底稿，交趙一人出具，尚須由張訪趙，如此則本星期內又不能辦到矣。晚，于治堂兄來訪，談上週起來師範學院參加教育廳所辦之暑期教員講習班，余請其於下月初會計師公會舉行會員大會時支持競選理監事，當允全力協助。

業務

下午，舉行中美藥房債權人會常會，只到四人，其中鄒希榮已四次不到，故均不以為然，加以一週來互相不易保持密切接觸，幾於一事無成，大家情緒均不甚佳。

8 月 15 日　星期五　晴有陣雨

業務

中午，儲家昌兄來訪，詢長記輪船公司債權人大會事，余告以其中頗有人主張迅採破產程序處理，以免坐耗，蒙受損失，余詢渠以船聯會之立場，據云仍在從速設法開船，以免損失，但在此間債權人之行動未能明晰以前，借款開船顯無著落，余謂此方之會計師、律師余及周旋冠二人可出面從事磋商云。下午，中美藥房債權會代表柯蔚嵐及于懷忠來訪，先就收回押藥與到藥房採取管理兩事交換意見，明日開五人常會，再決定處理之計劃，定期召集十五人代表會提出作成議決案，再行按步著手實施云。

家事

午後，姑丈來訪，商談提出新中央存款支付房價事，余當以電話與該廠經理作詳細之商討，該廠堅不肯預定可以付款之確期，乃決定明日到廠訪談，以作較具體之決定，姑丈又談二小時，辭去。其現住之房東單鳳標又來電話，仍係催詢姑丈遷居之確期，余仍答以至遲廿六、七日，如再認為未有誠意，余當敬謝不敏，此君說話一如前數日之詞費而不得要領，渠似因此事而有不正常之狀態，亦可哂也。

8 月 16 日　星期六　晴

家事

下午，同姑丈到新中央橡膠廠訪阮隆愈經理談洽取存款事，該廠因在淡月，到期無法預料能否照付，而其

他應付款項亦須籌劃，致商量再三，無何結果，後因阮
君取出其七月份資產負債表，並談及結欠第一商業銀行
一萬元亦須月內付還，但付還後仍可照例再借，余即提
出一項辦法，即設法籌款將該行之款付還，並立即於還
清後再行借出，將此款歸還，此種三、五日之周轉，余
可負責設法張羅，惟須在付還時加付姑丈五千元，故事
實上該廠可多出一萬元之頭寸，而現金則須另向其他方
面籌措五千元，或逕向第一銀行加借五千，此點一面由
余進行設法，銀行方面則俟星期一由該廠前往商洽，談
兩小時始結束。

師友

　　晨，張中寧兄來閒談生計及子女升學事。張敬塘、
曹緯初來談張鄒案蒐集資料事，僅差趙季勳一人證明
鄒在青島壓伏反共學生之一件，一再修改，日內或可
送來。

業務

　　下午，舉行中美藥房債權人會代表會常會，到四人
及該藥房方宏孝君，決定於下星期二召集全體代表會，
此外今日將以前所擬各種文件分別用印封發。

8月17日　星期日　晴

業務

　　上午，參加長記輪船公司債權人代表會，決定發出
各種公文，並定於明日上午接洽警察局請求協助，下午
同到該公司索取帳冊，今日又收到該公司債權團之委託
書，公費一節本議定為百分之一‧五，經再三與余商

洽，又改為百分之一‧二，但余聲明如該公司宣告破產由余充任破產管理人時，當另算附費，其標準據鄭旭東意係只補足百分之一‧五而言，余未再提異議，律師周旋冠則定為百分之一‧五，包括和解或起訴至地院終審為止云。

師友

晨，答訪于治堂兄，並約午飯，至時果來，飯後閒談關於子女教育問題等。

8 月 18 日　星期一　晴晚雨

業務

上午，同長記輪船公司債權代表李移生、鄭旭東、徐國傑同到警察局訪主任秘書許憾三，為下午到長記索帳冊事請派警協助，許與第四科陳科長研究，據云如派警前往立即查帳，遇有不法之事即必須封存警局移至法院處理，反對債權人和解之意向不利，經商討決定下午先行由債權人律師會計師同往，果有爭執，再以電話聯繫，飭警前往，作為違背治安事項處理，較為妥善。下午，同周旋冠律師及長記輪船公司債權人代表李移生、何鍾先等到該公司與其董事長賀仁庵接洽查帳事，渠表示甚好，立即接受備函致該公司所委託之會計師陳寶麟請與余洽辦，並約定明晨將信送來，談話間賀表示極願公平合理，措辭且頗為適當云。

家事

上午，張之文君將新中央所存姑丈之款送來五千元，余即於下午姑丈來時面交，據云明日即行遷居安東

街居住，一月以來之房屋糾紛至此已具體解決矣。

師友

　　下午，楊孝先氏來訪，據云本擬日內遷移汐止中學居住，但至今該校尚未將房屋騰出，以致無由實現，楊氏到該校係以顧問名義或兼任歷史教員，而所支配之房屋則為前美術教員所住之學校對面宿舍，現在美術教員雖已改任他職，而表示暫尚不能遷移，致騰房之期不能預定云。上午，李紫宸偕黃庸夫君來訪，係為面請協助競選七全大會初選代表者，前日據汪聖農兄談黃君絕無把握，且對其為人不無微詞，似乎協助與破壞者均大有人在，且極尖銳云。

8月19日　星期二　晴有陣雨

業務

　　上午，到商船聯營處訪儲家昌君，談長記輪船公司事，據云此刻須以借錢開船為減少損失首要之圖，但向中央信託局再借必須承認其前欠之十足償還，此一癥結非債權人所能忍受，而目前賣船，急切亦無受主，比較可行之法為債權人自己籌款先行開船，但此法未必為債權人力所能及耳。下午，舉行中美藥房債權人全體代表會，決定推出四人接管經營，並通知藥房監理會將所存帳冊交出由余審核，藥房會計人員由余介紹云。

家事

　　下午，到安東街姑丈家看視其移居情形，係今晨由新生南路移至新居者。

師友

下午，蘇景泉兄來訪，又逢化文兄來訪，均閒談。
趙榮瑞君來訪。

8 月 20 日　星期三　晴有陣雨
師友

上午，訪張中寧兄，前數日渠託余兌換外幣，余託
人辦理未能辦到，故予送回。

瑣記

下午，合作事業管理處徐秘書來託為其處長謝徵孚
競選第七次全國代表大會台北市初選代表，並立即約到
該處見面，在座尚有張雲泰君等，謝當以協助競選相
託，均允為協助，但截至目前為止，作此活動者已有三
數人，而本小組黨籍總檢查合於有選舉權資格者不過五
人，已有難於應付之嘆，謝君利用行政地位，則別開生
面也。

8 月 21 日　星期四　晴晚雨
業務

上午，訪陳寶麟會計師，面遞長記輪船公司之函，
係轉達由余代表該債權團核對帳目者，余首先表示余受
託之工作固為核對負債額，但為確定可以取償之數，不
能不連帶查核其資產數額，為求工作順利，如彼方受
託之整理帳務工作能迅速完成，余當俟其完成後再行著
手，否則可以先取來一部分負債方面之帳冊加以核對抄
錄，陳君表示其全部帳冊係星期二日方始交齊，而該公

司會計已離職，須夜間前來被諮詢，故短期內難以完成，詢余能否等待，余答不能，渠最後提出辦法為下星期由余到彼處查核或帶助手抄錄，余允照辦，乃約定下星期一開始。下午，長記債權人李移生、李紫宸來談糾紛解決辦法，對於現在由商船聯營處召集雙方和解一事，甚為贊同。下午，到鄒希榮兄處與金輅君會同發出明日中美債權人開會通知。

師友

上午，訪宋志先兄，約其夫人出任中美藥房接管後會計。下午，朱興良兄來訪，託為在彰化銀行保證人。

8月22日　星期五　晴下午雨

師友

上午，王乃文君來訪，談及化工廠擴充計劃尚未易具體化。下午，于永之、劉馨德兩兄來訪，劉兄刻正競選台北縣對於第七次全國代表大會台灣省之初選代表，頗有成功之望云。

交際

上午，到新店鎮弔唁張金鑑兄封翁之喪，據云下週一、二即先安葬，再定期開弔。

業務

下午，在余事務所所舉行中美藥房債權人代表會常會，除五常務代表外，尚約有楊績蓀、方治、劉啟瑞參加，但楊派其公子代表，方由其太太代表，而劉則未到，中美之一部分帳簿本由代表會通知原保管人方劉交余，今日方來表示，須方宏孝將其一部分暗帳一併交

出，又須楊將代管李品仙超額押品交出，以此藥變價聘
會計師律師辦理，其方式先確定聘何律師，並將來當眾
點交帳目，此項表示寓有要挾及交換條件之意，今日會
中決定李藥限方宏孝兩日內辦妥，律師由何蔚嵐、鄒希
榮兩代表洽聘李崙高，方宏孝帳冊限三天交出，此外並
將託律師函另一持藥之債權人吳仲植太太將超額交出，
亦於明後日洽辦，今日出席代表有與方宏孝言語發生衝
突者，方揚言如取藥對其打官司，要帳向其有所脅迫，
渠絕不照辦，如彼之此項態度係堅定不移，則本會即將
陷入僵局，代表會之任期本只有一月，十天後即將屆
滿，屆時如無進展，只好宣告失敗，則隨之而來者即將
為若干債權人之不擇手段的對付矣。下午，鄭旭東、李
移生二兄來談長記索債事，此案數日來毫無呈現解決途
徑之象，目前以開船為當務之急，借款不能不提及舊
債，於是相持不下，只好延宕，又據云長記賀仁庵將其
公司房屋頂出，債權人明日即行登報否認其效力，是糾
紛日多矣。

8 月 23 日　星期六　晴
業務

　　晚，長記輪船公司債權團代表李紫宸、鄭旭東、李
移生等在會賓樓宴請周旋冠律師及余，商討追償債權及
和解途徑，臨時參加者有代表長記之律師劉兆龍與王文
季，席間先就所聞所知與所見交換意見，最後咸以為應
由長記約集各方面之債權公開商量還債與開船之途徑，
尚未獲致結論，余因事必須早退，即先退出，此外有一

插曲，即長記之房屋原用賀仁庵個人戶名，刻正進行出頂，今日已由周律師代表債權人登報表示不予承認。

集會

晚，舉行小組會議，報告第七次全國代表大會台北市初選代表選舉辦法與其他。

8月24日　星期日　晴

家事

上午，同德芳到安東街姑母家探望，並率紹中、紹寧、紹因、紹彭等同往，承堅留午飯，盤桓至下午三時始返，去時購蛋糕、杏仁酥等為贈，其房屋新移入，水電尚未就緒。

選舉

今日為古亭區各區黨部選舉第七次全國代表大會代表初選投票之期，余於下午三時前往投票，為無記名單記法，余投黃庸夫之票，因渠曾來請求協助也，事先直接間接活動競選者有社會處長謝徵孚、市黨部委員崔榮及楊道平等人。

8月25日　星期一　晴

業務

下午，訪陳寶麟會計師，談長記輪船公司查帳聯繫辦法，適該公司賀仁庵亦在座，據云因周旋冠律師主張由船聯處邀集各有關方面之債權人商討澈底而公允之還債辦法，故定於日內向商船聯營處懇商，同時必須即將債權人明細表開出，此表刻正由陳會計師趕辦，余即與

陳約定俟此表抄出，余即據以對帳，因該表為六月三十日之數，且將美金、黃金等分為甲、乙、丙等戶，均以新台幣計數，故余尚須根據此表將原幣查出，以與登記之債權互相勾稽，此舉頗為重要，而必須與陳配合辦理也，此外陳今日並出示其所作初步工作，一為六月底之試算表，其中短期借款占數最大而未填入，二為債權明細表，係分科目填列，而有若干數目似不確切，三為該公司會計劉金章之說明，其中說明各科目記載之內容，內部往來科目記載自備外匯之出售，實與短期借款內一部分數相抵，並說明有英鎊一萬一千磅（？）與日金九百九十餘萬之運費實未轉帳，但已無款，等情形，陳君取出各件均詳加說明，大致尚無代為掩飾之情。下午訪李洪嶽律師及崔致淇會計師，崔不遇，留片。

8 月 26 日　星期二　晴
業務

下午，舉行第七倉庫利用合作社社務會議，係照例舉行，討論三案，具體辦法尚無。下午，開中美藥房債權人會代表會常會，只決定後日開全體代表會。下午，陳寶麟會計師來送長記輪船公司帳目整理前之負債類科目清單，並略加解釋。晚，到協裕豐油坊參加長記債權人代表會，只到周旋冠律師與牟冀三三人，其餘因未通知普遍，故未到，三人只漫談周律師與商船聯營處所談亨春輪開船擬議中之辦法而散，鄭旭東後來余寓相詢。

8月27日　星期三　晴

業務

上午，到陳寶麟會計師事務所開始核對長記輪船公司帳目，因余係代表債權團，故先核負債方面，經根據其短期借款一科目之餘額一一抄下，然後核對債權人登記冊，有差額者並加以分析。晚，開長記輪船公司債權團代表會，余與周旋冠律師均參加，余報告開始查帳之情形，周報告與商船聯營處商洽開船之方式，此問題之癥結在於籌款，籌款如由各債權分攤，力有未勝，如向國外借款，與政府體面有礙，故只有再向中央信託局籌借，而該局須還其舊欠約七十萬元，加以開船費用四十萬，故如借到二百萬元則尚有九十萬分諸各債權人，至亨春輪之監督經營方式及將來如何還債，尚待熟商，各代表對此點均認為重要，同時決定利息應結至七月，利率不妨照銀行放款息云。

師友

下午，與吳崇泉、周傳聖、鄒馨棣會商競選會計師公會理監事問題，先決定本組三人合作，然後四出拉票，每人以七票計算，決可當選。下午張中寧兄來訪，渠事先約新中央橡膠廠會計張之文亦來，係將款二萬餘元（折合新台幣）存該廠，由余見證。

8月28日　星期四　晴有陣雨

業務

上午，到陳寶麟會計師處續查長記公司之帳目，今日本在查核其負債方面之票據應付數，但詢之陳君此科

目分戶帳何在，翻檢良久，竟不能尋出，僅將總分類帳今年上半年者取出供余核對，並取出一票據明細表，余將此表抄下，欲由總帳科目內加以核對，見期初結轉只有總數，帳式亦非記入帳，恐費時過久，即待其經手之喻君到時，再作計議，今日工作為將六月終各科目抄一餘額表，並查核其內容，加以摘記。下午舉行中美藥房債權人代表會，一般情緒鑑於一月來一事無成，持藥大戶口惠而實不到，均極為激昂，決定聘請律師研究對付方宏孝、陳繼舜之方法，今日參加者有聘定之李崙高律師，所談僅此一事。晚，中美藥房方孝宏、陳繼舜二人來訪，談如持藥大戶均允將藥交出，一部分戶頭且允歸藥房運用，不必還債，但以營業為用途，如全體債權人同意不爭始可辦到，余謂此刻信心毫無，除非建立信心，如法再佳，恐亦不是號召，請先疏通後再說。訪李耀西兄不遇，晚渠來訪，余託其支持會計師公會選舉。

8 月 29 日　星期五　晴

業務

上午，同周律師旋冠到船聯處訪徐恩曾、儲家昌正副主任，對長記輪船公司事交換意見，徐氏對於長記賀仁庵之背信無義知之甚稔，對當前問題本曾對周律師談起可以借新債還舊債之方式並以開船為先務，今日渠表示設非長記對於亨春之關係不能剪斷，此法牽掣太多，不能再行採用，今日所可行者為由債權人承受此船，組織新機構，以此為主體向中央信託局押款，將必要之債務還付，餘款開船，此法重點在以債權改為股東，分錢

之希望不可太大，談至下午二時始告一段落。

師友

下午同周旋冠律師訪王慕堂兄於交通銀行，閒談。晚陳長興、于治堂兩兄先後來訪，二人均為此次允在會計師公會大會選舉中支持余為理事者。

8月30日　星期六　晴

業務

下午，續到陳寶麟會計師事務所查長記公司帳，據云應付票據無明細帳，只得在總帳內查核，今日暫未查此科目，僅將七月以後之總分類帳收付數抄下，因下期新帳無上期結轉數，故概無餘額，尚待憑此所抄數加入上期數始為七月底之餘額，此外並將此一月帳之內容加以審核摘記，至於有分戶帳之科目則僅四、五，係滾結至七月底，余將負債科目之短期借款各戶餘額抄下，以備與總帳數、債權登記數，及前數日所查之暫有金鈔數之備查帳相互核對。晚，參加長記公司債權代表會，討論昨日徐恩曾氏所提之方案，由周律師報告昨日接洽之經過，余加以補充說明並轉達今晨儲家昌君所來電話，謂賀仁庵希望保留二十萬之生活費，又如今晚會議有相當結果，希望有一、二代表明晨再與徐恩曾氏一晤，旋即開始討論，到會者最表激昂者為沈紹宗、鄭旭東等，李紫宸則較和緩，決定對於賀之又提無理要求，雖已可斷言為無誠意之表現，但關門不必由吾方開始，明日在接受原則下推出沈、李二人往訪徐恩曾，並希望余與周律師同往。船聯處方面所主張之改債權為投資亦應有所

修正，希望能借款加多使債權人能先收二、三成云。

師友

　　王篤修兄來訪，談張鄒冤案之應有要求。于懷忠兄
來訪閒談中美事。

8月31日　星期日　晴

業務

　　上午，同長記輪船公司債權代表沈紹宗、李紫宸到
和平東路約同儲家昌兄到士林訪商船聯營處徐恩曾氏，
談長記償債辦法問題，所談仍以昨晚所商談者為範圍，
徐氏不願對中央信託局之新借款增至一百六十萬以上，
但如此款按此數借到，支付費用及優先債權即已無餘，
債權人希望能收回二成左右現款之希望無由實現，彼等
決計不從，故此事之焦點即在借款之限度問題，徐氏並
談如和解不成，採拍賣亨春輪方式還債，則各項優先債
務近二百萬，而船價拍賣亦只能希望此數，故此法更不
上算，談話尚無具體結果，有待續商。下午到周旋冠律
師家與鄭旭東、李紫宸會商上午之事，對於拍賣優先取
償問題之法律根據加以檢討，認為優先者並無如彼之
多，當商定對策二項，一為商船聯營處代為借四十萬先
行開船，全體舊債戶承認此四十萬之優先，同時全部設
定抵押，以待將來賣船清償，二為照昨、今兩日之方案
進行，但借款必須二百萬，至少亦須一百八十萬，按照
此兩項方案由余與周律師繼續折衝云。

9月1日　星期一　晴大風陣雨

業務

下午，中美藥房債權代表鄒希榮、柯蔚嵐來訪，決定後日先開一全體代表會，然後確定全體債權人大會之召集日期，因自債權團成立至今，已滿大會所定工作時間一個月之限期也。

師友

楊天毅兄來談籌辦出版公司事主持人問題，余主由楊鵬飛、秦亦文二人中擇一，由秦紹文氏決定之。晚，徐嘉禾夫婦來訪，談已改任行政院秘書，隨余井塘氏處理普通事務，現在可無須每日辦公，時間比較充裕。晚，蘇景泉兄來訪，閒談台灣大學情形。

9月2日　星期二　晴

業務

下午，核對所抄長記公司六月底短期借款餘額與七月底餘額之差異，及同在六月底而正式帳與備查簿之差異，費時甚長，發覺問題滋多，非與原經手記帳人查對不可。晚，李耀西兄來訪，據云明日程烈約其午飯，想係談會計師公會選舉問題，詢余是否應約前往，余認為應往，但已答應余方之票，請勿變卦，李兄云絕無問題。

交際

晚，親書輓聯一付為蔡文彬醫師之封翁之喪道奠，聯文採用現成者。

9月3日　星期三　晴

業務

　　訪俞兆年會計師不遇,留字,請支持此次公會理事競選。到新生報訪廖德雄兄,偕訪其會計主任俞克孝會計師請支持選舉,據答無問題。下午,參加中美藥房債權人代表會,決定不再與方宏孝、陳繼舜拖延,並定於後日再開會一次,約方、陳來當面質詢,限其作最後之答復。劉馨德律師偕德興記經理王君來訪,王現受日本關西汽船會社之委託催亨春輪開船,頃已洽詢長記賀仁庵不得要領,詢余以債權人方面之意見,余告以債權團並不反對在原債權狀態不變動之原則下向第三方面借款開船,但如由關西借款,為政府方面所不許,設能由德興借款,此問題或易解決,談竟余與周旋冠律師交換意見,渠主仍以繼續促成前數日之擬議為妥,因如由第三方面借款,船一開出,局面即告鬆弛,對債權人及余等代理人殊非有利之事也云。此次長記輪船公司一案頗有許多意想不到之花樣,而多由該公司經理王文季從中策劃,一舉一動,皆有詭譎,舉其數事如下,以見此等四川人之伎倆:(一)該公司有小輪兩隻,約值六、七十萬元,在該公司頭寸緊張之際,王曾以利誘賀仁庵,謂可用第一建築信用合作社名義向合作金庫押款四十萬,接洽其事者為四川財閥劉航琛,辦妥後各用二十萬元,利息甚低,但結果船已作押,並無分用之事,該公司瀕破產狀態之今日對小船船員尚須負擔火食,而不能作何處分,(二)不久以前第一建社將告倒閉,該社欠王文季後台鄭某十八萬元,長記則欠該社十八萬元,乃轉帳

成為長記欠鄭如數，設不如此轉帳，則長記對該社負債
至少可以兩船之糾紛相對抗，現在無此立場，（三）亨
春輪海難後商船聯營處曾向同業轉洽借款七千五百美元
予長記，言明以最近一次運費作抵，不料運費收到後竟
將此款落空大半，只還小半，其大半係用以改還劉航琛
之航業公司所欠款項，背信自肥，（四）此次舉辦債權
人登記，對余之委託書係王文季筆跡，並由其化身鄭某
出名為委託人之一，但登記時渠不來辦，反向法院聲請
假扣押，意在左右逢源，自私取巧。會計師一業，各色
人等不同，其中有假借社會地位，為人交涉索款，坐孽
公費者，聞第一建社向政府交涉收回日人押款，因其伸
縮甚大，言明律師、會計師代辦共酬百分之十，其中江
一平與程烈分為律師、會計師，各得百分之四，實均無
實際工作可言，而其事由吳崇泉辦理，反只得百分之
二，實為變相捐客制度，怪現象也。

9月4日　星期四　晴

業務

為會計師公會理監事改選事，今日進行事項如下：
（一）訪鍾挺秀、王一臨兩同學，均云已經為毛松年集
團之支持人，票已確定，但鍾君允另行拉攏一、二散
票，（二）下午與吳崇泉、鄒馨棣、周傳聖三會計師交
換競選意見及進行情形，理事將分別與彼此交換之支持
人作拜會聯繫，監事交換票因須與另一集團為之，故須
迅速探詢此適當之對象。出席物資基金保管會議，決定
催索放款及審查去年帳目事。上午，崔唯吾先生及劉馨

德律師來訪，謂長記輪船公司開船問題曾與日本關西會
社之代表往訪交通部長及航政司長，據表示只須船到日
本、南韓不至被扣，及該公司債權人意見能集中，交部
可以召集會商解決，崔氏等提出辦法為由關西代表王獻
甫出面向長記將亨春輪租來或押來，墊款開船，為保障
債權人權益，可由債權人推代表參加監理，業務方面由
王獻甫利用其在日本之信譽充分攬儎，除開支外，悉以
還債，大約年餘即可還清云，余允將此意向債權人轉
達。下午訪長記債權人代表鄭旭東轉達上意，據云對此
方式並不反對，但須將船先作價歸債權人所有，由債權
人或租或押，並須先借到足夠款項，使除開船外尚能歸
還一部分債務，飯後同到川端橋河邊茶座，約集談話，
到有另一債權代表李移生、律師周旋冠、船聯處儲家
昌，談話集中焦點仍為請徐恩曾代為向中信局押款，
數目希望在一百八十萬至二百萬之間，其他方面暫緩
接洽云，儲君對此事頗欲積極解決，此次或可有促成
之效云。

9月5日　星期五　晴
業務

上午，先後拜會會計師同業葉宗憲、吳春熙、歐陽
超、陳德馥、劉明侯等人，均未遇，諸人均為競選交換
票之投票人，或請投單獨票之散票支持人。下午，出席
會計師公會理事會，討論對大會提案及對於法院交辦
義務案請准由當事人支給交通費等案。下午參加中美藥
房債權人代表會，已有和平解決維持營業之轉機，議決

定明日在劉啟瑞寓討論即將收回超過押品藥品之保管問題，與進一步辦法。

娛樂

晚，率紹中到台灣戲院看電影，為寫實片「自然世界」與卡通「白雪公主」，甚佳。

9月6日　星期六　晴

業務

上午，拜訪蘇宗哲會計師，渠為交換票之支持人，不遇。余所計劃中之選舉公會理事委託代表之人之票馬善交及于國霖，均與事實有距離，馬來函云已將委託書交劉階平兄，但劉云選余一票，于將委託書寄余，但謂須請選劉階平、程烈各一票，余對於所託者本有照辦之意，因以電話通知劉階平兄，不料渠謂馬之委託書已交其集團內別人代辦，能否如馬意照辦，不能確定，至于票如何代投渠無意見云，余即決定只好各行其是矣，又有崔致淇之票本已再三往拉，昨日渠告在渠赴高雄期間其夫人已將委託書交王庸代投票，但附有條件必須投余一票，余今日以電話與王聯絡，亦聊盡人事而已。競選事今日已為前夕，大致可以預料，計基本票本定為六票，現確定為五票，此外與鄒馨棣交換六票，與吳崇泉交換六票，與周傳聖交換三票，散票一兩票，大致可足廿票之數焉。下午，舉行中美藥房債權人代表會，當場將楊續蓀交出超過押品額藥七百九十餘瓶交劉啟瑞保管，並決定下星期積極籌備召開全體債權人大會，決定如何接管經營。

師友

　　晚，蘇景泉兄來訪，交來供紹南參考之台大入學考題。晚，楊凱齡鄒馨棣夫婦來訪。

9月7日　星期日　晴

業務

　　上午，參加會計師公會會員大會，出席八十餘人，連委託出席二十餘人，計共一百一十餘人，幾乎十足，首簽反共公約，次討論提案，最後選舉理監事，照章程規定用限制連記法，理事每票舉三人，監事二人，開票結果，毛松年、程烈、廖兆駿、嚴以霖、虞舜、鄒馨棣、王庸、徐光前、吳崇泉、李應臣、張東湖、邱朗光、劉階平、汪流航及余當選為理事，張國幹、季貽謀、涂方輝、朱揆元、王樹基當選為監事，理事票最多者為卅票，最少者十一票，後補者最少有數人為一票，可見票極集中，監事則周傳聖得候補第一，因與毛程集團交換票結果，彼方臨時取消，大上其當，余得十八票，與預計相似，投票時余兼投于國霖兄之票，事先成蓬一堅請照于兄來信之意投程烈一票，但余未投，因其昨晚毀約，余不直其為人也，劉階平兄今晨在會場又欲余代于國霖投彼一票，余因其昨日已表示，謂已告他人，不便再改，直至十二時始散會。

師友

　　散會後同陳長興兄進午飯，飯後同往南昌路訪楊孝先氏閒談，楊氏牢騷而幽默。

9月8日　星期一　晴

業務

鄭旭東、李移生兩兄來訪，謂長記輪船公司問題商船聯營處迄無應允代向中央信託局押借款項超過一百六十萬之表示，果照此數勢將無餘款可以分配各債權人，另外崔唯吾、王獻甫、劉馨德諸人之調解方案，既不主將船由長記作價抵債，復無多借款項還債一部之希望，亦不能作具體洽談，刻將定期舉行債權團代表會一次，會商如何按破產法之規定請法院出面調解，其日期擬為本月十日，因余另有他事，後又改為十一日下午云。

9月9日　星期二　晴夜雨

師友

下午，崔唯吾氏來訪，對長記公司事不變其維持該公司之立場，恐無法與債權人之意思接近，談頃裴鳴宇氏亦來，即改談張敏之、鄒鑑案參軍處調查近情。楊孝先氏來訪，手贈所書工楷宋詩條幅，全用工楷，筆法謹嚴，所用紙墨亦並稱精良云。

業務

下午中美藥房舉行債權代表常會，因只出席三人，決定待明日全體會再商。

集會

晚，舉行小組會議，討論自清運動並進行辦理，又選出出席區代表會代表。

9 月 10 日　星期三　晴

業務

　　上午，與吳崇泉、鄒馨棣、周傳聖三會計師商討公會常務理事問題，章程只規定十五人中互選五人為常務，未規定用單記法抑連記法，如用單記法，可均勻支配，每三人出一人，如用連記法則任何五人集團另加三人支持即可操縱，以現勢度之，思為常務者多，自必贊成連記法，故為自衛計，亦必先作八人團體之準備，有八人優勢時即用單記法亦可得多數表決，經決定推吳崇泉兄另外聯繫其他五票。下午，開中美藥房債權代表會，決定先疏解不合作分子，然後即開全體大會。

9 月 11 日　星期四　晴夜大風

交際

　　中午到蘆洲鄉參加蔡文彬大夫之封翁告別式，歷一小時，靈位左右為孝子孝媳，以外為親友座位，開始前奏樂誦經，報告事略，孝子孝媳依次上香，親友讀弔詞並上香，全體行禮禮成，即發柩安葬。晚，盛錫福、劉錫三、老大昌馮仙洲請客，到者秦紹文、裴鳴宇等十餘人，均山東同鄉。

業務

　　下午，參加長記公司債權代表會，余到時甚晚，已有結論，決定申請破產程序之和解，但仍考慮民事程序之進行，以少數債權人起訴，假執行時全體參加分配，以省訟費。

9月12日　星期五　晴

業務

　　崔唯吾氏來電話，謂長記輪船公司事已無可和解，關西方面因交通部表示可以墊款開船，該公司亦即考慮不再重提墊款事，實際交部之舉措或為借款十數萬將亨春所載之鹽駁至他船運韓、日，以顧全對外信譽，亨春騰成空船後政府即可無何顧慮，聽債權人與債務人自辦交涉，聞部方對此兩方面印象均為不佳，至崔氏本透過王獻甫出面斡旋，希望代關西租此船繼續經營，至此亦決心擺脫，希望余轉達債務人代表方面云。下午，開中美藥房常務債權代表會，意在說服其中之一的金輅使參加共同行動，談二小時餘無何結果，但決定廿一日召集全體債權人大會公之於眾。

9月13日　星期六　晴

業務

　　上午訪鄭旭東兄不遇，當將昨日崔氏所談長記公司事以電話轉告周旋冠律師。會計師公會理事十五人選出後，正在醞釀五常務理事之產生方式，此項互選方式章程上並無具體規定，但不外連記法、單記法或限制連記法，前二者既無過半數理事可以操縱，亦無小集團自己推定人選之可能，故後者比較可能，但無論為二人或三人之限制連記，亦必須有小集團可以互相交換，目前十五人爾虞我詐，此種小規模結合亦非易易，故此屆常務理事之產生較之第一屆爭持數月方勉強解決者，其困難度恐尚有過之無不及也。

9 月 14 日　星期日　晴

聽講

　　續到師範學院聽潘重規教授講論語，今日選講與「禮」有關之篇章，上兩星期未往聽。

業務

　　上午，集議會計師公會常務理事選舉問題，據云廖兆駿虞舜等擬集合九人，主張用三人限制連記法選出四人，總數二十七票，每人得七票，一人欠一票，圈外尚有六人，如完全聯合，可選出二人，各得六票，彼等希望余等參加，經商討結果，可以參加，但須有七票，以免有與圈外者同為六票抽籤之危險，另外須接受余等提總幹事人選，云云，下午，聞九人尚未集合成功，但晚間廖、虞二人來訪，謂將集合十一人合作，以三人連記法可控制三十三票，可以每人得六票餘之壓倒力量，使圈外四人縱能團結亦無所施其技，余未表示反對，但謂仍以和平公開免生枝節為佳。

師友

　　下午韓質生夫婦來訪。王慕堂兄丁暄曾君來訪。晚，楊天毅兄來訪，談印刷廠增資事。

9 月 15 日　星期一　晴

業務

　　會計師公會常務理事選舉問題今日之發展頗為微妙，上午吳崇泉兄來電話，謂廖兆駿、虞舜二人又來奔走，且正訪鄒馨棣會計師，希望余等立即與其集團合作，今日下午選舉，以十人之壓倒優勢產生全部五人，

除余等三人為出一人外，其餘廖與汪流航一人，虞一
人，程烈、徐光前一人，張東湖、李應臣一人，詢余對
此點有何意見，余謂以如許人數之代價只得一席，為彼
等尾閭與其餘五人失和，太不上算，今日可以不選，從
長計議，吳兄頗然余說，後鄒又來電話，余亦以此語相
告，時廖、虞在彼處，廖即與余通話，意將來訪，余藉
故擋駕，並告以余之態度不主生硬做主，徒然樹敵，無
裨實際，廖無辭以對，知今日選舉已不可能。下午，公
會開會出席理事只九人，不出席者六人，照社會處解
釋，須足三分之二始為法定人數，故今日不能選舉，聞
係廖事先通知數人不來開會者，其實渠既握有多數之表
決數，又何必作此躲閃之舉，亦可怪矣。今日會計師公
會又討論大會各交辦案件，多係交常理會辦理，一若承
轉機關，此外則因法院有一義務案件無人接受，討論時
意見紛歧，經余加以澄清，認為義務案件與非義務案件
應合併輪流辦理，義務案件應盡量交涉車馬費，果不能
或應由公會就非義務案件中之提成予以貼補，使不貼
賠，此議立獲通過，以前固辭不接者，亦不再言辭矣。
下午，商船聯營處召集長記輪船公司債權人商討明日交
通部召集亨春輪轉儀會議之對策，余亦參加，與會者對
於亨春之開船，既懼日本方面之以裝貨違約為理由扣
船，又恐即不扣船而長記賀仁庵在海外另有花樣，故寧
忍痛負擔駁儀之損失，一致贊成此舉，貨駁出發即請交
部賣船再算還債之方式，其中無非何者應予優先之問
題，此自當依據法律為之，當不致有何爭執，據各人分
析，今日賀仁庵之策略為運用交通部主張駁儀，使債權

人不欲蒙此損失而接受就現狀開船之圖，不料均燭其真
情，計遂未售焉，會後同四、五人在會賓樓吃飯。
師友

上午，宋志先兄夫婦來訪，談正與友人籌辦華威漂
染廠，利市數倍，託余為之草擬公司章程。上午，王慕
曾兄來訪，談中美藥房近日情形。下午到交通銀行訪王
慕堂兄，不遇，周旋冠律師託余問其動身日期，並以電
話約明日往為送行。

9 月 16 日　星期二　晴
師友

上午，到交通銀行並到飛機場送王慕堂兄赴港轉西
貢，八時即往，十時起飛，近午始返。
業務

下午，參加中美藥房債權人代表會，決定原則本星
期日舉行債權人全體大會，討論是維持業務抑攤牌清
算，代表會自然主張維持，其資力當由各債權人抵押品
之交出者即中美藥房自行進行進口之香港存藥充之，另
行推出人選負責經營，會後據方宏孝語余與于懷忠兄，
謂存藥一部已到基隆，因恐為少數債權染指，故為到手
前秘而不宣。

9 月 17 日　星期三　晴
業務

上午與吳崇泉、鄒馨棣二會計師商談本週六常務理
事選舉問題，渠二人聞廖兆駿之包辦方案已有轉向，即

將余等三人及邱朗光、劉階平除外，以所餘全部十人互選五人，余則認為此事雖非全無可能，但如此集三教九流定於一，則殊非易易，為證實此點，乃分頭以電話刺探，其一為假定該項圈內之人物即毛松年，彼方表示絕不與黨外分子合作，且主張採用二人之限制連記法，反對包辦較易之三人限制連記法，所謂黨外分子即青年黨之廖兆駿也，其二為揣測為圈外之邱朗光，據云主張用二人連記法，已正式提案，簽字者有邱及毛松年、汪流航，余等當亦表示加入，旋即接洽一一簽名，如此已有六人，據前社會處人員解釋關於選舉法之表決須有三分之二之可決，如此十五人中已有六人主用二人限制連記法，則廖等包辦之意圖即已粉碎，因其計劃係以三人連記為前提也，今如能通過用二人限制連記法，則投票時以每六人為集團，可出二人，自然操縱可能減少，且無背後並無群眾徒思混水摸魚者從中取利之弊，尤其在廖之全體主義下當選者五人中廖兆駿、程烈均居其一，此二人在選舉過程中均曾對余等有重大背信之劣跡，今反而為其尾巴殊屬無謂也。晚，虞舜來訪，重提前日大集團之事，余慮與委蛇，允明日與吳、鄒二人集議再答，余與廖本兩日來毫無動靜，諒係本以為成竹在胸，及晚又倉皇來告，或係已有所聞焉。下午，李移生兄來談昨日交通部召集長記輪船公司有關各方開會結果，賀仁庵已授權船聯處拍賣亨春輪還債，並訂明字據云。

師友

　　下午，楊天毅兄來訪，談工廠維持已感萬般為難，招股事積極進行中，但須先借款。

9 月 18 日　星期四　晴

業務

　　會計師公會常務理事競選事，今日發展如下：王庸等發起茶會，到者九人，包括王方二人，程烈方面二人，黨部方面二人，余等三人，決定主張用三人限制連記法，另外聯絡台籍同業二人，共成十一人，即以廖兆駿前數日所採用之方法亦可全部產生，但排斥廖及其所聯繫之劉階平、汪流航、虞舜等人，據王庸報告，廖等曾向彼方聯絡，亦採包辦方式，其中有王方而無我方，適與向余等所言者有我方而無王方者相同，可見自以核心自居吸收外圍，掠取選票之企圖與春間大會陰謀被破壞之時情形相似，此等人之不堪合作，實昭然若揭。下午，再度集議，因吳崇泉兄經手前往洽談之台籍兩同業允來參加而結果未到，又費周章，因基本集團只有九人，不能掌握三分之二之表決權，明日先不能解決選舉法問題，勢須再延，故決定晚間再洽兩台籍同業，如能參加最佳，則明日即可決定選舉，如不能則寧拉攏與廖合作之虞舜，此人純粹個人主義，只須許其當選，渠必立即投靠，如此十人之局，仍屬可以包辦，最後之投票名單定明晨再行決定云，又此次結納辦法，無論為九人或十一人，均係以二人為一組，二人出一，或自行輪流每人半年，僅余等為三人一組，亦只出一人，故提出總幹事之要求，當經全體同意云。參加長記輪船公司債權人代表會討論亨春輪拍賣措置應加緊注意之點，並推出二人與商船聯營處切取聯繫。參加中美藥房債權團代表常會，決定押款千元供應開支，至債權人大會日期又因

方宏孝等不肯報告其香港存藥真實情形而未有決定。

9月19日　星期五　晴

業務

　　晨，鄒馨棣會計師來告，昨夜繼續進行之選舉聯繫，所擬拉攏之台籍同業二人或虞舜一人均因已為對方頂住，未收效果，今日投票只有以昨日固有之陣線九人為基礎，主張每人用三票限制連記法，共有廿七票，準備出四人，其中三人各七票，一人六票，談後余於十時到公會，十時半開會，通過若干例案後，即討論選舉方式，理事中有程烈者，本在九人之中，但與對方廖兆駿亦拉攏，起立主張在討論正題前先試作協商，如能公推出五人候選，一致投票，即可免於多作討論，此人之目的在為已處孤立之廖派助威，使廖在此方式下亦可當選，蓋自九人派控制多數後，所餘六人中已只有一個名額，而其中競選者則有廖兆駿、虞舜及台灣同業一人共三人之多，其本身矛盾無法消除，程之意見殆無異為廖等解圍也，座中對程議反應並不甚佳，候選人多至七、八人而互不相讓（程曾提余名，乃陽示友好，陰實分化），只所提余一人聲明放棄，協商不成，最後有提議變相全體輪值者，余附和其原則而提具體辦法，主張全部抽籤補寫選票，此議反應良好，但最後又採修正意見，即第一期五人（任期二年之三分之一即八個月）由今日擬議中之候選人中產生五人，其餘歸入第二期或第三期，此時眾矢之的之廖兆駿乃故作漂亮聲明放棄，另一則邱朗光亦表示讓步，乃確定第一期常務理事為嚴以

霖、徐光前、鄒馨棣、李應臣與虞舜，遂即以連記法全
體投票完成手續，初得十三票，後見廖及其所代表之劉
階平未投，發覺後亦只好照投，此外亦尚缺一張則為廖
之同派汪流航，但亦不能有何作用矣，投畢散會，今日
選舉結果雖不合理想，但在消極方面已將品德最差之廖
兆駿及程烈未列入第一期，則大快人心也。下午，商船
聯營處儲家昌兄來訪，談長記公司事，現已面臨拍賣船
隻償還債務之前夕，正再加強準備工作，大體言之，一
為投標之技術工作，一為債權人之一致聯繫，一為已經
法院裁定假扣押之亨達利債權人如何使其就範，俟疏通
後一、二日內即須召集全體會議從事計議云。

師友

　　晚，逢化文兄來閒談，並交來地方自治學會徵求會
員表，余即面填交其轉交。

9 月 20 日　星期六　晴有陣雨

師友

　　上午，楊天毅兄來約至鄭旭東兄家與楊鵬飛兄等一
談關於振中工廠事，據云刻正需要少數流動款項先發工
資，然後使工作逐漸緊張，生產能力擴充，進一步自能
向銀行押款並向其他方面集合資本擴大經營，此意為大
家所贊成，只在進行上有無困難耳。劉振東先生來訪不
遇，留字謂律師證書已取到，正在進行開業，請余為之
介紹法律顧問，並希望以後彼此間之法律、會計兩項業
務互相聯繫。

業務

　　第七倉庫利用合作社社址已將承購價款向土地銀行
繳足，即可取得產權，此房估價二萬三千餘元，因早繳
加息，故實繳不過二萬元，利息歸墊款人于漢江得，但
以一部分歸社。

9月21日　星期日　雨

聽講

　　上午，續聽潘重規教授講論語，以分類法今日選講
禮之不變的部分，頗多新的發見。

交際

　　下午，到善導寺為張金鑑兄封翁之喪致奠，事先因
無錢，只寫送節約禮箋一幀。

師友

　　晚，在楊天毅兄處吃飯，在座尚有楊鵬飛與于仲
昆、方重、鄭旭東、李移生諸兄等。

瑣記

　　暑熱漸退，秋意突深，今日金風送爽，陣陣襲人，
臥室木窗之紙與木隔為諸兒女所毀壞，經夏未修，今日
德芳將木隔補齊，加配玻璃，余則加糊以紙，半日而
成，頓覺整齊可意。

9月22日　星期一　晴有陣雨

業務

　　上午，監委丁琳蓉同其戚黃君來接洽代辦藥品登記
商標事，經說明手續，黃君即回彰化辦理應準備之事

項。下午，中美藥房舉行債權代表會常會，決定向方希孔太太介紹之胡家謹君押款一千元供開支，並定於下星期日舉行債權人大會，星期四先舉行一次全體代表會，至於大會工作報告將由金輅與于懷忠兩人草擬，屆時宣讀之云。

師友

　　下午，楊天毅兄來訪，談印刷廠與人合作事。張中寧兄來訪，閒談。

9 月 23 日　星期二　晴

業務

　　上午，中美藥房債權人代表之一金輅來取記錄文卷，據以作工作報告。下午，李移生兄來談長記輪船公司亨春輪拍賣事，謂債權人方面自然希望速決，但商船聯營處內有人似存壓價買船之想，首思拖延，造成債權人飢不擇食之心理，然後壓價取得此船，故債權人方面情緒實內張而外弛云，又談及黃海公司分組經營之演變至現階段之經過甚詳。

師友

　　下午，劉振東先生來訪，談即將執行律師業務，託余介紹法律顧問以作開辦之費。

9 月 24 日　星期三　晴

師友

　　訪電力公司服務諸友，一為石鍾琇兄，託詢台拓清算後電力公司應收款辦理託會計師算收情形，二為李耀

西兄，渠因就該公司正管理師，已撤銷會計師登錄，余因明年起農會決算報告之會計師證明業務增加，渠可以不出名的合作辦理，余提出此意後，渠甚表贊同。

集會

晚，舉行小組會議，對自清運動之工作作一總結，分別將報告總表填入後再作覆核，即為工作之完成，其實完全形式主義，蓋中央所定辦法實只注意形式也。

9月25日　星期四　晴有陣雨

師友

上午，到台灣電影事業公司訪曾大方兄，因昨日李耀西兄曾謂受託辦理該公司房捐完納案因撤銷業務而不能接受，望由余辦理，遂往問其內容，據云已以不完納之方式消極抵制中，俟將來另有途徑或其他業務時再行通知接洽辦理云。

業務

下午，舉行中美藥房債權代表會，決定星期日舉行全體債權人大會，方案已付印，並另有提要，希望通過。向市稅捐處萬華分處申報自由職業之補行登記。

9月26日　星期五　雨

師友

下午，張中寧兄來訪，閒談，並託通知新中央橡膠廠明日前往取息。下午，裴鳴宇氏來訪，談其夫人住院生產事，頗有意於進林忠實產院，借余寓廚房烹調。下午，李德民君來訪，談衍訓住成功中學體育室一事之經

過，余對李君及其友人袁主任深表歉意，又談為其兄向山東漁農基金會借領卹金事，尚須向秦紹文主席催索公文。晚，廖毅宏兄來訪，談在台南第十酒廠工作情形，余並為發展南部業務事請其布置協助。

9月27日　星期六　晴微雨

師友

張中寧兄來訪，談新中央橡膠廠利率事。廖毅宏兄來訪，同往省黨部訪主任秘書胡瀚兄，談省黨部附屬事業將來需要會計師時請多主張延余參預。楊孝先氏來訪，謂接中美藥房債權人代表會通知明日出席債權人大會，詢余會議內容，余約略相告。楊天毅兄來訪，請余對其工廠資產負債表加以核閱，以便進行借款，余將所見摘要相告。

業務

中美藥房債權代表之一金輅來訪，就明日即將提大會之維持中美辦法草案交換意見。

9月28日　星期日　晴

聽講

上午，到師範學院續聽潘重規教授講論語，仍採分類法講禮的辦法，今日為孔子誕辰亦為教師節，來賓聽眾中有發起為潘教授簽名致敬紀念者，當即照辦，簡單隆重。

業務

下午，參加中美藥房第二次債權人大會，本為討論

代表會所提之維持營業並集中該藥房存款之押品作為流
動資金辦法，但各債權人因無收到現款希望，情緒極為
惡劣，大部分時間浪費於無謂之紛爭，最後始勉強通
過。晚，楊孝先氏來詢此事。

9月29日 星期一 晴

師友

上午，訪李祥麟兄，送還在台大商學系所借會計審
計書兩本，但詢明仍可借閱，故即續借，並帶回。訪
潘維芳兄，談王培五女士有意將張敏之遺骨由殯儀館
取回事。

業務

李紫宸兄來訪，謂長記輪船公司標賣船隻事又有變
化，因兩小船船員要求發給欠薪，請法院對債權人即將
取償之大輪亨春加以假扣押，此事牽掣太多，恐亦只有
循法律途徑解決，則確定債權額實為當務之急，請余將
此工作早日完成云。

9月30日 星期二 晴

師友

晨，楊天毅兄來訪，將所造該工廠資產負債表交余
核正，余未見帳，只告以原則請其修改。晚，丁暄曾
君來訪，其夫人與俱，談將來仍須設法謀事，維持家
庭生活。

業務

李移生兄來訪，仍為催速確定長記公司債權團債權

數額事。訪于兆龍氏，閒談第七倉庫合作社業務及其他。一律師來談廖兆駿會計師代表清理第八倉庫利用合作社，竟催還押款即加支配而後發覺該社早將倉單轉押無法檢還，可謂荒唐滑稽。

10月1日　星期三　晴

業務

代宋志先兄擬華威漂染公司章程，即將原件寄往。晨，鄭旭東兄來，謂長記公司前會計劉金章下午將應約來備余諮詢，劉君下午果來，余即著其將該公司帳載存款戶與登記數不相符合情形提出相詢，渠記錄後謂將核帳後再行作復。

師友

下午，張中寧兄來訪，談數月前曾轉讓一美國銀行支票與交通銀行周君，渠寄港處理為當局查出，警局傳詢須具保隨傳隨到，託余作保，當照辦。晚在于兆龍氏家便飯。

10月2日　星期四　晴

業務

上午，到陳寶麟會計師處洽談長記公司債務之帳列數與登記數互相核對事，渠將先與余將辦法商量後再分別通知一一核對，余原則上予以同意，但須先作初步核對，歸納問題之點，即將其所造借款明細表取回，開始與帳列數及登記數先行核對，大致相符。

家事

晚，到安東街姑丈家送精鹽及月餅，精鹽乃配給品，外間甚少售者。

10 月 3 日　星期五　晴

師友

上午，徐嘉禾君來訪，所談皆在青島時期之舊事，並贈節禮數包，談至十一時始辭去。

交際

今日為中秋節，餽贈往返略有數事，計送禮來者有第四建築信用合作社、陳天表、趙榮瑞、丁暄曾、張迺作、蔡文彬、徐嘉禾君等，答禮者有張迺作、蔡文彬、徐嘉禾，並贈姑丈一份。

業務

核對長記公司之帳目，先將陳寶麟會計師所製之短期借款明細表與該公司之內帳外帳逐一互相核對，求其不符之處，結果知其所列者多照外帳之數，但亦有所出入，須再加研討。

10 月 4 日　星期六　晴

業務

竟日核對長記公司之帳目，先將該公司內帳外帳及陳寶麟會計師所列明細表之不符合者點列成一總比較表，然後又將陳表與在余處登記之債權細數加以比較，將不符處列出，由以上各種不符之處再彙總比較，求得最後必須加以解釋或查詢者廿餘戶，準備一一查對，今日已將李移生名下者趁其來訪之便加以審查，內容已經明白。

師友

晚，逢化文兄來訪，閒談並送來代余取來之中國地

方自治學會會員證，取去會費五元。

10月5日　星期日　晴
集會

上午，參加中國地方自治學會會員大會，先行開幕式，有各機關長官訓話，次開第一次會議，決定主席團人選，修改通過會章，並通過理監事選舉辦法，中午省府招待，下午余未到。

師友

下午到吉林路訪張景文兄，請其協助二事，一為余受託辦理長記公司債權清理事，其中造船公司已起訴追償，有尚須延聘會計師可能，該公司屬經濟部，請其以上級機關立場予以轉洽，二為該部所屬公司明年將有轉售民營者，屆時可能須延聘專家估算財產，請其注意介紹。

10月6日　星期一　晴
業務

上午，與陳寶麟會計師共同核對商討長記公司債務數額之確定問題，首先將帳內各數與登記數有異者摘出無法尋求原因者十餘戶，有待詢問雙方，其餘大致無誤，次之則為如果三月底以後改照官息，黃金改照官價，若干戶三月後已有收付者應如何調整抑不調整，亦須問雙方意見，此二事已作共同準備，此次略談結帳後之收付糾葛情形，尚待續洽。下午，開會計師公會理事會，討論募集基金問題，意見龐雜，且涉意氣，決定交

常會再擬。

10 月 7 日　星期二　晴

業務

　　上午，整理各項查核長記輪船公司帳目之資料，將各債權人登記數，該公司帳列數，陳寶麟會計師根據該公司負責人面談擬與調整數，及假定整理以後數，彙列於一表之內，作為初步整稿之結果。下午，參加長記公司債權團代表會，討論由於一部分債權人請求法院對於亨春輪假扣押假執行之結果，使交通部委託商船聯營處拍賣亨春輪還債之事不易實行，應採如何對策，決定請商船聯營處儲家昌君會同交通部向法院請求停止假扣押假執行程序，此點如能辦到，即先將該輪過戶，然後糾合債權人商量如何取償或以債權折成股票事，此外如不能將他人假扣押假執行打銷，即速將債權額確定，亦請法院裁定同樣參加權利，此外又將黃金美鈔債權之折合辦法，決定採用官價，並以三月卅一日之餘額折成新台幣，此後之一切收付即作為新台幣之收付，付出款先作為利息，如有超過利息者，即作為本金云。中美藥房方宏孝來訪，談希望債權代表速接辦其店務，但前後權責劃分十分重要，已請于懷忠兄專加思考，俟各債權人處再一一疏通，始能擬定辦法云。

師友

　　下午，劉振東先生來訪，係因其事務所一時難覓，有意在余處掛牌，余表示歡迎，但謂七倉社並不出租房屋，倘屬借用，當向重要社員商談再作計擬。

10月8日　星期三　晴
師友

　　下午，崔唯吾氏來訪，所談有數事，一為王培五女
士來信，因極樂殯儀館曾函催繳交張敏之兄遺骸之寄存
金六百元，詢可否洽減，余意暫時仍可置之不理，以待
此案正在等候之平反，彼時向殯儀館交涉亦較有力，即
使非如數出錢不可，亦不妨請政府負責，二為其女公子
赴美國醫院服務一波三折至今未成行之原委，大體上諸
種手續不日可以齊備，希望於十一月間可以出發，三為
殷君采氏來信請為楊天毅兄之印刷工廠代至中信局接洽
借款，詢詳情如何，余略加解說，崔氏認為此事可以代
洽，但未能預料效果如何，因中央信託局之放款原則採
取緊縮方針，欲其放款必須先有意義，次有把握，最後
尚須有頭寸，該局對此三點如何運用於該工廠，則尚須
先明晰其真正之立場始可知之云。

10月9日　星期四　晴
業務

　　上午，到陳寶麟會計師事務所會同核對各長記債權
人登記數額與帳列不符者，計到有長記負責人賀仁庵、
王文季，代表會計陳寶麟，債權人方面只通知二、三
戶內容較繁者，到者只有鄭標豪與李移生兩戶，鄭本在
余處代表債權人辦理委託手續，余今日向其聲明，渠應
在余處登記，但一直不來，自屬無可根據，今日只根據
其口述及自列之數並幕後人王文季口頭說明，勉強將其
債權額確定，其實仍屬疑團重重也，李移生戶則涉及兩

類帳項混為一團之情形，因渠有代為經手向他方借貼款項之支票，已借到一部分而支票亦只向出票人兌到一部分，長記在李之普通存款內將此部分減除部分債權，而數不相符，今日將此帳商定解決原則，如使二者不混，即不必在普通存款內扣除，如遷就已經記帳之事實，即將已經貼借交長記之款，另按規定辦法算出本息詳數，再將存款額以此為根據而加以調整，決定採用後法，先由陳處將次數核算，再由余複核，以作確定債權額之根據。上午，中美藥房關係人方宏孝與兩債權人楊續蓀、金輅來訪，因最近該藥房由港結進藥品一批，為該藥房經理陳繼舜所隱匿，其本人則赴南部藏匿不見，認為事態嚴重，商定後日開十五人代表會，其實此案已到完全無法可想之階段，方宏孝與陳是否雙簧尚不知也。

師友

下午楊天毅兄來訪，係與崔唯吾氏約定在余處晤面，商討向中央信託局洽借款項事，崔氏因昔曾從事宣傳及報業，故對文化事業頗肯協助，當即商定進行之方式步驟。

集會

晚，舉行小組會議，僅報告區黨部來文，並提出小組長任期已滿六個月應否改選問題，咸以為應俟區黨部通知辦理，因前次改選亦係由區黨部決定日期各小組同時辦理也。

10月10日　星期五　晴

采風

今日國慶，晨張中寧兄來約到總統府前看閱兵，余未果往，下午為群眾大會，想亦甚熱烈，今日又為古亭區居民大拜拜之期，台灣人均酒肉待客，門前馬路旁有福州戲班公演，余抱紹彭略觀，雖極簡陋，然民間娛樂，要不過如此，余終日未出門，報載因閱兵關係，中心區交通管制，門前三路公車汽車停駛，門前馬路熙熙攘攘，扶老攜幼均為北行看熱鬧者，人心振奮，視往年為大異，晚飯有比鄰蔡寓送菜，紹中、紹寧兩女則洗衣婦約去吃飯，均可記也。

10月11日　星期六　晴

業務

上午，在陳寶麟會計師處續與長記輪船公司債權人對帳，今日共定核對六戶，但只四戶應約前來，餘則因地址不甚固定，尚須延至以後辦理，即今日已經核對之四戶，亦尚有必須另行查對訛誤之原因者，故欲在三、二日內確定債權額，殊非易事也。下午，開中美藥房債權人代表會，討論經理陳繼舜私自將存港藥品結進四千瓶，勾結一、二債權人據為已有之應付問題，決定：（一）因陳藉題赴台南，恐有逃匿可能，準備即報治安機關拘緝，並先由該藥房另一負責人方宏孝今夜赴台南訪尋，予以一線之機；（二）因此項藥品已為全權債權人之共有物，現被陳及其串通之一、二債權人侵為已有，債權人代表會應有嚴正之表示，其方式將先與律

師研究，再作進一步之辦法，但無論如何，還債恐成絕望。

師友

晚，楊孝先氏來訪，談中美藥房案情之發展日有惡劣之象，如何對付，大費周章。

10 月 12 日　星期日　晴

聽講

上午續聽潘重規教授講論語，仍用分類法講有關於「禮」之各節，未完待續。

業務

下午，出席山東省輔導漁農生產基金保管委員會，由主委孫伯棠報告，彰化鹿港會內租予陳貫一之工廠涉訟經法院判決之情形，繼討論各案，一為蔡樂天所借棉紗已還一部分，餘數了結問題，二為震華文學院王玉圃欲以房產抵還欠會之款，而所值則尚有甚大出入，決定先約以前之中人會談解決之原則，又談澎湖山東中學遷校向會借款事，因涉及若干私人間之恩怨，故討論未有結論，決定候政府令辦理。

10 月 13 日　星期一　晴

業務

下午，到陳寶麟會計師事務所繼續查對長記輪船公司帳目，今日之重點為確定三月三十一日之各債權人餘額，因以前核對登記數與帳面數，無論二者間是否相符，均因另有非屬該日之餘額者，現欲照官定利率將四

至七月之利息結出，自非先行將開始日之本金確定不可
也，此外關於利率問題，陳君所採用者為中國經濟月刊
之統計數，余因並不正式，乃將台灣銀行核定之利率按
其逐次開始改定日期一一查出，有定期信用與定期質押
之不同，今日將此項利率與陳君商洽良久，渠所知頗偏
淺，致未能有何結論，又票據起息日多不明，亦待查。

10月14日　星期二　晴

師友

上午，楊天毅兄來談其所擬發展振中工廠印刷業務
計劃，以備作為向中央信託局借款之張本。下午，張中
寧兄來訪，談所存新中央橡膠廠之款到期後，擬續存或
託余介紹他處，余認為續存尚不至有問題，改存他處則
余目前尚無適當之目標云。晚，逢化文兄來訪，係為推
銷王潔心作之小說「春蠶」，余即照購一冊，其實無此
興趣也。

業務

將長記輪船公司各債權人之債權數與四至七月份利
息以及三月底以後支取利息情形分欄製成計算表，以為
該債權團確定債權額之根據，技術工作交丁暄曾君協助
辦理，其中尚有三數戶須更求明白者皆為鄭旭東所經
手，今晚與鄭談此數戶內容，渠已將所知者面加解釋，
待查者即連夜分別往查，約明日可竣事。

10 月 15 日　星期三　晴

業務

　　牟冀三君來訪，為核對協裕豐有關之三數戶對長記公司債權數，孰知渠所能斷定之數亦甚有限，尚待明日約其會計再為核對云。余今日最後將各債權人之三月底餘額加以確定，即作為加算四個月息達成七月底最後餘額之根據，此表交丁暄曾君依照計算抄寫，其中尚待再求明白之數戶如無新資料送來，亦即就登記數為之矣，至於此次確定債權額之原則如次：（一）凡登記數與帳列數相符者，即認為不爭之數，可以作為最後之數，（二）凡二者有差額者，審查其內容如有關於利息等未達額計算在內，而推定適為其差額者，加以調整後作為最後之數，（三）登記所據憑證之日期以後有收付而見帳不見憑證者，約定雙方加以核對，互認無誤，即照帳列數加以調整，（四）登記數與帳列數有異，雙方意見不能接近，以提供憑證之數為可靠之數，以免爭執無窮而無合理之依據，（五）求得三月卅一日餘額後，即按四、五、六、七四個月台灣銀行核定利率加算單利，在此期中有支取者，先作為息金，不足由本內扣，由是而達到七月底之最後餘額焉。

交際

　　中午，盛錫福、劉錫三經理約在老大昌午宴，仍為調解其與大東公司之糾紛而請。

師友

　　晨，徐嘉禾兄來訪，余託為冷剛峯氏謀經濟部職事，到行政院查詢張厲生副院長已否函經濟部張部長，

後來電話謂今日已辦，余即走告冷氏。于仲崑、隋玠夫、陳天表諸兄來訪。

10月16日　星期四　晴
業務

下午，到同豐貿易公司照預定時間等候為大東與盛錫福雙方調解糾紛諸人眾集前往大東代為交涉，結果因所約諸人未能到齊，決定改為後日上午再行邀集，此案概情為數年前盛錫福曾交大東舊台幣八千萬元，託在台北代買營業房屋，後大東買到重慶南路房屋一所，價款二億五千萬元，去年大東將房出賣得新台幣十六萬五千元，盛錫福請按比例還款，大東則認為其不足之數係大東代墊，數年來利息負擔已不止其所繳之數，因而不肯即退，各方知其事者皆以為大東缺理，因而欲向大東積極交涉，使盛錫福不致吃虧云。

10月17日　星期五　晴
業務

今日工作仍為計算長記輪船公司債權登記之本息，此事本已於前日初步完成，由丁暄曾君依照原則核算抄寫，其原則為黃金、美鈔將三月底餘額包括是日止之本金及已照約定利率滾計利息照結匯證價折成新台幣，再照台灣銀行核定商業銀行信用定期放款利率加計利息至七月底，其有在此四個月內尚有收付者均作為新台幣之收付，支付數先儘量作為利息，利息不足即作提取本金，利隨本金減少，惟不計複利，此項原則雖甚明確，

但實際應用時，仍遭遇若干困難，此即因各戶仍有其特殊情形，不能執一而賅其餘，例如某戶登記數包括若干筆數之存入，其中有在三月底前者，有在三月底後者，即須先將三月底以前數照約定利率代為補入，得三月底之基本數，然後再照官定利率算息，算至數目有增減時尚須按日數加減，亦有數在四月後照約定利率算入利息換取存條者，則亦應認為有效，改由此日起照官定利率計算，尚有委託登記而中變不來者，在余不許其除外，而其本息數無登記數可參考，只得依照帳列為之，而帳列數亦殊不明，則只有將本金計入，利息容後再算，更有登記數雖與憑證相符，帳上或符或不符，不符者無理由，符者其公司負責人不肯照數算入又無憑證可以提出，遇此情形，除非債權人同意，余仍照登記之憑證數計算，以免空口無憑，諸如此類，一一查核分析，至為繁瑣也，此工作下午完成，即通知債權代表之一鄭旭東兄，請其通知各債權代表，余並通知陳寶麟會計師。

師友

　　訪逢化文兄，慰問其撞車之禍。晚，逢化文兄來託為楊天毅兄接洽為振中工廠押款事。

10月18日　星期六　晴

業務

　　上午，到同豐待與裴鳴宇、于希禹、馮仙洲、劉階平同往大東公司為該公司與盛錫福房款糾紛開始調處，大東出面談話者為協理翟占雙與經理王淑聖、于普天，由裴、于二人將來意說明，公司方面只談此款之經過，

並未提出辦法，談一小時許即與辭，請大東再作考慮答復，午間余等應盛錫福之約在鹿鳴春小酌，並談此案進行之方式，經堅詢其要求之目標以作折衝之準備，據表示因所出房價舊台幣八千萬元佔總價二億五千萬之廿五分之八，或將滬撥一千萬元除外按廿五分之七計算，售價新台幣十六萬五千元，計應為四萬餘元，加售後一年之利息，即將近六萬元，而大東方面似縱願出錢，距離亦甚遙遠，故日內尚不能有何具體結果云。下午，長記債權人鄭旭東、李蔭堂兩兄來訪，余示以甫經算畢之債權明細本息表，據核對大致無誤，定明日召集常務代表商討一切云。

師友

上午，訪隋玠夫兄為楊天毅兄之振中印刷工廠接洽向合作金庫押款，談後訪楊天毅兄，據云此紙已另以其他方式向其他方面借款，故合作金庫方面即未再談矣。

10 月 19 日　星期日　晴

師友

上午，到新莊鎮訪劉振東先生，為租用第七倉庫利用合作社樓上為律師事務所事有所商談，余告以社方願以余現在所用之寫字間出租，連同器具一併使用，月租七百五十元，劉氏以開業伊始，不能多所負擔，聞有陸榮光者即須執行會計師業務，有意二人合租，余表示須向社方再為接洽，言下並不表示贊同，劉氏即打消此意，謂可否洽減為五百元，余謂可商，必要時或再加折衷，劉氏即謂可出至六百元，如業務開展後再加至

七百五十元，如此即已大體妥洽矣。

業務

　　下午，長記輪船公司債權代表在余事務所商談索債進行事宜，參加者尚有債權團外之債權人上海實業公司屬蔭廷，據此人表示商船同業頗有願承受亨春輪，而以債權與該輪可能賣出之價值比例付還一部分債權，債權團方面亦表示樂於商量，但希望有三成五以上之數字，現債權團之債權本息已算定為二百一十萬，大約須收回七十萬之現款，經言明星期五屬君回話，此方則並不認為完全樂觀，仍將與律師研究法律程序云。

聽講

　　上午繼聽潘重規教授講論語，禮的部分已完，今日開始講「書」的部分。

10 月 20 日　星期一　晴

師友

　　上午，宋志先兄來訪，談所籌備之華威染織廠已準備日內動工建築廠房，並將開股東會確定章程，屆時希望余參加備顧問云。上午，劉振東先生來訪，詢租用事務所事，余告以尚未作最後決定，但余意只有租金數目一問題，其實並無問題云。晚，逢化文兄來訪，閒談，據云國大代表最近將補支子女教育補助費，惟手續尚有所待云。下午，張敬塘兄來訪，為國華中學一學生裝義肢事向漁農會求助，當會訪孫伯棠主任委員，請其提出委員會議商討，但余恐最近未必有何辦法，因該會現款甚緊云。

業務

　　下午參加中美大藥房債權代表會，對昨日開會將該藥房負責人方宏孝、陳繼舜二人以最近進口西藥一批抵押自肥之詐欺罪嫌送警局轉法院一事，決議追認，並決議請陳啟瑞與周仲衡二律師代理訴訟，補遞訴狀，請余公告登記債權，並清理帳目，公費言明兩律百分之二十，余百分之十，至於目前開支將先變賣一部分藥品以供支應，此外討論該藥房如何使其門面狀況不致發生他變，但未能獲得結論云。

10月21日　星期二　晴

業務

　　上午，訪稅務旬刊社社長鄭邦焜兄，談該社擬與本合作社合作零售印花事，緣該社曾與本省總經銷印花之合作金庫接洽作為分銷處，主管部分已許可照辦，上級則否決之，於是不得已只得請一合作社居間承認其為零售處，此項零售處對於分銷處之權利義務，一如合作社對於合作金庫關係，在限度內先領花於旬日後繳款，該社員原以為係每月繳解，擬利用此項辦法運用頭寸作為優利存款，藉以生息，但余請其注意二事，一為代售之印花若不需要貼出手續費，則代售後雖不運用款項，亦可保本，不致損失，二為如手續費須貼其購戶，則必須確有把握不致使款耗息，而以運用得息移作貼費，但此法頗有不易之處，請其再加斟酌云。下午，陳寶麟會計師囑其職員俞正來核對長記公司帳目，因雙方利率頗有出入，故先須將此項利息加以一致之核算，使雙方相

符，今日利率約定未能完全一致，故尚須作一度複核，
再予確定云。

師友

　　劉振東先生來訪，確定設事務所於余處。訪楊孝先
氏並通電話，均未遇。

10 月 22 日　星期三　微雨

師友

　　上午，訪楊孝先氏，面告數日來中美藥房案之發
展，楊氏對於方宏孝、陳繼舜二人之被送押法院，實為
最快人心之舉，並分析此事之急轉直下，關鍵既在於楊
績蓀一人，則此人之政治企圖，極值得注意，緣渠所代
表之款項多數為李品仙者，渠一向反對法律解決無非為
避免張揚，今日一反其前此之所慮，固因方宏孝攫藥陰
謀為其發覺，恐亦因對李有何欲求未償，藉此亦可發
洩，以冀一石二鳥，此分析頗深刻，乃對李氏與楊二者
間關係了解者所發也。

業務

　　前日中美藥房債權代表會委託楊績蓀介紹之二律師
代理訴訟，今日引起一、二人之反感，黨務代表鄒希
榮、柯蔚嵐二人先後來訪，謂楊蓄有私心，目的在為其
個人目的而控制律師，又對於以前開會通過延聘李崟高
律師事無形打消，對人實為背信，絕不可行，余對後一
點亦極同情，乃約定晚間同到劉啟瑞委員處商談，屆時
前往者尚有于懷忠兄，對此事大原則劉、于及余均主不
可因人廢事，今日訴之於法，鄒、柯既均贊成，只可對

律師方面圖謀補救，不必言及其他，二人亦無他見，只
謂將來訴進之代表人不必定為今日之常務代表，此點亦
均同意，且主張不能全盡義務，談頃並決定後日召開全
體代表會予以處理云。

10月23日　星期四　晴

業務

　　下午，舉行中美藥房債權人常務代表會，討論關於
明日代表會應提出之問題，五代表全到，柯蔚嵐、鄒希
榮仍對於楊續蓀自作主張延聘律師事大肆攻擊，商量結
果決定明日提會之案有以下各項，一為應請李崙高律師
參加合辦，前日周、陳二律師實為一人而索百分之二十
酬金，殊太重苛，應予核檢，二為訴訟代表應由全體會
另推，且須規定報酬，昨日非正式談話決定由金輅、鄒
希榮、楊續蓀擔任，此點大可採取，三為中美藥房門面
亟宜加以控制，債權會不妨即設該處，四為應速辦債權
登記，登報費用賣藥籌措。今日五常務代表齊集余處，
余即提出應將對余之委託書補具一案，均承認無異，但
繕正後又有推託圖章未帶欲延至明日者，經于懷忠兄提
醒認為不可再拖，簽字即可代蓋章，於是始一一簽字。
方宏孝由法院來信，報告其帳簿送在廖兆駿會計師處，
余將原函傳觀，均認為此事應有對策，亦將提出明日代
表會討論辦法云。

10 月 24 日　星期五　晴

業務

　　下午，舉行中美藥房債權人代表會，決定對方宏孝、陳繼舜二人追訴到底，並推出鄒希榮、楊續蓀、金輅、林光旭、柯蔚嵐為訴訟代表人，費用全體負擔，對於延聘之律師，除周仲衡外，尚有李崟高因曾有成議，決定加入，並另加請李琳，公費容分頭磋商再定，債權人登記應託余迅速辦理，登報費用即籌妥，登報時並將債權人大會日期一併公告，今日會場中因鄒希榮、柯蔚嵐對楊續蓀介紹律師表示不滿，認為是否訴訟須由債權人大會決定，理由牽強，經一致反對，仍由代表會負責處理，此種僨事之論調未有第三人附和，致未生枝節，又今日會議中方、陳二人之眷屬先後到場，表示為此案導火線之四千瓶賀爾蒙願提交代表會，請準備出二人辦理此事，代表會認為方、陳二人如能將藥先送法院，始可緩頰，蓋均認定又是圈套，不予重視也。與陳寶麟會計師再度核對長記債權利息數，互相折衷，已達一致。上海實業公司屬蔭庭來電話，謂星期一所談商船同業承受長記公司亨春輪事，商討後未有結論，余即轉達債權代表之一鄭旭東兄，請其與周律師旋冠會晤商量對策。

集會

　　晚，舉行小組會議，決定下月余受訓期間小組事務由劉燦霞幹事代理。

10月25日　星期六　晴有微雨
業務

　　中午，在楊續蓀寓吃飯，在座尚有周仲衡律師，及中美藥房債權人代表會所選出之訴訟代表人鄒希榮、柯蔚嵐、林光旭、金輅及楊子驥，所談為周所擬訴狀之內容，此狀大體為針對該藥房方宏孝、陳繼舜經營地下錢莊詐欺取財違反國家總動員法等事實，申明其刑事責任，惟其中四千瓶藥有套匯漏稅之舉發，恐有誘發將此藥充公之可能，決定刪去，僅謂此藥到達後串通共謀私自處分之詐欺事實，又關於方宏孝來信謂其帳簿交在廖兆駿會計師處，但無交出之意，研究結果決定改日狀請法院將該項帳冊提院封存，此事當於廿八日第一次開庭後再為進行云。

師友

　　晚，逄化文、楊天毅兩兄及正中書局張君來訪，談楊兄所營振中印刷廠近來營業改善情形及圖謀發展之道，恐非借款先與自由青年解除高利合約不可云。

10月26日　星期日　晴有陣雨
聽講

　　續聽潘重規教授講論語，仍為關於尚書亦即有關歷史部分之闡述，此部分分量較少，故已於今日講完，其中有若干新義，頗為允洽，與昔人注可相發明。

師友

　　下午，隋玠夫兄來訪，託轉劉振東先生在合作界發表論文之稿費，並商談其開業時應否送禮致賀，決定以

從簡為宜。晚，汪茂慶兄來訪，據談為劉振東先生掛律師牌事將於明日上午在鹿鳴春約各同學之在公營事業機關服務者中飯，以便商談如何協助其發展，明日上午余將先設法通知劉氏參加云。

10 月 27 日　星期一　雨

師友

上午，汪茂慶兄所約之師友在鹿鳴春便飯，計到劉振東先生及朱如淦、廖國庥、徐自昌等人，席間由劉氏談其執行律師職務之作法及希望同學幫忙之方式，二時半始散。

業務

上午，中美藥房債權人代表會代表之一楊續蓀氏來訪，據云被押之陳繼舜央友表示可以退出問題中之荷爾蒙千餘瓶，請保釋陳出外協商如何全部追回四千瓶之辦法，希望今晚開全體代表會商酌此事，乃即分別通知，及晚到楊寓開會，與會者多表示不可再受愚弄，除非將四千瓶如數交出，此事不必再談，今日開會時方宏孝、陳繼舜兩女眷亦到，方甚至跪哭哀求，與會者有疑為楊續蓀之謀劃者，以情度之，或不致此。此事竟後即將律師所撰訴狀傳閱後交律師，備明日遞地方法院。

10 月 28 日　星期二　晴

師友

上午，宋志先兄來，託為其代擬華威漂染廠會計處理辦法。蘇景泉兄來訪，不遇。楊孝先氏來訪，探詢關

於中美藥房訴訟案之現在情形。于懷忠兄來訪，閒談。

業務

　　晚，柯蔚嵐代表來訪，謂今日曾到法院與檢察官接洽中美詐案，現因法院明日即將拍賣中美門市家具，影響多數人債權之收回，經洽妥李崙高律師即日撰狀向法院聲請參加分配，其委託書須蓋常務會章，該章刻在余處，望今晚即辦，余乃到事務所將章蓋後即按址送至李處，並閒談此案之進行方法。草擬中美藥房債權人大會代表登記債權與召開債權人大會之公告文，以備即日刊登。

10 月 29 日　星期三　晴

業務

　　下午，中美藥房債權人代表會之訴訟代表在余處聚齊，準備出席偵察庭，當時並決定召開債權人大會日期與登記債權事，因賣藥暫時尚不能得到現款，故決定由余先向該中央日報接洽移後收款，余託楊天毅兄代將啟事送往，或可俟藥款收到後再行付款云，金輅所簽託新大華藥房賣藥事，須半月後始能結第一次帳，目前尚無其他籌措現款之辦法。擬定中美藥房債權人大會開會及登記債權之廣告稿，並登記簿之分欄格式，明晨九時起由丁暄曾君經手辦理之。

師友

　　上午，劉振東先生來訪，預付十一月份對合作社之事務所房租。下午逢化文兄來訪，閒談。下午，蘇景泉兄來訪，閒談此次即將赴草山受訓事，及應準備事項。

體質

　　下午，到第一總醫院檢查身體，項目有身長、體重、胸圍、五官、牙眼、皮膚、內外X光透視、泌尿、心臟等項，余除有痔疾外，其餘皆正常，血壓則為140度，尚不算高，此次檢驗為應調赴陽明山受訓之第一步驟，今日照X光為余生平之第一次云。

10 月 30 日　星期四　微雨

業務

　　今日起代表中美藥房債權人代表會登報辦理債權登記及定期召開債權人大會，登記事務交丁暄曾君辦理，因係第一天，故僅有十數戶前來辦理，此項登記所列要點甚為詳盡，以供核對帳目時可有準據，凡登記者均在背面加蓋事務所戳記及日期，以備查考，債權人中本有主張將債權憑證集中保管者，但余不願採取，故仍蓋戳發還。中美債權人訴訟代表林光旭來約察看其所保管之有關該藥房之資料，以備其赴法院提供證據，計今日將送往者有該藥房合夥議約，林本人之債權憑證，以及數月前債權人自行辦理之債權人登記冊，此冊傳係遺失而實則為林所取存者，此外有若干複雜資料不必即送法院者為林君先後由該藥房購到之內帳帳冊，憑證結匯單證等，雖未必為全部，但可斷定能作為重要參考，余囑其暫為保存，渠之此等物件係存方學季律師處。今日以空餘時間將歷來積存案內之各件分案加以整理歸檔，並預備移辦公室。

交際

裴鳴宇議長生女，在醫事學校內，距余事務所甚近，今日囑役烹雞一隻相送。

10月31日　星期五　雨

業務

晚，中美大藥房債權人代表會之常務代表及律師在柯蔚嵐代表家聚餐，並討論工作進行，參加律師為李琳、李崙高，會計師為余，李琳第一次晤面，渠接案甚晚，故先檢討事實，由各代表拉雜說明，根據口頭已知事實，二李除對刑事部分業已告訴未多討論外，對民事部分認為須有可觀之標的者始可置議，故於方宏孝、陳繼舜已經轉讓之房屋及租用之店面不加注意，著眼於四千瓶荷爾蒙之扣於黃標章處，與吳仲植太太之保有超過債權部分藥品，以及該店有所謂優待股東各點，但未完全得有結論，僅決定兩事，一為黃方荷爾蒙訴追理由比較牽強，後知方、陳曾開有三千瓶荷爾蒙存條在林光旭處，決定由林出面，但追出後誰屬問題談後又無結果，二為廖兆駿代方陳保管帳簿，有主明日前往查點蓋章者，決定不必要亦不可能。

師友

訪張敬塘、孫伯棠二代表請為證明申請子女教育費事，又到女師附小將紹中上學期者補辦，彙送國大秘書處。訪韓兆岐兄於立法院，託將楊天毅兄之申請借款計劃轉崔唯吾氏。

11 月 1 日　星期六　晴雨無定

業務

　　上午，到事務所作業務上之部署，以便在余赴草山時期有所接頭，並與吳崇泉兄通電話，請其注意公會分配法院交來案件時，余與併接，以免輪余辦理不便請假。

受訓

　　革命實踐研究院第廿一期今日報到，上午乘交通車到陽明山莊，先繳報到證，然後領用制服，到宿舍點收分配物品書籍，下午二時起寫作自述，按預定大綱共分九項，均用工楷謄寫，余於晚十時完卷，其時未交者尚有半數，聞有通宵不寐者，以期不誤明晨八時之時限，余所作共約二千五、六百字，達到其最高限，可述者亦大致無何遺漏，剪裁尚稱適合，僅詞藻未遑詳加潤飾耳。院內布置甚有條理，一應有關事項，鉅細無論，均有文字可以依據，按圖索驥，第一日即無暗中摸索之苦，余為五十號，住第一宿舍，下舖，一室十二人，均不相識，午膳晚餐均在院內食用，自助分食，雖不精美，而可供一飽，此外盥洗用具及飲茶用杯均由院內預備，集體分號放置，整齊便利，晚在院內溫泉沐浴後就寢，時已夜分，逾規定時間矣。

11 月 2 日　星期日　晴

受訓

　　今日上午由代主任彭孟緝報告本期研究工作之六項要義，亙二小時始竟，十時起分成兩組舉行自我介紹，

每組一百五十人，歷四小時始竟，余報告要點為生平多在金融界服務，故知識經驗有偏於一隅之弊，生平得意事為在安徽省銀行籌劃並主持稽核工作，直至抗戰末期離任時止，該行仍為風氣最好的省銀行之一，生平失意事為在山東省銀行任內惑於王耀武之假仁假義，未能及時求去，後見其貪污腐敗之真面目，始告不歡而散，因為時間所限，只二分鐘，未能暢所欲言。晚間全體推舉隊長、隊附及副隊長共五人，又推舉各寢室室長，並討論生活公約草案，備提明晚全體研商通過，隊長由院方提名，見冊列履歷多為中央軍校第一期出身，經過二、三十年之軍事生活，此日多無實職，牛刀小試耳。

11月3日　星期一　晴下午雨

受訓

今日為訓練開始納入正軌之日，上午研讀總裁訓詞，其方法為由研究人員一人宣讀，全體循聲圈點，讀完後寫作心得一頁，共歷時七十分鐘，今日所讀之篇目為革命、實踐、研究三名詞之解釋與革命失敗之原因，詞在三年前所講，今日觀之，確有先見之明，故寫心得時即由此點著眼，繼為紀念週，由陳誠主持，報告七全大會後亟應進行之工作與研究員之使命，歷一小時，下午開始由張其昀氏講黨史，計講述二小時，討論一小時，其講法係以總理與總裁二人之略傳為主體，將革命活動予以貫穿，晚間舉行生活座談會，討論生活公約，主席為隊長，雖身經百戰，而不能將三百書生，一小時未能使討論稍獲成果，最後全眾不耐，全文囫圇通過而

散。今日早晚又有兩事足記，一為早晨升旗並早操，係
柔軟運動，甚有作用，惜地在大硫磺池旁，臭氣熏天，
地下皆礦土，斑斕不平，是其缺點，晚間有歌詠一節，
由音樂家教授唱法與聲樂最應注意之點，所言極中肯扼
要而有風趣，一時大眾咸為怡悅。此次重過集體生活，
一切均有條理，感覺有意義。

業務

　　以電話詢事務所，未有事務發生，詢鄒希榮兄，知
中美藥房照破產法進行。

11 月 4 日　星期二　雨

受訓

　　今日訓練內容，全日用於講解課程，上午為張其昀
第二次講黨史與理論，今日講理論部分仍採分年法，將
理論之發展逐次演述，最後並解答問題，張氏以西洋浪
漫主義、自由主義，及社會主義三者比擬三民主義之一
部分，均有其偏激之處，且發生無窮流弊，此項見解闡
釋極為詳盡，特別對於我國自五四運動以來之自由主義
派加以痛切之批評，下午為陳雪屏講第七次全國代表大
會修正之黨章，由一年來改造委員會所提各種意見所及
之處，說到最後通過之章程，只係敘述經過，並無若何
創見，附帶論及黨章以外之點，即青年反共救國團之成
為外圍或預備黨員組織一點。昨、今兩日張其昀所講黨
史與理論，照院內所定分組記錄辦法，余為輪派十三人
中之一，下午將記錄整理完畢，寫於預發之記錄書，約
五千字。

娛樂

　　晚，舉行第一次晚會，節目有滑稽京戲「勝利回家」，仿自紡棉花，內容不同，唱生者極好，又有電影「軍中芳草」，為女青年大隊之生活狀態，等於紀錄片。

11月5日　星期三　晴

受訓

　　今晨照例先讀總裁訓詞，即寫心得，篇目為「組織的原理和功效」，乃就人體生理之觀點，以比擬各類事務之組織運用之原則，余寫心得之原意在注重生理之有機的作用，目前各機關能符合此條件者甚少，故應澈底改善也。上午，講課者為谷正綱氏，題目為「本黨民眾運動的方針」，此題在大致言之極空泛，但谷氏言之有物，極能有聲有色。下午先行試作點名，備院長來點名時有所準備，將學員每二十人派成一列，由點名人逐一過其面前，應聲舉手喊「有」，並目迎目送，演習凡一小時始畢。下午講課為本黨政綱，由崔書琴主講，係將此次第七次全國代表大會通過之政綱逐條解釋，極枯燥乏味，最後應學員之請，因課間接得消息，昨日美國大選，選舉人得票數已證明艾森豪威爾當選，說明此事對世界與對中國之影響，但語意亦極盡含蓄之能耳。晚，舉行區黨部召集之小組會議，共十一人，先行自我介紹，費共一小時，然後討論對黨務工作之觀感，最後選舉小組長及下次記錄人，並認定工作每人二件，散會。

11 月 6 日　星期四　晴

受訓

　　晨起為升旗與柔軟操，早飯後訓詞研讀，即寫作心
得，九時起為上下午共六小時之演講，由陶希聖氏擔
任，課目為「黨的建設」，其所論者有小冊一本，但講
解另有補充，其重要之點有見諸七全大會政治報告者，
亦有見諸反共抗俄基本論者，可見政治報告恐出於陶氏
之手筆，陶氏之演講頗深刻，其學術上之根源有以致
此，大體言之，引用哲學史上、社會史上、經濟史上之
資料為多，其歷史素養使其所證明之道理有豐富之內
容，其結論所提出者為黨員教育與黨的風氣為建黨的根
本問題，惟此問題如何以實施之，則尚有待於進一步之
研究也。晚間無規定之活動，但須按時研讀資料而坐入
課室，今晚即將上項政治報告細讀一過。

11 月 7 日　星期五　晴

受訓

　　上午，早操時間各室由室長分別帶領練習點名禮
節，早飯後第一堂為研讀總裁訓詞並作心得，立即交於
收件箱內，余每次均係在研讀時間前先行閱讀，待研究
時間再作心得報告，如此可以比較從容，余見若干人先
一日即行寫好，甚至另有藍本至時照抄，則又太過矣，
九時開始第一堂課，為鄭彥棻講華僑動向與海外黨務，
歷三小時，下午二時起為第二堂課，由張鐵君講理則學
研究，歷時三小時半，張氏之演講余為首次聽到，以前
見其所做書及論文，似乎行文之邏輯條理不甚謹嚴，今

日聽其演講知其對此門頗有獨到之處，且對於以前各派
邏輯學有綜合之雄心，以為國父哲學發揚之道開一新
徑，惜有若干徵引中國文獻處不免尚有以偏賅全或訓詁
待考之缺點耳。又今日所講因限於期間，愈後愈快，雖
有大綱懸於壇上，然詳略不均，亦不能構成甚完整之演
講詞，則其缺事也。晚，於自習時間研讀「反共抗俄基
本論」，十六開本五十頁，以兩小時之速度讀完之，其
實不應如此匆遽，然入院後時間支配甚為嚴緊，非晚間
無此較長之空隙也。晚間自修時有人提議本期送院紀念
品擬為銅像，其原因為同學中有塑彫家，而華僑又有近
百人，經濟力充裕，但經一致主張重擬計劃再行商討。

11月8日　星期六　晴

受訓

今日院內日課視前五日又有不同，晨起升旗後，集
體至山下散步，二十分鐘而返，早餐後第一節為寫作一
週來聽講心得，其方法為將一週各課程按人數分為數
組，每組以兩課程為範圍，任擇其一，寫為心得，雖不
限字數，然規定時間三小時，固非千字以下不辦也；十
時起討論一週來所讀之總裁訓詞，係事先由院選定一個
篇目，擬定討論題目，分組討論，每組三十人左右，計
費時二小時，每人必須發言，且以三分鐘為限，發言後
將發言條寫交紀錄整理，然後彙合全體紀錄送由中央機
關分別處理，今日題目為由組織的原理和功效以觀察今
日各機關組織之得失，限定必須舉出具體事實，一時紛
紛提出，舉凡當前人事凍結之違背新陳代謝原則，參諮

人員之不能有正當作用，電力公司不求健全自身冒然加價等，均相繼提出，余所提之一點為神經中樞之正解，認為國家元首最易認為神經中樞，其實非是，例如國民大會此次提出罷免李宗仁副總統一案，至今「欲罷不能」，雖總統在職權上亦不能干涉，此何以故？神經中樞別有所在，而未能盡責也，此即憲政中之政黨是也，次在五權之治下，監察機關固為白血球之作用，但人身白血球能自動自發，機關則不如此單純，如何始能不致發生障礙，此則亦須有賴於神經中樞之健全也。下午聽講三小時，蔣經國講總裁言行，係由日常生活中闡述總裁之平實偉大處，舉例多親切有味。五時休假。

師友

晚間來訪者有魏盛村兄、楊天毅、何冰如兩兄，前者係報告第七倉庫合作社一週來之情形，余主張日內應開社務會議一次，以符規定，後者因振中印刷廠之困難仍未解除，無法可想，仍欲由中央黨部著眼，以民言報員工名義請求中央予以援救，此法不失為一方法，但未必一定發生效力，余知振中無正式帳目，中央無根據可以援手也。

11月9日　星期日　晴

業務

上午，訪鄒馨棣會計師並約晤吳崇泉兄，據吳兄告渠與余合辦之一法院指定案件極為簡單惟帳目不合，缺乏憑證，原告所為妨害總動員，恐無其事，但背信之類或不可免，此次尚無由余參加工作之必要，待結束時

或只須蓋章即可也，又談及會計師公會對經濟部所成立
之出售公營事業估價委員會，規定係由全國會計師公會
參加一人為委員一節，曾向該部表示全國會計師公會並
未合法恢復，應由省公會參加，此節或無大問題，但如
省公會爭到之後如何安排，亦成問題，蓋照輪值辦法，
目前已輪至吳崇泉，因渠係與余合辦一案，故二人中應
尚有輪流之機會，此其一，如將來各公司實際估價時發
生爭執，亦即政府與議會代表（實際即為地主之代表，
政府係以股票抵付其扶植自耕農地權移轉之地價者，故
立場必與政府對立）各走極端時，即必有鑑定人從中解
決，則各公司在短期內欲求估價迅速完成，勢必分工合
作，故余認為應向經濟部提供意見，由公會推薦每一公
司有一會計師，其人選仍由輪值中出之，照此辦法鄒會
計師亦可得一單位，此其二。訪鄒希榮兄，渠並約金輅
兄共同商談中美藥房問題，第一為破產聲請尚未遞呈法
院，目前有程怡秋願洽談承頂其店面，決定先由代表會
全體商談，再行磋商，第二為中美之帳冊，除廖兆駿所
存部分應請法院向其追調外，原存債權人方希孔家之一
部分，希望能收歸余處保管查核，其方式應由債權代表
會函余據以轉函方宅，當由余回事務所將函稿辦就，留
交丁暄曾君明日繕發，下午丁君又來余寓，並面告如何
辦理。到同文印刷社訪張玉如君，不遇，留字，謂前宜
蘭縣警察局長馬超群託余查帳一案已似無賡續必要，曾
函馬兄，迄未得復。公費一節，弟於友朋向不計較，但
此案情形不同，一則馬早已向縣請款，自有著落，二則
外埠辦案，弟實無力賠貼開支，三則查帳中止，責不在

弟，且就已查部分而言，已發現錯誤而改正者，即可在交案中減輕數千元之賠累，此舉非無成就，望轉洽見復，所以向張追問者，渠為介紹人也。

家事

離家一週，回寓時特感親切，尤其兒女輩環繞前後，問長問短，甚至晚間九歲以下者幾均願隨余就寢，幼兒紹彭初見余時因著制服幾不相識，注視良久始喚起記憶，爛漫天真，十分可愛，余昨晚未外出，今日下午二時即回寓，四時再出發上山。

受訓

今日晚飯延晚至六時，余於事先乘立法院交通車到達，飯後見寢室已更換至另一號碼，且代為遷移就緒，無一凌亂，院內以次序見長，此其一端。晚舉行生活座談會二小時，先行點名，係自動賡續起立報號，此方式極迅速，而別開生面。

11 月 10 日　星期一　晴

受訓

上午，升旗早操時間改為在操場自由散步談話，歷二十分鐘。七時四十分照例研讀訓詞，寫作心得，篇目為「時代考驗青年，青年創造時代」。十時起，開學典禮與紀念週合併舉行，其次序與一般無殊，而由於司儀人之進退得體抑揚合度，使會場極表現莊嚴肅穆之象，例如先報告典禮開始，緊接奏樂，奏樂畢，主席就位，行禮讀遺囑，然後小聲主席復位，此時主席即轉身向外，司儀即謂主席報告，一切極和節奏，今日本應由

院長主持，但臨時在南部未返，通知宣讀七全大會政治
報告，歷一小時半，再由主席說明要義，於是禮成奏樂
解散。下午，陶希聖氏講「總體戰研究」三小時，陶氏
融會軍事觀點與政治觀點講此題目，有其獨到之處，結
論認為政治戰乃反攻大陸之基本，如軍隊登陸，不過決
戰取勝而已，此項見地使武力眾寡懸殊之自由中國得有
反攻大陸收付失土之邏輯的可解，在建立理論上之功為
不可磨滅也。晚在研習時間寫作區黨部自認之分配工作
二項，一為對七全大會之感想，余寫明三點，一為七全
大會前曾有長時間之研討，此會開抑不開，當時意見紛
歧，即本院前期同學亦多有種種顧慮主張不開，但由於
領袖之英明果斷，力排眾議，結果圓滿開成，二為大會
對黨章與政綱固有細密之釐定，但最大之貢獻尚為思想
路線之澄清，蓋在總體戰、攻心戰中決不能專恃武力，
況武力比之大陸，眾寡懸殊，故必須在精神上、政治上
先求決勝，然後軍事出動，立可致果，然此必須先有正
確之理論，則此次大會通過之反攻抗俄基本論與政治報
告之價值與意義實為無限，三為大會之成功只為最後成
功之發軔，欲保證此最後之成功，尚須全體同志躬行實
踐，身體力行，此則今後所不可一日或忘者也。第二項
為對於現社會不合理現象之調查並提出具體意見，余就
金融方面提出三項，一為金融機構毫無信用政策之可
言，只在生意經上互相著眼，再則徇情放款，使中間人
生利，二為新興中間剝削階級之抬頭，專以勾結投標比
價朋分利益為事，三則社會認為不良合作社皆內地人所
辦，不知台灣銀行一切舞弊案無一為內地人所為，可見

懲治貪污不可強分籍貫，徒滋紛擾。

11 月 11 日　星期二　晴
受訓

　　上午，研讀訓詞，寫作心得。第一堂課為嚴家淦部長之當前財政經濟，敘述尚有條理，下午為張厲生、黃季陸、胡慶育擔任之內政與外交，據報告此課程本應由行政院陳誠院長擔任，陳病甫愈，託張為之，張又推之內政部長及外交部次長（部長出國），於是張只負第三小時解答疑問之責，而由黃講第一小時，胡講第二小時，三人互不相謀，黃所講為耕者有其田一名詞在總理文獻中之考證，而當前所謂內政，只在其今年所擬舉辦之四工作，宣讀其名稱，有文不對題之感，胡則所講多為國際現象，不知此題目另有一課程，且腔調高低不均，大半聽不清晰，最後張解答問題，更多依違兩可，官調花腔，空疏不實，一併引起極不良之印象，此為今日最不佳之課程也。同學錄開始印製，須預繳印刷費五十五元，而上週下山前不知之，乃商同室彭君代為墊繳，一面聯合國大代表數人請亦在受訓之會計科長（國大秘書處）轉向秘書處商借應補助之旅雜費二百元內一部分，希望能不待下週即予歸墊。入院已十天，大致均頗就緒而習慣漸成自然，即滿山之硫磺氣息，今亦不甚含有刺激性矣。晚，舉行區黨部分別召集之小組會議，余在第五小組，並擔任紀錄，其實只為一種抄寫工作，因院內習慣發言必交寫好之發言條也，余於會議時間趕辦抄寫，就寢前即已完畢，今日討論題目為如何加強小

組活動，余發言有兩點，一為機關黨部連同各級黨部內
之基層組織一律取消，使此等黨務工作人員均勻而普遍
的分配至各區域小組內，庶可使黨員與黨部間減少隔
閡，多知活動情形，而提高對黨的情緒，第二為討論子
目列有如何輔導黨員就業一項，此事固屬重要，然須先
澄清觀念，即輔導就業乃黨對於黨員應負之責任，但並
非黨員對黨應有之權利，以免使黨員為自私而入黨云。

業務

訪留院研究員內政部社會司司長劉修如，詢全國會
計師公會復會問題之現狀，據云該會因未合大陸遷台全
國性民眾團體之最低條件，故未准恢復活動，只指一非
公務員之理事保管，故對於具體業務自不能以全國聯合
會有所活動云。

11月12日　星期三　晴晚雨

受訓

上午，照例研讀訓詞後，第一堂課為沈昌煥之「國
際現勢」，所述為自十月間起之國際間若干大事，因採
取零星取材之方法，可以免系統準備之繁也，渠所談者
無深刻問題，無機密消息，但能以詼諧出之，反足以吸
引大家之注意力，沈氏為中央第四組主任，又為政府發
言人，所談應付中外記者之技術，頗多可笑之處，但未
能免於賣弄，但此人確富於機智，例如講畢答問時，有
華僑詢以回海外後如何指明政府在外之政策，使外國人
不誤解，中國人能明瞭，渠答云，此當參酌總裁各項訓
詞，改頭換面即是一篇，如此說法，實是答而未答，未

答而答也。第二堂課在下午，為李壽雍氏講匪區財政經
濟，經濟部分比較詳細，財政部分多出於估計，土地部
分最為簡單，材料支配不甚均勻。聽課時多有油印之大
綱，亦有未備此項大綱而所講毫無條理者，筆記亦屬不
易，亦有雖備有大綱而不照次序講述，或詳略不均者，
此為一般課堂內永久而普遍存在之問題，余所感覺不同
者，即余在大學時對於此等材料或方法均能適應而有有
條理之筆記，此項筆記多用文言，詞藻當場修飾，而又
不用再度抄寫整理，現在此種能力已經不復存在，隨堂
筆記可謂凌亂不堪。

游覽

中午休息時間凡一小時半，同徐嘉禾、劉鳳文兩兄
步行游覽後陽明山，此地相距約二、三公里，時間恰合
需要，計由此出發，多傍山路而行，右峰左谷，樹木豐
茂，下望則平原遙入眼簾，淡水河如帶，開闊之極，一
路曲徑最後達於後草山之公園，柏油路即止於此，公園
利用固有之崗坡，為蜿蜒之山路，引遠山之溪水，成園
內之綠波，可謂匠心獨運，聞此園在日據時期為私人花
園，今則供眾游覽，盤桓半小時而返。

娛樂

晚，研究員舉行第二次晚會，係請五十二軍康樂總
隊由新竹前來演出話劇，劇名「家園戀」，凡四幕，費
時二小時半，故事在寫一群在大陸某城初陷匪時各種人
物之形象，終結於反共者之勝利逃走，但此項出路並
無明白寫出何以成為可能而必然，故事內不合情理而牽
強之處亦多，高潮時對話有若干力量不夠深入者，故作

為宣傳劇觀之，尚屬可看，作為成熟之話劇，則尚不夠
也，演員大致尚佳。

11月13日　星期四　大雨竟日

受訓

　　上午，照例研究宣讀訓詞，寫作心得，講述課程，
為周至柔報告當前軍事三小時，係分敵我兩部分，詳於
敵而略於我，尤其數字方面，但亦可比較知之，周氏謂
陸軍預算（或係三軍，未完全聽明）為六十萬，此為眾
所周知之事實，又謂共匪飛機有一千五百餘架，敵眾我
寡，則我方空軍力量亦可推想也。下午，黃少谷講總動
員問題，係以行政院之國家總動員計劃為講述對象，只
有首段說明我國今日之所謂總動員實包括若干在其他國
家之平時工作的理由，尚有道理，其分講政治、社會、
文化諸種動員內容時，非詳此略彼，即渲染附會，生澀
不堪，可謂為一項失敗的演講。晚，舉行政治座談會，
其方式為由研究員提出問題，不限範圍，由參加之講座
數人綜合解答，今日原訂參加者為嚴家淦、浦薛鳳、黃
少谷、朱懷冰、阮毅成、程天放等，但到者只有朱、阮
及嚴之代表陳漢平，浦之代表項昌權等，各類問題提出
甚多，答覆者第一為朱懷冰，現任行政院設計委員會副
秘書長，發言依違兩可，完全官場中人，二為財政部次
長陳漢平，渠擇財政經濟一切非他人所能答復之問題完
全包攬，費時甚長，而聲調特低，十九無人聽到，最後
為阮毅成氏，係根據憲法及自治法規等答覆若干研究員
之法律方面的詢問，條分縷晰，引經據典，闡述層次分

明，措辭中肯簡賅，不惟在今晚參加人中無其匹敵，即
二週來所有講座亦無出其右，可見從事講學，非有常識
學問與條理方法，即不能構成充足之條件也。座談於六
時起，直至八時二十分始告結束。

瑣記

　　在院起居狀況十餘日來已漸漸定型，大致晨六時為
規定起床時間，余因須寫日記，且六時後盥洗室太擠，
故提早半小時，六時半升旗早操，運動畢，七時十分早
餐，七時四十分至八時五十分研讀訓詞寫作心得報告，
九時至十二時上課三堂，十二時午餐，中午至下午二時
為自由支配之時間，用於看報或雜誌，二時至五時又為
上課三堂，五時半晚餐，六時半到八時半或為黨務小組
活動，或為各種座談會，或為游藝會，尚有兩晚為自
習，此時即須補作各項紀錄報告之類，至九時規定熄燈
就寢，余多利用此時至浴室洗溫泉，因此時不若九時前
之人多，且九時就寢為時太早也，總之每日時間支配完
全刻板，無何伸縮。

11 月 14 日　星期五　陰雨

受訓

　　上午，研讀總裁訓詞之篇目為「土地國有之要義，
並論民生主義與共產主義決不相容」，此篇為所有研讀
篇目中最難了解者，蓋總裁所解釋之國有係一種象徵性
的，實際則仍為農有，此項理論是否顛撲不破，殊難言
也，余於寫作心得時，提出以下之意見，一為民生主義
與共產主義是否相容，只有所謂共產主義係何所確指，

蓋如指一種理想社會之抽象觀念，何有不可，如指當前
中共或蘇聯而言，則只可名曰布爾希維克主義，根本不
是共產主義也，二為土地國有從其象徵意義言之，可另
有一證據，即以前我國租賦歷來併稱，可見田賦與地租
不易分別，以現在習慣名詞言之，人民之土地耕種權實
類似一種頂權，因人民不能抹殺國家之主權，而國家亦
不能否認現耕戶之特有權利也，三則市地在現階段應採
平均地權之辦法，即報價值徵稅，漲價歸公，照價收
買，但此次反共抗俄基本論內未提及照價收買一節，新
訂政綱內雖有限制市地面積之規定，較之照價收買意義
亦非全同，故此點應補充也。第一堂課為羅家倫氏講蘇
聯研究三小時，準備雖甚充分，而發聲嘶啞過甚，擴音
機不起作用，在後者聽講過分吃力，因而一般情緒反不
甚佳。下午功課為唐縱所講共匪黨政組織及活動，時間
為三小時，自然所講不多，然於其輪廓及特性則均扼要
指陳，再對照所發小冊，大致可以明瞭。晚間為自修，
無其他活動，余以二小時之時間閱讀研究院所刊中共建
政概況，凡二百餘頁，其中關於中共政府之組織型態、
理論根據、機構作用、最後目的，均有敘述，尤其人事
方面，由其中央政府以至各大行政區，省與行政公署，
均有名單列入，機關之龐大，人員之眾多，可謂曠世所
僅見，但據列寧所謂一官十民之標準尚不夠云。

瑣記

　　本月一日入院時以制服一套先著，另一套持赴事務
部分修改袖口與褲管，第二套修改完後余當場即將第一
套之褲更換，續予修改，而上身則決定不改，換後離

去，移時來取，只記有褲而忘有掛，於是持褲而歸，置
於院備木箱，未加措置，近日須有換洗必要，同時因檢
查書目，遍箱搜索不見，始發覺制服問題，苦憶原因，
始知為十餘日前事，記憶衰退往往有此等拖泥帶水之
事，今日已申請事務室查詢。

11 月 15 日　星期六　雨
受訓

上午七時半起寫作聽課心得報告，指定由本週講述
之功課內三門中之一門擇一寫作，余選定內政與外交，
原因為此兩門係兩人講述，既無小冊，亦無大綱，雖可
據之處不多，而可以發揮之處則不少也，約一千五百
字，於九時半交卷。上午十時起至十二時為讀訓心得討
論，分組辦理，每組為五十人，兩小時內每人均須發
言，故每人只有二分鐘，討論題目為由現行教育觀察其
利弊得失，係根據「改造教育與變化氣質」之訓詞，余
所發意見為充實童子軍教育之精神部分，日行一善，久
之必有變化氣質之功，又書法教育有美術性、文化性、
道德性，不可失傳，反為日人所笑。下午程天放氏講匪
區教育文化三小時，係預擬大綱印發，屆時等於宣讀，
且毫無深刻的理論，故聽者多認為淺薄，至第三小時接
近休假，課堂內空氣已經浮動，殊為表現不佳。五時下
課後，乘車進城。
師友

中午，舉行魯籍同學談話會，到二十餘人，聞此為
歷來各期人數之最多者，決定俟第四週舉行簡單之聚餐

及攝影，並每一宿舍推定一人負責聯繫工作云。

業務

　　晚，在台電勵進會參加華威漂染廠之股東大會，先聚餐，後討論其建設計劃及公司章程，此項章程為余所代擬，經先作報告，說明要點，然後未經週折，即行通過，但亦有略經爭執者，一為股東之人數問題，一為盈餘之分配問題，通過後未寫明日期，以備將來辦理登記不逾法定之半月期間。今日參加華威之會，本係義務性質，故余只代為草擬章程，登記手續由該公司自辦，不料今日彼等又見除章程而外應準備之事項尚多，故又將託余辦理一切，近來此等義務案件最多，終日為人作嫁，而自身反收入寥寥，家庭經濟拮据萬分，設非德芳支配得當，幾有無以為繼之虞，反之，委託人方面且多不相諒，譬如宜蘭縣警察局長欠公費半年，去信追索，回信仍模稜兩可，上週問介紹人張玉如，至今亦無回音，均使人寒心，助人雖為快樂之本，而物質上之壓迫亦殊嚴重也。李移生晚間來談，長記公司案尚未有具體辦法，商船同業圖謀吞食魯人債權，曾出價二成二，未予允諾，此外李出名起訴一事，須證明債權本息數，余允代備。晚，楊天毅兄來談工廠週轉不靈事，正設法向中央財務委員會與正中書局求助。

11月16日　星期日　晴

業務

　　上午，丁暄曾君來訪，余將應辦事項面予交囑，一為據報告方治已將所保管之中美藥房帳冊交來，但附函

聲明，須約集封存人會同啟封，目前須注意其封條，並
注意保管之，二為昨晚李移生來託出具證明，緣長記
債權人中推出李君以其債權中之一筆九萬餘元者向法院
告訴，以便將來在法院有其根據，但借款條上未寫明利
率，依利率管理條例，法院難免將來判令照官利之半數
算息，造成一枝節之例，故周旋冠律師主張由會計師出
一證明，寫明余已查核其帳冊並與債務人代表人陳寶麟
會計師會同核算本利至七月底，按官息為若干元，以便
後日出庭時可以面呈，此稿余已擬就，即交丁君謄寫，
備明日李君來時交其帶去。上午，訪金輅君，談中美藥
房訟事進行事，據云中美門面有程怡秋願買，但手續及
價格尚無具體輪廓，帳目則已由法院通知廖兆駿會計師
提出，但廖聞尚出差未返，此外則下週須遞一更詳細之
訴狀，補充第一次狀之不足，至破產聲請則尚未辦出，
亦須待至下週，余則告以方希孔保管部分帳冊已經交
出，但須會同啟封，此事在廖帳未交出以前，不必急急
云。分訪吳崇泉、鄒馨棣兩會計師，談後日公會開會之
對策事，緣台灣實施耕者有其田明年即須出售五公司抵
充地主之地價，行政院有估價委員會之組織，請公會推
一會計師參加為委員，此事須在公會商討，余意仍應堅
持過去輪值之習慣，則輪至余與吳兄兩人處，因余二人
合辦一案，尚應再合辦一案始輪過也，至於此外思染指
者尚多，應先反對其方法，又鄒君云，陳德馥輪接勞工
保險基金會委員，以將其待遇全部歸之公會之條件始
肯接受，此為對公會之一大諷刺，如乘此時機將公會
案完全變為義務，只准支有限度之車馬費，確足以止

息以後之若干爭執，吳兄希望余後日開會務須下山出席，余未定。

師友

下午，逢化文兄來訪，余知其為楊天毅兄欠款事，略談即又談及渠謀生產會職務。

受訓

晚，回山後舉行生活檢討會，每五十人為一組，每人發言兩分鐘，余學號最後，故亦最後發言，報告生活經驗為有恆並不覺難（日記、記帳），必改不易（吸煙），惜陰似易實難，報告人生觀為有為有守日新又新，但除有守一節尚略能不失，其他均不能也。

11月17日　星期一　雨

受訓

晨起照例研讀總裁訓詞，時間與上週同，仍為一小時，但不復寫作心得，將於星期六日分組任擇一題寫作一週之心得。十時起，舉行國父紀念週，由院長主持儀式並訓話，今日參加者尚有已經畢業之各研究組組長，訓詞為對於七全大會各項須身體力行，不可敷衍塞責，在院研究員為七全大會後之第一期，尤須對大會各項切實研究方案，並作為實行之依據，歷時十五分鐘，即指定同學讀七全大會政治報告，歷時二小時始畢，院長始終聚精會神，在旁設座聽讀，讀完後禮成，在禮堂後面照相，此或為補作開學典禮之紀念也。下午，由劉杰氏講保密防諜二小時，並討論一小時，劉氏為在山西從事此等工作者，所講親切有味且言之有物，妙趣橫生。

晚，舉行各區分部聯合黨員大會，首先投票選舉下週黨
政業務演習之任職人員，其候選人係由各寢室選出復經
小組長聯席會複選確定者，縣長、黨務特派員及區長、
宣慰組長均為每人選一票，鄉鎮長則每人投兩票，均採
圈選方式，投票畢，另室指定人員開票，即接行演說競
賽，聞此項競賽之內幕目的為在畢業典禮中產生致答詞
之學員代表，今日參加者共廿四人，每人限時為五分
鐘，三小時始畢，題目係事先由區黨部擬定數十則，由
報名參加人自行認定，所認之題多為反攻誓師詞及反攻
收復後某地第一次集團結婚證婚人致詞，等類，惜無
一十分得體者，反之且多插科打諢，以博以笑者，評判
除指定專任者外，全體同學皆為評判員，此法在使全體
與會者非聽不可也。

瑣記

　　上週不能尋到之制服上衣，經各關係方面再查詢，
均謂不知下落，今日全體換新衣，余乃利用此時機，至
第三課切實查詢，一工友謂當時拾於辦公室，日久不
領，又行歸總，既有其事，當可檢還，乃同其開櫃補
取，尺寸號碼相同者不見太多，偶遇一件相同者，即行
取來，穿著之時見袖口內摺摺縫過，適為余前次所見之
件也，可見院內辦事對全體有關者多能普遍求其迅速確
實，偶發事項仍屬無人認真服務也。昨夜宿舍住次又有
更動，余為上舖，此後半月恐皆為上舖矣，略有不便，
但尚可得較好之睡眠，課堂位次亦已調動，皆上週之最
後一排者，又移前六排，聽講及光線均便利多多，但本
週課已不多矣。

11 月 18 日　星期二　雨

受訓

上午，研讀總裁訓詞「政治的道理」，在闡發中庸九經之理，甚切實而詳盡。九時起由總講座陶希聖氏作本屆專題研究總說明，本屆專題為七全大會本黨的路線之研究，陶氏提出研究的方法與把握線索之要點，分析極為清楚深刻。十一時起舉行分組研究之召集人的會議，非召集人者即只自修。下午二時舉行各分組預備會，推出小組正、副組長，及草擬研究大綱之起草者，即行散會。三時至五時，台省主席吳國楨講台灣建設，首對此次南部颱風之損失作一公開的報告，損失相當嚴重，為光復後所未見前見者，次就民族、民權、民生三方面說明台省府之施政，雖一是以百分比為基本，不能謂為不得要領，然失之枯燥，則係事實。六時至十時舉行匪情研究座談，全體出席，指導之講座有劉杰、季源溥、鄭介民等，就同學中所提之有關大陸上的問題一一解答，最後由彭孟緝主任解答其主持保安司令部肅諜工作之情形，因其中有詢及其以前辦案情形，如有特別曲折者可否加以描述者，渠即說明三十九年二月抄辦洪國式一案時之技術，洪初時工作對象為空軍，故即先在台北站旁之空軍食堂作刺探工作，我方即派茶房偽裝之防諜人員與之周旋，後經其介紹出外作小販，從事工作，但互不知住址者達半年之久，及斷定其有離開企圖，而無同工者同時發覺，本不應拘捕，但時已不及，結果設計候我保防人員與其約在車站內見面時，發動突擊檢查，渠身分證無誤，而係台中者未來辦流動戶口，以此

為由拘留，尚有其他偽裝人員以同一理由拘留，均用覓取保人二人之方式放回，洪則先覓二人，一為和平日報中人，二為保安司令部參謀，經立即查出匪諜文件，再令其換保人二人（佯謂二人先未找到）又然，結果由此四人線索而破獲洪之全案，此種工作技術並非一成不變，但臨時設計，在於巧妙之安排，彭氏又謂其辦理保防工作之主旨絕不採取所謂寧肯枉一百不肯縱一個之見地，但枉者必釋，而真匪諜則任何情面絕不瞻徇云。

業務

今日下午台北市舉行會計師公會理事會，余本亦應出席，但終日大雨，且往返需時，故決定不往，並先電話吳崇泉兄請其代請公假，今日之會在討論對外來以公會為對象之案件是否照次序輪流以及如何輪流，余在山上不能實際參加，亦無可如何也。

游戲

研究院內有勵志社所辦康樂室，前日張出文虎及詩句推敲，徵射有獎，余經過數日來之思索，始全部作出，今日抄清送往，茲將原文記錄於下，以誌雪泥鴻爪云爾：文虎部分，凡十四則：薑，四書一 →苗則槁矣－孟子；十八個月，成語一 →一年半載；陌生客，縣名一 →新鄉；季夏，韻目一 →六月；貧而樂者何故，小國名一 →義大利，智利亦通；雀躍，縣名一 →聞喜；朱毛何物，字一 →鬃；孔孟家鄉，時人一 →鄒魯；假的差了一段，真的少了八分，字一 →值；劉秉恭，韻目一 →二十號，其學號也；哀真道之不行，外國地名一 →橫須賀；裏體，四書一（必有寢衣，長一身有半）

→論語；兩點一直，一直兩點，字一 →米；合則不利，
縣名一 →分宜。推敲部分為七言、五言各五句，每句
各空一字，而附五字任選填其一，原題及應徵如下：花
落中庭月影篩（交寒涼清）；詩僧酒伴相尋（鎮日兩
互）；腹有詩書氣自清（澤華豪雄）；鳥鵲無聲夜欲闌
（已漸半向）；盡日吟詩嘔肺肝（苦見吐愁）；酒盡撫
空瓶（羨戀愛臥）；微笑隱香扇（袖幃屏嫷）；草木皆
可愛（畏久傳敬）；蟲聲急欲喧（嘩哀亂尖）；誰寫少
年狂（姿態時容）。

11月19日　星期三　雨

受訓

　　上午，研讀訓詞篇目為行的道理，在以天行健君子
以自強不息闡明「運行」之理，由人之行為之本然，證
明此行實不艱難，此篇對於孫文學說發揚之貢獻甚大。
上、下午六小時時間用於專題討論前有關資料之研閱，
首先由昨晚推出之起草討論大綱之代表報告所擬大綱之
內容，於是展開討論，歷一小時未能解決，余即發言，
認為不必再事討論，因第一此項大綱各組均分別擬定，
只供整個之參考，第二今日總的大綱即須發下，如無限
制討論下去，不能交卷反失提供參考之作用，當經無異
議通過，其實此項大綱最不妥善，不過堆砌一些概念，
如欲應用，則尚須大加修改，而今日無可能亦無必要
也，討論完畢後，分別研究資料，余略翻檢張其昀「三
民主義的理論」，無所獲，又參閱中共黨黨章，其中精
神頗多可資借鏡，因完全為一鬥爭體，即不問思想如

何，大可參考也，至其他理論部分，多牽強。

娛樂

晚，舉行第三次晚會，先由在台同學致詞歡迎海外同學，並發茶點，繼由李棠華技術團表演獨輪車、穿刀、穿火等，康樂總隊表演街頭劇「不知道」、「我要嫁給當兵的」。

11 月 20 日　星期四　雨

受訓

上午，研讀訓詞篇目為陽明知行合一學說與總理知難行易學說之比較研究，此篇在以「知」字之涵義的不同，說明兩家之說皆只在斷言行之不難，陽明所謂知，係指良知，乃人人具有，不假外求耳，總理之知則指學而知之因而知之之知，故謂知難而行易，故謂此二說並不矛盾云云。今日未上課，上、下午各舉行分組討論會三小時，討論大綱係由總講座根據各組之初稿加以綜合發下者，但在討論過程中仍發覺有若干問題不生歧見，因而不能發生對立之討論，亦只有流水帳式的將各人意見加以羅列而已，今日已將大綱之半共兩大段討論完畢，上午為第一段，即黨的組織型態，下午為第二段，即黨的政策路線，其中又分政治、經濟、社會等方面，政治部分余未發言（上午亦未發言），經濟政策部分余發言提出三點，一為依本黨政綱有鞏固公債債信一點，其實應指在台灣以後之公債而言，其大陸時期者早已不談信用矣，即在台灣者亦非十分注意技術，不足以樹立信用，即如僑務會議通過之美金公債，將在海外發行，

還本無確期，只謂反攻大陸後，如屬僑胞有此愛國熱
誠，不妨捐獻，否則應有還本確期，以公債為名而捐獻
其實，此惡例不可開也，二為提起發達公營事業，皆主
嚴公營私營之別，不知公營事業之存否有一基本問題，
即先求健全，後求發展是也，例如台灣銀行之腐敗，即
在大陸時之金融界亦無一行可與相比，此等機構如徒言
發展，無非更利其從業員之假公以濟私？三為合作社應
改善與獎助並重，政綱內所定應重視農村合作社，自屬
不錯，但不應因台北市一時之現象，而竟連健全發展之
合作社亦一併抹殺，此因噎廢食也。對於社會方面，余
主張除害重於興利，如社會黑暗面之中間剝削階層，舊
的未亡，新的又生，使將來若干人均以中間寄生為務，
黨員亦且不免，此而不改，黨將無以結合民眾也。下
午，總裁開始約見研究員，本期起為每十人一組，共十
分鐘，余在第五組，已談過，先問心得，余謂黨校畢業
後與黨漸疏遠，今日又喚回二十五年前之生命，有新生
之慨，次問現何業，余謂國大代表，執會計師業，最後
問年齡，余告以四十四，遂全體告辭，余見其較為注意
者為年事稍輕者。

11月21日　星期五　雨

受訓

上午，研讀訓詞「科學的道理」，此篇頁數甚多，
僅讀即已用五十分鐘。今日上下午以六小時之時間繼續
討論七全大會後黨的路線，今日為第三、四兩段，第三
段為建設台灣與反攻大陸之關係，余未得發言機會，

下午第四段為如何促進黨內團結建立反共抗俄聯合陣線，第一節為如何促進黨內團結，其下又分三點，余就第二點發言，為如何打破派系觀念與關係，大意謂派系之存在自非良好現象，但鑑於數年來若干小組織之已經自行消滅，可見此問題亦不必看為太嚴重，小組織之消滅方法，精神上或治本方法為切實奉行總裁變化氣質之訓詞，使以前種種譬如昨日死，以後種種譬如今日生，技術方面亦即治標方面，應先知所謂派系究為何物，然後研討其如何消弭或防止，余意吾黨之派系，均不以政治主張相號召，故嚴格言之，實不符名，派系之組成分子，多為同鄉同學，乃至親戚朋友，故其結合乃本於現實之利害，今為消弭之或防止之，不妨發動一種自清運動，使各機關與黨部主管均將其所用之人的來歷關係，一一坦白，如此一來，庶可真正逐步做到政策決定人事矣。第二節為聯合陣線之建立，余對於以下第一子目「如何加強與各黨各派的聯繫工作」發表意見，認為現在所謂友黨即以反共抗俄標榜之知識分子，主張與本黨毫無不同，而必欲標新立異，其真正目的乃在於討價還價，但以講價錢之方法應付之，徒使治絲益棼，不若簡單明瞭，表示政權絕對開放，願來者絕對容納，但須不附任何條件云。晚，自修二小時，討論會之分段結論已經執筆人將前二段作成，於自修時宣讀，與原發言記錄多有出入，蓋因討論時實際並未隨時做成結論，不過記錄若干累積之意見，整理時自更加剪裁矣。

游戲

　　前日所記之文虎與推敲游戲，今日揭曉，得獎品牙

刷一支，文虎揭曉只對七則，其不對者為第一則莫能
興、第三則新賓、第五則安道耳、第六則舞陽、第七則
匪，十二則衣服不備，十三則慎，推敲所填之字，則余
所填者無一與揭曉者相同，想係用字之是否恰當與韻腳
不能兼顧也，茲亦寫於下以供參證，第一句填交字，第
二句鎮，三句華，四句向，五句愁，六句臥，七句屏，
八句敬，九句尖，十句容。

11月22日　星期六　雨

受訓

　　上午，首先寫作研讀訓詞心得報告，其方式係由自
星期一至五間五篇讀過之訓詞中，指定兩篇任選一篇為
寫作篇目，余所選者為「政治的道理」一篇，余所發揮
者為中國政治思想之獨特特點乃在於人文主義，此為西
方文化之以宗教與科學二者為其基本者大不相同，因政
治以人為本，故修身乃為一是之本，近年來有認為中國
之不進步乃在於未能全盤西化，此實本末倒置之論，中
國接受西方西化與日本同時，日本未喪其所守，故迅速
成功，中國則鄙棄固有文化，結果只餘西化之軀殼而無
其靈魂，故此篇訓詞之所指實為一政治上之根本問題，
並非只為一理論而已，云云，此項寫作之篇幅與上週
之逐日寫作者相同，時間僅一小時。下午，上課三小
時，為鄧文儀講黨政設施演習之有關事項，此等事項
皆將於下星期實施。課畢五時休假下山。本週比較前
兩週鬆弛。

交際

晚，在武昌街立法院俱樂部參加校友會所約集之聚餐，包括三種方式，一種為同學會歡迎此次受訓之華僑同學由海外來台北五人，另一種為本期全體受訓之同學共二十餘人，此外即同學會之代表即各常務理事，席間由劉振東先生致歡迎詞，並先後由各海外同學報告其在海外之情形，頗多足以使人刺激感情之處，歷二小時始散，近來余對於此等場合甚少參加，因母校有二十餘年之歷史，前後同學不相識者佔多數，而情調與精神亦不能保持前後一致，派系亦復複雜，非十分相知，竟無可談之話，自然無味也。

業務

晚，李移生兄來訪，據談長記公司案，渠以個人名義提出之民訴已經勝訴，即依據上週余所開之本息數令被告清償，此後即為執行，但並未提出聲請，現請余備一各登記債權之總表，此表如與對方會計師陳寶麟會同蓋章更好，余允下週下山後為之交涉辦理，又債權人間互相折衝之債權買賣讓渡一事，其中商船同業集團方面出價至二成五，即每債權一元彼等出二角五分，即切斷對亨春輪之請求權，此事尚未有何明朗化之趨向。

師友

晚，楊天毅兄來訪，為其主持之振中印刷工廠，除債權外尚有代正中書局裁紙似尚有懸欠，意似有何不實不盡，故正中正在調查，渠現在最重要者為將帳簿提出，以便審查，或和解或破產，均不致無所依據，因余無暇，欲與鄭旭東、牟冀三商洽云。

11月23日　星期日　有陣雨

業務

上午，鄒馨棣會計師來訪，談星期二會計師公會開會討論經濟部出售公營事業估計委員會委員之一由省公會派人參加事，此事本應按照次序輪流，但會場中發生預料不到之提議，謂此係特種案件應另行推人參加，結果以程烈當選，程在會場揚言將請經濟部先出公費二、三萬元云云，此議提出居然得多數之通過，而此等支持者之中又不類夙昔有何道義者，故余忖定其中必有陰謀交換條件，蓋出售單位共為五家公司，設每家公司為一小組，則實地估價之會計師必有一至二人，此等人選即可在裡應外合之形式下，由此數人包辦去矣，惟程向來對任何人無道義信守可言，將來是否尚有分肥不均之事，乃至案件不能履行而破裂之事，則尚不能斷言，若就公會而論，此案發生後，將進一步造成惡例，隨時可以不採用輪流方式，只須場外交易價錢談妥即可以強取豪奪，此團體之存在意義亦僅矣。

師友

上午，到潮州街訪曾大方兄，因渠上週來訪未遇也，據云其所服務之電影公司最近即將更換總經理，更換後必將查核帳目，希余注意其發展，勿錯過機會，又台南一電影院發生營業稅罰款問題，電影院之立場為其營業稅收入包括片商一部分在內，雙方按成分配，此部分片商另完營業稅，則影院方面不應重徵，但事實上各影院一向均係照全額完納，稅局之解釋無非為認定雙方之營業行為係屬戶不相屬，有如批發零售之關係，但道

理上以及會計處理上均嫌牽強，此道理如能在稅理上有強固之解釋，則全體影院均可參加委託交涉，公費不在少數也，曾兄又談及該公司會計顧問凡四人，其中有程烈在內，此人與省黨部郭某有關係，向獲支持，而程在處理其業務時百般需索，甚至所寫報告亦另開八、九百元之工本費，殊屬駭人聽聞，余尋繹其原因，程之作風惡劣固是一因，而黨部內必另有勾結分肥之徒，亦屬當然之推理也。

集會

中午，參加山東輔導漁農生產基金保管委員會，各委員對上週病故之職員朱永寶動用款項不無議論，經決定推人審核帳目，余未俟會終，即行早退。

受訓

晚，陽明山舉行第四次生活座談會，討論本院生活旁及一般社會現象，二小時散。

11 月 24 日　星期一　雨

受訓

上午，研讀訓詞兩篇，一為調整業務與改進黨政關係，此篇為抗戰初期在重慶所講，其環境自與今日不同，但所指各種毛病，幾乎十餘年來照樣存在，政界風氣之一無進步，真堪浩歎，二為設計觀念的統一與確立設計工作的基準與重點，此篇為今春所講，乃針對行政院設計委員會工作上之缺點所發出之糾正，所示各點，確有見地也。九時全體分乘大卡車十輛出發至石牌國防部動員幹部訓練班參加紀念週，並為該訓練班之第一期

結業典禮，由總裁主持，講動員之重要，及黨務政治與軍事配合之重要，不過十餘分鐘即朗讀「科學辦事方法之示範」訓詞，此篇內容即係講動員之重要性者也。下午及晚間無課，只研習有關之資料等，分別集中於各研究室。

交際

　　中午，本期內之國民大會代表同人三十餘人在飯廳聚餐，並交換有關之各種意見。

瑣記

　　落雨一週，皮鞋之橡皮後跟忽有一隻告落，無法可想，先行同期之彭賢林同學借用運動鞋一雙，一面查詢有無釘補皮鞋者，詢明非在台北無法修補，乃向勵志社找尋有無洋釘，據告院內有木匠做工處或可尋得，於是持鞋往尋，終得三數略長之洋釘，釘至一半處即須壓之使倒，以免穿透，此事雖小，亦表示凡事必在無辦法中想辦法，最後仍不致無辦法，故天下無難事，只看是否用心思而已。在院受訓已近尾聲，生活習慣均已漸漸適合，所見情形有極能引起深刻印象者，於此亦雜記之。院內禮堂共容有桌之座位三百個，但每次紀念週均須有他方人士前來參加，即院內數職員人數亦不甚少，均臨時將桌子移去，添置椅子，此等事往往在二、三小時內料理清楚，且不聞喧騰之聲，桌子本均有號碼順序，復原後，完全無誤。寢室每室十二人，計雙疊床六張，每星期換位一次，以便於互相認識，又前半月之在下層者，次半月必移上層，反之亦然，以資平均，余下半月即在上層，上下雖有不便，但睡眠反好，因翻動時所受

影響比下層為小也。院內圖書資料室設備甚佳,藏書在
萬冊以上,報刊則隨到隨列向不遲滯,利用者甚少,蓋
每期只為時一閱月,日常功課多已感覺累重也。浴室日
夜開放,為天然之硫磺溫泉,若干人每日入浴,余亦
於臨睡前必先洗浴,因肥皂須用流水,故僅隔日使用
一次云。

11 月 25 日　星期二　雨
受訓

　　上午,研讀訓詞後,九時起研閱演習資料,其實多
數人皆為準備下午之相互認識表或已經準備就緒即開始
作研究報告,此即習慣所稱之畢業論文,題目前日發
表,由二十餘題中自行選擇其一,有人在山上自行準備
者,亦有人與山下聯絡代為撰寫者。下午二時起,填寫
相互認識表,規定每人十份,包括自己一份,此表之內
容日昨即為好事者所悉,紛紛約集交換資料,余本不欲
有所動作,後見此風甚盛,如無條件的填寫他人,結果
不免成為片面,故亦只好分頭約集九人,其中有文墨可
自行運用者,則各自默契,否則或另有希望他人能照己
意填寫者,則均將自己希望之事項寫成交之對方,對方
亦然,屆時此表發下,果有秉筆直書左右逢源之妙,余
自填者內容如下:信仰三民主義及領袖二十八年來未稍
動搖(此條為思想);學識:因學習經濟,故所知者以
金融會計方面為多;品行:以人格保證,生平未貪污,
未騙人,未欠錢不還;個性:偏重自我修養,往往與世
寡合;生活:自知檢約,量入為出,不奢侈,不浪費;

指揮領導能力：曾主管兩省省銀行，自信尚能指揮如意，領導有方；文字語言：運用文字尚能自如，英文有相當通曉，日、德、法文略識之無；經驗與特長：銀行與會計二項為特長，並有二十年之經驗；儀態：待人接物必欲和睦嚴肅，諧謔知有分寸；適任工作：銀行、主計、稽核；綜合評述：學識專而不博，對人誠實，服務時期往往直道而行，雖社會多所讚譽，而時常遭人暗算，又凡事不喜干求，亦覺處處吃虧，但亦安之。此外九份之項目與上同，另有兩項為認識時間與交情深淺，為本人一份任其空白者，余所填之九份為蘇長庚、孫立國、蕭新民、原思聰、張鴻傑、符錫圭、吳竹銘（以上余將要點送去者，至於送來照填者為蘇、孫、張、符四人）、吳越漸、徐嘉禾等共九人，九人中除孫、吳（竹銘）、徐三人外，其餘六人皆為在院初交，因照規定雖不限制填熟人或同鄉同學，而終以生人為佳，余之六位新友，既非同鄉亦非同學也。晚，為黨政業務示範演習，係放映本院十八、十九兩期所製之演習電影，內容拉雜，又由五十二軍政治部演出話劇式的光復、綏靖、自治三時期鄉公所的措施，腳本為本院所編，頗有意義，內容亦佳，惟四幕（五場）所需時間較長，至十時半始演完。

11月26日　星期三　雨下午晴

受訓

上午，研讀訓詞為關於黨政業務實施演習之講評，其中分析將來大陸敵人破壞物資改變人性之種種可能，

甚為透澈。上午，舉行分區業務演習預備會議，係按各鄉鎮之區劃將各部門參加人員召集討論若干有關之聯繫事項，但不能得到十分具體之結論，演習者皆無任何經驗，等於暗中摸索也，據出席參加輔導之留院研究員云，前數期演習時連現在之各種方案計劃業務書亦無之，現在製成之三本皆為累積數期之經驗而來，故事前之相當準備雖有需要，而不能一切顧到也。晚間又舉行分業研討會，由擔任縣府經建科科長之同學召集，費時兩小時亦可謂毫無結果，開會之始先研究全縣人口問題，對於此數發生若干爭議，但其實並非一種最後決定，因經建科並不主管戶政，只因不能有人口根據而從事計劃，遂有此一場無結果之研究。又討論合作事業時，余係擔任演習時之鎮合作社經理，經將方案計劃與業務書之有關各項規定加以參照，同時翻閱縣府施政計劃，發覺合作社是否應以接收之方式予以處理，尚無一致之見解，提出後聞之會議中所發言論，更覺混亂，可見此項演習除非連續的實施，繼以連續的檢討，恐無法有所成就也。下午，由台北市警察局警員來實施軍事動員演習，以作示範，計分兩節，一節為分局接到動員令時由改變辦公室布置、核對名冊名簿、整理令狀、交送令狀止，包括與若干有關機關之電話聯繫，第二節為派出所收到分局送交之令狀，交警員按址分送之實況，並應召員接到令狀後四天集合檢查之情形，應召員部分係真正民眾二十人，演習甚整齊迅速，歷二小時始全部完畢，此項演習因十分具體，且有成規，故容易有所表現，尤其若干小節最易引起注意，如傳達命令之複敘，

以及隨時核對時間，言明動員第幾日等。

交際

　　晚，在院山東同鄉之研究員聚餐，到二十餘人，本定於今日照相，因雨將日期延後。

譯作

　　連日利用課餘之零星時間翻譯雜誌文一篇，費時約十五小時，字數約八、九千，原題為 The Price of Money: Treasury vs. Federal Reserve, by George Soule, *The Yale Review* 本年夏季號，余未從事譯作幾已十餘年，故進度不速。

11月27日　星期四　晴　夜雨

受訓

　　晨，研讀訓詞在飯廳舉行，因大禮堂另有用途，九時起即須為黨政業務演習之縣政府所在地也，今日所讀者為對第十七期畢業典禮之訓詞，聞此次為為時最長之罕有的訓話，全篇三十餘頁，確有相當的內容。九時起黨政業務設施演習開始，全體三百人，多編入戰工大隊，其餘一部分作為地下工作人員之出現及覺悟的民眾，開始時先在大操場集合，升旗，檢查裝備，報告要點，宣誓，然後排隊進入縣境，由縣長宣讀命令委派區鄉鎮長，即以某中隊某分隊規定為負某任務，率入縣境，一時鞭炮齊鳴，民眾夾道歡呼，宣傳工作人員復喊話發傳單，情景相當逼真，余支配為二中隊三分隊隊員，隨松江縣新橋鎮鎮長入駐，任合作社經理，上午工作為受鎮經建股主任支配清查固有之鎮合作社情形，計

造現存物資與現金表一份，又造想定之資產負債表一份，上午各部門均屬暗中摸索，照演習計劃所定項目酌量自辦，或與關係方面商洽合辦，尚有一部分同學約十餘人均係以民眾姿態出現者，即在大辦公室之後部佔椅坐而閒談，無所事事，故秩序並不甚佳，下午二時起賡續辦理，余接縣府經建科電話召開合作會議，遂將議決案付之實施，於是進行事項有公告登記社員，造社員名冊、理監事名冊，等項，並草擬一項新章程，直至五時始畢，是時統裁部輔導員始宣布填送之作業報告，須將作業附件附入，而余日間所辦公文已將附件送縣府，尚須明日取回矣，今日演習情形，除室外部分及宣傳部分之壁報、號外、標語一類易於表現之事外，其餘似均無甚表現，而最難者為此等演習不若昨日所看之動員演習，事事具體，且無彈性，此則事事假定，而假定太多，又不能逼真，欲求逼真，又無如許時間與人力，蓋每一機關只有一、二人，今日演習光復時期所包括時期為三個月也。晚，演電影慶祝松江光復，為一鷹獅出品剪接世界史實片，由第一次歐戰至今日，另一片為美國新聞處之譚繼吳音樂學校情形，配音極佳，最後為環球出品兩小部卡通片，計一小時半而散。夜十二時緊急集合，敵人回竄，各就機關所在集合，然後在大操場集合點查人數，講評迅速秘密尚能做到，確實靜肅則尚差，其時大雨襲來，寒風甚冽，遂解散，於一時再度入睡。

11月28日　星期五　雨

受訓

　　上午，研讀訓詞兩本，一為黨員宣誓之意義，二為雪恥復國之典範，前篇在說明立誓必須信守，若干人認為兒戲，雖未必即受黨的制裁，但最後必無善果，後篇以越王句踐之故事闡明所謂生聚教訓之現階段的任務，均在訓詞中為比較簡單明瞭而又含意甚深者，九時起為業務演習之第二天，今日想定之時間為松江縣光復後之第二年至第三年，此兩年屬於綏靖時期，上午為第一年，下午為第二年，因包括時期較長，故不單獨處理個別事件，只先將全年工作立一計劃，造表送上級機關，繼即造工作報告，下午亦然，惟年度屬於次年度，余之職務為合作社經理，所造計劃有增招社員，召開常年社員大會，召開理事會議，召開監事會議，加強生產合作，推廣消費合作，辦理運銷合作，發展供應合作，試辦信用合作，及參加合作業務競賽等項，其中會議事項假定為每年若干次，均如期舉行，而每次均足法定人數，增招社員部分，計算全鎮人口，均已每戶一社員，業務部分如配售物品，貸放耕牛，存放款項，運銷出口物資，均依據生產狀況予以假定填列，使之合理，下午亦然，只將年度改換，並增加代理縣庫等業務，均各時將計劃表與工作表送鎮政府，另外又作一簡短之二年零三個月工作報告，亦送鎮政府，另外屬於院方考核事項，則有作業表，昨日一張，附有所辦文件之附件，今日兩張與工作計劃及報告，大體內容相同，一併送轉統裁部。晚間舉行分組檢討會，均對於假定之不切實際，

逼真程度之不夠，縱橫聯繫之凌亂，勞逸不均之情形，
一一提出，責人者多，自責者少，其實老鴉一般黑也，
余未發言，因結束時另有意見表，將演習經過、一般優
點、一般缺點及改進意見，均已逐項填明。演習時又有
插曲，即綏靖時期終了已達自治時期，舉辦縣長民選，
居然自上午起即有二人競選，另有三人登記而不競選，
此競選之二人自演說、廣播，以至以面盆代響器之游
行，均一一展開，煞有介事，下午投票時均不准在場內
活動，於是自由投票，結果年齡最長之華僑同學陳靜濤
當選，半小時後，所謂松江中興日報即有號外發出，如
謂逼真，則無過於此者。

11 月 29 日　星期六　晴
受訓

　　上午，以一小時之時間寫作一週來研讀訓詞心得，
余為第一宿舍，指定兩題，一為黨員宣誓之意義，二為
設計工作之重點，余作後題，提出意見四點，一為原訓
詞所指摘之三種設計工作的缺點，實只為一種自私心
理作祟，因設計委員會各委員多係由大陸而來，其本身
不能無利害關係，此利害關係有意無意影響其所設計之
方案，二為設計者必須知其為專家不必為通才，而通才
之重要遠過於專家，總裁主張設綜合小組，此中人選應
取通才，但應嚴格提防鄉愿之以通才的外表濫入，三為
設計工作必須針對大陸收復時之狀況，此刻所設計之方
案決不能即束之高閣，以待反攻，在此期間，且應密切
注視敵情，隨時修改已成之方案，使不致貽閉門造車之

誚，四為各設計委員皆為以前大陸之政府官吏，對於實際狀況容有隔閡，應以其靜思之所得，參酌今日台灣之實情，求理論與事實之一致。自上午九時起至十二時止，連續自下午二時起至五時止，為前數日專題研究七全大會中心理論之研討總結論之集體討論，全體參加，並有主席團十人，另有指導講座數人參加，但發言指導者只有上午黃季陸部長，下午陶希聖總講座，黃氏講民權初步對於今日會場之適用上的距離，舉出細事數點，頗為中肯，但惜文不對題，下午陶氏作講評，其中有分析所謂聯合陣線之運用，有分析政黨之所謂外圍，有闡述政黨幹部與從政人員之區別，前者在從事鬥爭，後者在以政策決定人事，所述皆委婉動聽，此項結論討論完畢後，即將由預定之三人於本期結業後留院三天，整理作最後結論。晚，舉行黨政業務演習總結檢討會，首由擔任演習單位主管者七人作六分至十分鐘之報告，然後由講座鄧文儀與主任彭孟緝分別作講評，前者注重演習之技術，後者注重演習之意義。

寫作

　　準備結業用之研究報告，選定題目為「收復地區之財政制度」，參考書皆由院內所借所發，此等書再應用時始發覺未必全切實際，故僅酌量引用，今日執筆已將初稿完成，約得七千字，數年來未執筆為文，頓有生疏之感。

11 月 30 日　星期日　晴

受訓

　　上午七時半起至十二時止，以四小時半之時間從事研究報告之寫作，其實因題目早已發下，多數人均已定稿，只因今日當堂發給用紙，故必須於今日謄寫耳，余所寫者為日昨所做之文，即收復地區之財政制度，原文本有七千字左右，抄寫時酌量將可刪之處或可刪之句隨時酌量刪去，故實際寫十三張紙，約六千五百字，完竣時即已十二時矣。下午二時為實踐座談，將全體分為兩組，每組一百五十人，按號次每人將預擬之「實踐諾言」當眾宣讀，並寫於欲印之空白紙上，以一張自存，以一張交院，將刊於實踐週刊，此項諾言在以前若干期有採取宣誓方式者，現在用此方式，余所擬者為「堅定思想，服從領袖，求精求進，即知即行，有為有守，日新又新」。下午四時起，由副主任倪文亞報告結業研究員之聯繫與編組辦法，均為手冊內所已刊，不過重加說明而已，說明畢，預習明日結業典禮內之禮節及致辭，禮節一點由院內少將司儀說明示範，動定有節，音調鏗鏘，而又簡潔緊湊，不蔓不枝，演習畢，即由前數日預選之致答詞同學各將成誦之詞稿表演一次，結果以演說競賽第一名之張本立當選，至於詞句方面則毛病太多，例如有「負荊請罪」並將大陸淪陷之責歸之於己，更謂非院長之責，殊不得體，最後且謂祝政躬康泰萬壽無疆，更屬不倫不類，當已為時已晚，未能詳細討論，但院內當再修正，必無疑義。同學錄於今日印成分發，分本期與以前二十期兩部分，本期有銅版照片，前廿期則

只有通訊錄。同鄉同學及國民大會代表同人連日紛紛照
片留念，今日國民大會代表部分已將照片送來，同鄉則
尚未印成，同學亦然，此等事風靡全院，實為一種浪
費，因陰雨中之照片皆急就章也。

娛樂

　　晚，為第四次晚會，先分發勵志社所舉行之排球、
籃球、乒乓球、象棋、圍棋、跳棋等比賽之獎品，均為
錦標一個，又將全體同學送院禮品郎魯遜雕刻之總裁像
作呈獻儀式，即由郎君代表，院方由代主任彭孟緝代表
接受，繼即為鐵路局國劇社之京戲，周金福之連陛店、
陳小潭之白水灘，均尚好，而甚短，大軸為坤票關文蔚
之全部天雷報即青風亭，關飾張老，唱做繁重，無不中
節，且二小時半始終不懈，難得之至。

12 月 1 日　星期一　晴

受訓

上午，練習歌唱一小時。十一時舉行紀念週及廿一期結業典禮，由蔣院長主持，即席訓話約半小時，後由同學代表張本立答詞，禮成，中午聚餐，院長於飯後又有勗勉，飯後解散，即紛紛換衣作歸計，旋即帶行李搭交通車下山返寓，至此一個月來之受訓生活即已完全結束矣。回憶月來集體生活極其生動有味，山上雜花生樹，水流潺潺，無論雨晨月夕，自然風物，如在畫圖，有此環境，無論修養為學，均屬不可強求，而生活有次序，起居有定時，無虛文應付之勞，均有足多者。

交際

晚，研究院同學在鹿鳴春聚餐並歡送本廿一期同學，計開七桌，尚有半數未到。

師友

下午，張中寧兄來訪，雜談研究院之一般觀感，殊多感喟，張兄一月來因余在山，家用不濟，自動墊款相助，盛意至為可感，而古道熱腸，更非一般所可幾及也。

閱覽

在陽明山以最後有餘之時間在圖書館翻閱書道全集最末卷，即廿六、廿七兩卷，前者為歷代碑補佚，頗多精品，後者為印譜，尤以明清浙皖諸家作品為多。

12月2日　星期二　陰
家事

上午，到安東街訪姜仁山姑丈，據云此次所買之房屋，原於成議時經賣主聲明有建築執照，但近來一再不肯取出，於是向警察局第四分局指控，定於今日下午負責交到，如再不交出，恐須在法庭相見矣，此事由實際情形言之，恐無何正式執照，故下午究將如何，亦尚在不可知之數，大約此處房屋曾經與其他房屋共得非正式之許可而無正式執照云。

師友

下午，吳崇泉兄來約同訪鄒馨棣會計師，商談在公會將來應取之對策，咸以為目前小人已連成一起，而君子道消，但君子雖非過半數，如能團結一致，隨時觀察小人間之利害矛盾，亦非全不可為，故與彼等保持自然之聯繫，仍為十分重要之事；又談省黨部新近擇定若干人民團體籌備成立黨團，會計師公會方面由吳兄前往接洽，經指定由余為正召集人，由彼為副召集人，此事運用得當自有可為，否則恐將又滋生新的糾紛，蓋會計師公會內無論是否黨員均成為一種不堪問聞之作風，今如用黨團方式將來能發生積極力量，彼等又將勢在必爭云。

12月3日　星期三　雨
師友

上午，訪楊孝先氏，其住所為文化招待所，據云，汐止中學之住所問題已告作罷矣，楊氏現每日工作除寫

字臨帖外，即為由西文畫報內剪貼圖片，經過選裁後張掛於牆上，其中有一幅曰：「勸君更進一杯酒，□□桃源好避秦」，桃源之源字誤為園字，經余指出始行看明，正籌劃如何改進之方，此外即談余在陽明山受訓期間之種種情形。楊天毅兄來訪，示余以其所營印刷工廠生產還債計劃，要點為正中書局以全力交印書刊，將營業收入每月攤還債務，其他各方債務亦均採此等類似之方，俟正中先答應以後，即行與其餘債權人商洽，其中有一戶為自由青年，保證人為第七倉庫合作社，由余為代表人，尚有東記行，以鄭旭東為代表人，保證責任為使其履行契約，有抵押品在，保人之責任為使其就而取償，晚間于兆龍氏約晚餐，余將此意與談，亦認為當如此解釋。

集會

下午，到省黨部出席各人民團體黨團籌備會，上官業佑主席，到有十餘團體，逐一作簡單報告，會計師由余與吳崇泉兄出席，由余報告實況，五時半散。

12 月 4 日　星期四　雨

師友

上午，徐嘉禾君來訪，閒談甚久，對於楊天毅兄之工廠週轉不靈事，認為已至不可收拾之地步，其今日主要來意為託余為其友人代向公路局催詢謀事之事，余因譚嶽泉局長赴日考察未返，只允屆其返時再說，並謂已一年未晤，說話有效與否，殊不敢必云。楊天毅兄來訪，謂其工廠之債權尚無公正而合理與共同之見解，目

前大債權人正中書局與自由青年尚各懷心思，尚有同鄉
友人等債權亦未必無其意見，工人工資亦為債權人之一
部分云。

業務

上午，鄭旭東兄來訪，談長記公司事尚無何和解辦
法，結果恐仍不免出於非破產之一途，又談及楊天毅兄
欠自由青年印刷保證金事，簽約係鄭之東記行與余所代
表之第七倉庫利用合作社共同作保者，鄭兄意因其有擔
保品，主張保證人去函債權人有所表示，以免永久負無
限之責任，余亦云然，但尚未成議。下午，到地方法院
檢察處訪史檢察官，因該處通知中美藥房債權人代表會
請轉知會計師到院查核方宏孝等被押前送交廖兆駿會計
師之帳，廖已送法院，今日乃由該處點交於余，余即開
單領來。

12月5日　星期五　晴曇

師友

上午，訪張中寧兄，不遇，余將上月所借之三百元
及所借革命實踐研究院書籍一、二十種，交其夫人代
收。楊天毅兄來訪，據云其所經營之振中印刷工廠因負
債多過資產，本正在與正中書局商討生產還債辦法，不
料今日姚公凱方面派車前來運取其以前借用之鉛字，但
此等鉛字正在排印自由青年，且此等鉛字亦為自由青年
預收印價抵押品，該自由青年為中央黨部所辦，自不能
任其取走，乃通知警察機關加以阻止，並因此發生衝
突，結果鉛字並未取去，而廠內大亂，如何善後尚在籌

議云。

業務

下午，因聞市稅捐稽徵處萬華分處曾派員前來查徵余之秋季報酬所得稅，乃於今日往該處接洽，與其主任陳可粵、股長白某及高明一君商談，余謂余係十月十日前如期申報，月底後即赴草山受訓，為期一月，在此期內雖見報載開徵之布告，但因余自知不及起徵點，故未過問，至於該處來與余事務所接洽，余並不知，該處之確曾來過，因查帳未有結果，故逕行查定，余應稅三十五元，余不認為有理由，但該處再三說明因為期已過，對於已核定之稅款早已報上級，無從再改，故事實上之困難希望余能了解，至於照余帳列之數根本不應完稅，可以於繳納後申請複查云云，余礙於高明一係晚輩不可再三計較，故即允予照辦，惟其稅單至今晚尚未送到，亦怪事也。

交際

晚，馮仙洲君請客，在座三、四十人，大體皆為山東同鄉，至宴客之意思尚未之知。

12月6日　星期六　晴晚雨

業務

下午，到商船聯營處參加該處召集之長記公司問題談話會，由儲家昌主持並報告，到者有債務人賀仁庵，自稱願意接受交通部之指示向該部提出請求轉洽司法機關宣告破產云，繼即由在座之債權代表表示願意接受，並推出代表人數人即將於最短期間按破產法內之和解程

序進行辦理，如不能取得協議，再按法定破產宣告程序
辦理，又此事因過去小船船員滋事太多，而債權人告訴
扣押大船等事均引起法院不合理之判決，致礙此案之合
理解決，將請交通部及司法行政部予以解釋改正，但事
實上未必有何效力，又在座者對於賀之自稱願意破產亦
多表懷疑。

12月7日　星期日　晴曇

聽講

上午，到師範學院續聽潘重規教授講論語，自上月
以來並未賡續，今日聞其所分類之內容，大約屬於政事
一部門，進度甚緩，據云全書講完尚有不少之時間云。

業務

山東輔導漁農基金保管委員會前數日開會時有委員
提出質詢，謂派在鹿港工廠之朱珍三雖已亡故，但外間
傳言渠濫支公款，有待查明，免資物議，經推定余與許
揆一與宋延平商量清查，日期即為今日，余到時許、
宋未到，只有主委孫伯棠與會計馬德夫，乃即著手審
查，其時期包括自去年十月至今年九月，大致去年十月
至十二月初均尚大致可以說仍過得去，自十二月下半月
直至今年九月則朱經手川旅開支，除每天日用費二十元
外，凡來台北均每天另支車費四、五十元，完全浪費自
肥，余一一審查後予以剔除，並由馬君加以彙算，據云
總計八千餘元，亦只能表面謂為收回，其實亦只能不了
了之，余所不解者，此事為時近年，而主管人全不在
乎，只知隨時核銷轉帳，今日有人提起，始開始審查，

而一切責任均在死者一人身上，毋乃太過滑稽也。

12 月 8 日　星期一　雨
師友

上午，趙培堯君來談聯勤總部軍需署組長牟君因所屬一補給區司令部盜賣軍糧案發，被牽連坐罪嫌尚未判決，其財產約值三十萬左右，聞確非貪污而來，現擬請律師辯護，將來提成為報，託余詢劉振東氏能否承辦，余下午轉詢，據云執業宗旨有四不辦，內容不明不辦，與社會為敵不辦，桃色案件不辦，小案不辦，此案渠不欲接受云。楊天毅兄來談其工廠存亡關鍵全在於正中書局能否接受生產還債辦法，因此外並無一顧客能與其生產配合云。

12 月 9 日　星期二　晴曇　寒
業務

前日約集中美藥房債權代表於今日來本事務所啟封該藥房帳箱，不料屆時均未前來，僅有金輅一人來洽他事，一為中央日報廣告費問題，余已向報社詢明，二為在債權會時期尚未委託余辦案時，曾言明由丁暄曾君幫忙，酌收薄酬，現債權會已有現款，即決定數目。
集會

晚，舉行小組會議，因上月余受訓，一月未開會情緒不佳，今日雖足法定人數，亦不踴躍。
師友

上午到經濟部訪張景文兄，不遇。下午，王金祥、

史耀東、逢化文諸兄來商楊天毅工廠事。

12月10日　星期三　晴曇
業務

　　盛錫福店東劉錫三君為其與大東公司之糾紛前來接洽，緣兩月前渠宴約各同鄉時曾將此問題提出，並由數人到大東公司面洽，未有結果，劉君現因聞悉大東總經理尹致中已由美回港，乃擬函致秦紹文氏等同鄉請轉函尹君有所懇商，劉君之函曾由劉旺才律師改正一次，但仍多不甚妥善之處，余再度加以刪改，始差強人意，然終限於其初意與措辭，不能完全如理想也，又其要求之數字在函內為一空格，渠請余代為計算填入，余將其本金部分按當初買房雙方出資比例，即總數舊台幣二億五千萬元劉君出七千萬元，照比例為百分之二十八，去年十月大東賣房所得價款為十六萬五千元新台幣，按比例應為四萬六千餘元，再加去年十月賣房獲價時起至上月底止，共十四個月，按照台灣銀行核定之商業銀行放款利率按月計算累積利息二萬餘元，合計共為七萬餘元，但側聞該公司尹君之代理人曾只出數千元，相距過遠，按此情形遂無結果，此信或將由秦紹文氏領銜，如能發出，當能得尹君之反應，但究竟能達到何等程度，則尚未可逆覩也，又劉君詢余公費，余未定，渠謂將總算。

12 月 11 日　星期四　晴

業務

開始查核中美藥房之所謂頭寸帳亦即內帳，此帳由法院取來後本等候與債權人封存之一部分帳冊啟封後一併核對審查，因約集不齊，遂決定先審查此一部分，余將各帳冊及表報先行瀏覽一過，見此部分帳表有能斷定為春間初次封存範圍以內者，可見該帳箱封存後確有私啟盜取之情事，惟此部分帳冊雖包括自卅九年至四十一年之存款記載，但無法可以斷定其為完整無缺，蓋帳內所載者皆為分戶之收付情形，其每日收付之全部的序時記載則未見有帳簿在內，另外則有每日之日結表，表內所記者為每日收付及結存總數，而無科目或戶名之細數可以相互勾稽，故如須明瞭此部分總帳是否包括全部之收付，勢須將各戶之同日的收付作一序時記載，然後互相核對，此工作則十分繁重矣。晚，魏盛村君來談，第七倉庫合作社今晚有特工模樣之二人前來探頭探腦，現該社並無何等缺點，諒非因楊天毅兄欠債問題，因渠常來或引起外間之注意所致云。

師友

晚，逢化文兄來訪，閒談，並託余為其保證向國民大會秘書處申請子女教育補助費。

12 月 12 日　星期五　晴

師友

上午到台灣銀行訪武震東兄，不遇。上午，到彰化銀行訪朱興良兄，因在余受訓期間朱兄曾兩度來訪未遇

也，朱兄在該行仍無何實際工作，據其向余表示關於受訓之意見，仍屬孤芳自賞之意味為特別濃重，此則時代使然，非朱兄一人為如此也。下午，訪吳崇泉兄，據云省黨部已另有通知，關於黨團之進行事項指示甚詳，吳兄意可在全體黨員尚未調查清楚之前，先擇理監事內約集五、六人交換意見，然後再行決定具體步驟，此點渠已與另一理事程烈談及，渠亦贊成，程為人險惡，仍以保持接觸為宜也云云。晚，蘇景泉兄來訪，漫談其十月間參加七全大會及接續參加革命實踐研究院受訓之種種感想，蘇兄亦屬曲高和寡中人，據云在陽明山時曾提出南京選舉副總統青年團支持李宗仁違背蔣總統之指示一節，說明派系問題影響之嚴重，此等話在陽明山為普通所不欲言者，或不肯言，蘇兄固快人快語也，蘇兄辭去後，余回味所言及晨間朱興良兄所表現之情調，深味今日政治上有正義感之士之多，彌足快慰，但又均不合時宜，冷落寂寞為可悲也。

12月13日　星期六　晴
師友

上午，劉階平兄來訪，談因今日下午會計師公會開會，渠不能出席，託余代表，又談及前次開理事會時曾有認捐之事，詢余意見何若，余謂余曾與毛松年理事在陽明山時交換意見，認為此舉無何意義，因公會無基金雖是事實，但以前會員承辦案件應提交公會之成數，至今無人照納，而又有願意提供全數為公會所得者，公會又不肯接受，此等莫名其妙之團體，本身萬分不健全，

少數人之輕舉妄動，殊無追隨附和之必要，云云，劉兄亦以為然。

業務

　　下午出席會計師公會理事會，首先討論常務理事會之辦事細則草案，集中研究於值月常務理事之制度的優劣問題，余發表意見，認為值月制度載立章程，不能再加修正，但值月常理之職掌不妨加以具體規定，超過此項範圍即為常務理事全體之職掌，余提出其職掌應只有四點，一為常理會之召集，二為文書之處理，三為對內對外之聯繫，四為緊急事項之處理，在座者對此無異議，而又不願獲得結論，復交常理會整理，以下又討論數案，結果亦無非模稜兩可，散會後深覺此等社會團體殊無存在價值也。

12月14日　星期日　晴

聽講

　　上午，到師範學院續聽潘重規教授講論語，今日開始講有關孔子之生活行為等經文，此部分以鄉黨篇為最多，鄉黨篇多衣食住行事記載，異字特多，夙視為難讀者。

集會

　　上午，參加山東輔導漁農基金保管委員會會議，討論案件五、六件，其中有關於上週余所查核之故朱永寶君報銷經費剔除八千餘元一案，余先說明上週本推三人共同審核，但只余一人到會，故所核只能作為初步工作，希望仍加複核，但會內仍即以余所核為根據，研究

處理之方式，決定以一千元轉作撫卹金，餘數掛作欠帳，至是否有收回之望，則不惶計及矣，此外並討論支付各項捐款之方式等，費時甚久，下午散。

交際

晚，劉錫三君在老大昌請客，到有秦紹文、裴鳴宇、趙季勳、馮仙洲及余，仍為調解其與大東債務糾紛事，決定由馮仙洲、于希禹等先作最後之努力，在此地先與該公司負責人接洽一最後之方案，一面由余代各同鄉起一函稿致在港之該公司總經理尹致中，表示希望迅速作合理之解決，如此地不能有成議時，即行聯合署名發信云。

12月15日　星期一　雨

業務

查核中美藥房之所謂內帳，其中大部分為記載存款，分戶為之，其記法亦甚特殊，即收本金時照數記入收方，亦有記於貸方者，然後凡付出利息時即記入付方或借方，收付兩方並不軋記餘額，其每日之餘額係照收入時之數目計算，此外亦無序時帳，只有支票登記簿，尚可據以看出欠人之情形與經過，又有與門市往來帳，可以看出明暗兩帳之互相間的關係，但無論係何者，均無原始憑證可以查核，而分戶各餘額又皆略於摘要，余今日整日工作之結果甚難得有一系統之印象，故只就法院所注意之地下錢莊及買賣金鈔行為之有無加以審核，發覺有數戶付款似乎為放公款項，又有數戶名曰「兌損」，亦殊可異也。

師友

　　下午，楊憶祖氏來訪，對於吳先培兄之近來禮貌多不周全，甚有微詞，楊氏云本於一年三節接受吳兄之現金餽贈，近來見吳兄態度不佳，決心以後有所餽贈不予接受云，余加安慰，認為對此等粗心處，可不必介意，順便表示歷來知楊氏之困難，而自身又無暇旁顧，故深覺愧疚，但對於此事向未提過，亦因非萬不得已，不可言傳也。

12 月 16 日　星期二　陰

業務

　　上午，繼續查核中美藥房之帳目，此部分為法院向廖兆駿會計師所調取者，因此一部分帳冊本身不成系統，未立科目，且無序時帳簿、原始憑證，故實際上查核極為不易，好在初步查核之目的為依照法院之要求將其帳內有無與地下錢莊或套匯有關之記載加以檢查，只就其有摘要之帳項而可疑者予以摘出，例如收利息即斷定其有放款，有兌損即推定有金鈔買賣，上午查完，下午約集債權人代表鄒希榮、金輅、林光旭三人來事務所對此等情形交換意見，三人亦認為可以斷定其有地下錢莊與金鈔買賣之事實，但因已查者為其內帳，尚有外帳本由債權人封存，後交余事務所，曾約原封存人前來啟封而無一前來，此部分帳對於當前之疑點或有幫助，乃臨時決定即由今日開會之四人眼同啟封，並逐一將各件點清開單會同簽字為憑，以免異議。有刊物「中國新聞」刊載中美藥房內幕消息極為詳盡，其中有提及第一

次在方宏孝家封存內帳事，將當時余著會計左谷清開出之目錄全文寫入，此項目錄不過一次示之金輅，而金輅則未說明此文與彼有關，且金始終參與債權會，該文後段謂余以提出查帳報告，且內容繪影繪聲，顯係望風捕影之談，亦不類金之所為，究係何情，真令人納悶也。

12月17日　星期三　雨

業務

　　續查中美藥房帳，今日大體檢視其所謂外帳，亦即昨日啟封之部分，此部分帳表原則上尚略有記帳程序，首為現金帳，由此而過入各分類帳科目，且有決算結帳之手續，但未見有由此而產生之表報，又此部分外帳自係以營業及費用等帳為主，余則特別注意其借入之款項，此等款項在帳上係用「往來」科目分戶記載，各戶多係內帳所列之戶名，而不若內帳之多，想係任以若干戶戶名姑作記錄以表示外帳之賅括性，實際則只包括內帳吸進頭寸用於外帳之營業一部分，其餘則不見於外帳也，詳細尚待續查。長記輪船公司債權人律師周旋冠索登記債權表，希望能與債務人之會計師共同蓋章，以便送法院備案，此事余交丁暄曾君與陳寶麟會計師洽辦，今日辦妥。稅捐稽徵處萬華分處派二職員來面詢余之會計師登記申請書，所問者注重業務淡旺及有無帳簿，余告以有帳，亦即未再問而去。

12 月 18 日　星期四　雨

業務

草擬致台北地方法院之中美藥房查帳報告書，此項報告書所涉及之查帳對象為地院檢察處所交來之該藥房內帳，但此項內帳並無時序，亦無憑證單據，帳內摘要亦詳略不一，故不能為全般之查核，只能由其一部分帳項內之值得懷疑處加以列舉，故文字無多。

師友

晚，蔡文彬醫師來訪，談將買受日產房屋一所，因原住戶負債累累，恐債權人有何糾葛，與余商洽如何始為慎重之道，余謂不妨請律師登報，但如對方索債完備，有政府租約與住戶退租申請書而又可以知曉其並無質押情事者，即不登報實亦無所謂，此則須斟酌人情為之，又談及是否必須同時向政府承購，此則無連帶關係。

家事

上午，姜慧光表妹來商所買安東街房屋刻已斷定為臨時建築，其執照有效期間為一年，顯然受有欺騙，應採何對策，余認為首須向其要求房款兩退，不必要求急於訂約，俟對方要求付清尾款時再以向其他住戶揭穿其弱點為武器，向其再度講價並訂約，以為將來出頂之地步，或可略有若干價款，但大體上總不免於吃虧也。

12 月 19 日　星期五　陰

業務

上午，由丁暄曾君將昨日余所草擬之中美藥房有關

資金運用部分帳目查核報告書及致法院公函繕就，下午
交丁君送往地方法院檢察處，此部分帳目只為法院所交
查者，本身不成制度，亦無科目，故報告書內申述查帳
方法即占去數百字，蓋為避免引起誤解也，最後數點始
言正題，謂帳內有記收息之處，有記兌損之處，又存入
外幣黃金之總數多出付出之總數遠甚，其如何運用，大
值研究，最後並謂此帳記載簡略，問題眾多，應請票傳
該藥房會計左谷清來余事務所以供查詢，此報告書共只
兩頁。

師友

晚，在程烈寓所約集會計師公會理事內之黨員同志
開會商討黨團之進行方法，到者有程烈、毛松年、鄒馨
棣、吳崇泉及余，研究結果，先向中央黨部將全部理監
事之黨籍查出，將來選舉幹事時主張人數應有全體黨員
之半數，現在估計黨員人數約有十三、四人，故幹事有
七或八人即可控制全體，程君又報告其參加扶植自耕農
公營事業出讓估價委員會事，其言甚誇，藉知並未實地
工作。

12月20日　星期六　晴

業務

晚，長記輪船公司債權團代表會在開封街二段五號
開會，由周旋冠律師提出應付當前局勢之辦法，大致現
在所能因應之他方動態，幾乎已成無可施為之勢，故只
好改弦更張，出以主動方式，其方式有二，一為將債
權數列表送請法院參加已經判決假執行之造船公司與本

債權團李移生兩方面之訴訟，二為聲述理由，逕向法院
聲請破產，此事本為上次開會賀仁庵面允照辦，而承辦
之商船聯營處數日來又無進展，設不能自行打開出路，
將拖延無期矣，至於向法院狀請參加分配，本已有在余
處登記之債權表可據，此表在送出前尚須補辦之事為：
（1）該表已由余與債權人代表會計師陳寶麟會同蓋
章，應由余保存，另抄副本送法院，（2）登記時未報
明真實姓名者務須由各債權人向余處報明，並留印鑑，
然後將表印成多份，以備應用，討論至九時餘始散。

師友

　　下午，來訪者有鄭邦焜、逄化文諸兄，逄化文兄數
日前即向余借錢，今日始有錢相借。

交際

　　上午，到信義路秦紹文氏處拜壽（六十整）簽名而
返，其日期為舊曆十一月初四日。

12 月 21 日　星期日　晴

聽講

　　上午，續到師範學院聽潘重規教授講論語，分類內
之飲食一部分已於今日完畢，並開始講衣著一部分，其
中若干均涉及古時之禮俗與生活習慣，頗有興趣，例如
講必有寢衣長一身有半，採寢衣作被衾解之說，即極有
見識，謂茹毛飲血之後初有衣裳，必肇端於最寒之時，
是必夜間重於日間，夜間所用者則寢衣也，亦即被也，
又說文訓衣謂二人同被掩蓋，衣之篆文固是此形，若干
人以為難解而反對，今衣作被解，則此問題即迎刃而解

矣，此諸說均有獨到之處。

集會

下午，出席國大代表黨團小組會議，討論奉令研讀
「反共抗俄基本論」之方法，決定回家自讀，下次開會
報告心得，組長張益東君又報告有關代表事項，一為關
於發動建築房屋事已由中央黨部打消，此後只有改變方
式由聯誼會改向行政當局交涉矣，二為年會各代表之公
費聞已定為五百元，舟車照支，三為自明年起待遇全照
簡任三級，張君對此頗有得色，似為彼等發動者之一大
貢獻，其實自以廁於官吏之林為榮，亦徒見國大代表中
妄人之多也，況今所得者幾乎全出於奔走呼號，嗟來之
食，反以為肥甘，真為今日之憲政一哭！

12月22日　星期一　晴

業務

上午，長記輪船公司債權代表李移生兄來洽重抄債
權人明細表事，因以前所抄只有戶名而無真實姓名，在
登記之初本限登記者須登明真實姓名，但仍有少數未能
照辦，故須補行辦理，一面即據以重新將表填就，決定
填寫時用正副三本，或可不再用油印矣。

師友

李洪嶽律師來訪，閒談其業務及事務所仍須設法移
來城中，以免鐵道北之交通不便情形，其同事務所之崔
致淇會計師則欲於移居後連同眷屬亦同住一處云。

瑣記

前日函新思潮月刊社，將譯盟軍總部出版之日本土

地改革一書詢其能否發表，今日接電話，謂可照辦，並
希望將精彩部分務全譯原文，餘則摘譯。至中央黨部第
一組第七室，附會計師公會會員名冊，請代為查明各會
員之黨籍情形，以組黨團。

12 月 23 日　星期二　晴

業務

前將長記輪船公司登記債權數與該公司代表陳寶麟
會計師核對後，將全部明細表送陳會章，經已照辦，陳
附有備忘錄，除一、二點因債權人未來核對渠主以帳列
數為憑尚有理由外，其餘尚有數筆渠竟不以帳冊為憑，
而根據該公司負責人賀仁庵口頭申述情形列入，可謂奇
談，其中又有一筆謂原申述數有誤，今日復來函更正，
多少之間幾乎隨心所欲，亦可異也。

師友

晚，同德芳到杭州南路一一一巷十八號訪林樹五夫
婦，閒談。又到信義路三段土地銀行宿舍訪陳天表夫
婦，並贈水果，因渠於中秋日來訪，曾有餽贈，迄今尚
無以為報也。

12 月 24 日　星期三　雨

師友

上午，到國民大會秘書處辦理年會報到手續，領去
旅雜費，遇由屏東來此開會之楊鵬飛、秦亦文兩兄，旋
即前來拜候，余約二人在渝園午飯，飯後回至余事務
所，適楊天毅兄來，而其債戶傅孟博太太踵至，不顧在

座尚有多人高聲叫囂，口稱訪劉振東律師先為其夫婦二
人離婚，然後與楊算帳，余等為之不能寧貼，乃同到華
興池洗澡，余來台進澡堂洗浴尚為初次，尚屬清潔，池
內有蓮蓬頭淋水，甚佳。佟志伸、趙棨瑞二君來訪。

集會

晚，循例舉行小組會議，到者只三人，未過法定人
數，略談即散，近來小組會較難召集，一因冬季天雨較
多，二因余在陽明山受訓期間組長由他人代理，影響情
緒之故。

12月25日　星期四　陰雨

集會

上午，到中山堂參加國民大會代表聯誼會四十一年
度年會，上午為預備會，以張羣為臨時主席，蔣總統到
會致詞半小時，多為勗勉之語，行政院長陳誠報告一般
行政，係將十月間在七次全國代表大會之報告重新分
送一次，並略加補充，此項報告早已刊諸報章，且並非
一年間之經過，反之，陳氏在立法院本月報告施政多有
機要性之資料，且只含一年間，材料較多，並不分送，
可見其對於國民大會與立法院之區別為何如者，報告
畢，推選主席團卅一人，授權整理提案，即行休會，下
午二時繼續舉行，討論提案，多照審查意見通過，重要
次要，琳瑯滿目，實際並無任何拘束性，所謂「自說自
話」，聊以點綴風景而已，主席胡適、谷正綱，均好。

娛樂

晚，參觀國大聯誼會晚會，由顧正秋劇團出演甘露

寺，與全本法門寺，前者平平，後者只看拾玉鐲即歸，
顧伶踩蹺串花旦，蹺功不熟，道白青衣腔重，做工不算
細膩，亦平平。

參觀

　　在中山堂參觀王王孫金石書法展，書法多，卜文金
文尚多可取，行書則一味狂放，流於荒誕。

師友

　　在會場遇陳長興兄，邀來晚飯，並承退贈紹南十年
前照片一張。張中寧、鄔繩武兩兄來訪。

12 月 26 日　星期五　雨

師友

　　今日來訪者有秦亦文、劉道元諸兄，劉兄在設計委
員會服務，夏間出發考察，患盲腸炎，開刀兩次，在台
中休養，余上月赴陽明山受訓，渠返台北時因未晤面，
故半年來今日甫見也，渠之來意為本屆台北市議員選舉
本省同鄉友人王讓千正在競選，希望余廣為拉攏。

業務

　　自楊天毅兄還債無力不敢到其寫字間以來，幾乎
每日均在余之事務所辦事會客，紛紜不堪，余數日來
無法安心做事，此等情形將延至何日能了，尚在不可
知之數也。

12 月 27 日　星期六　雨

業務

　　長記輪船公司債權人紛紛前來蓋章，緣債權團採取

之步驟為參加已勝訴之其他債權人的分配，申請狀須各
債權人一一用印，而準備之債權數額明細表亦有印鑑一
欄，原登記之債權亦有若干人在初時未留印鑑者，現
則均一併補蓋，而狀紙為將來繼續使用，又備十餘份之
多，故蓋章之事十分繁瑣，究竟能否一一蓋齊，殊無把
握，亦只好盡可能辦理而已。兩月來全無新的業務，舊
業務亦尚無收入，甚焦慮。中美藥房負責人昨日已由地
檢處起訴。

12月28日　星期日　雨

聽講

　　上午，到師範學院續聽潘重規教授講論語，此為
■■■，由孔子之衣食講至孔子之居處，所採之片段以
鄉黨篇為最多，其他各篇亦略有散見，但潘氏所講尚不
枯燥乏味。

師友

　　上午，李公藩兄來訪，渠刻服務於嘉義商業職業學
校，因事前來台北。下午，趙榮瑞君來訪，閒談。下
午，甄田芝君來訪，談目前一般蕭索聲中仍有利大可營
之業，其友人中有以手工織人造絲襪者，現有織機五
部，兩日可用人造絲一包，價五百餘元，出襪子九打，
每打可賣一百五十元，得價一千三百五十元，除去開支
等後，可淨盈四百元，月盈六千元，其資本亦不過此
數，現將欲擴充設備一倍，並將以前高利舉借之債款償
還，有意招股一萬至一萬五千元，股本一至二個月即可
還本，如東西兩方分配淨利，東方三、四個月後亦可全

部還本，所餘者將只為以利益換利益矣，此事甄君約余
參加作為股東，余允加以研究考慮，渠今日來余寓並答
覆上週所談買麵粉事，謂麵粉不易保存，如有霉變，反
生損失，目前如絲襪之織造為不易為一般所知，其實本
小利大云。

選舉

今日為全省各縣市舉行選舉之日，余於上午到氧氣
工廠投票，票為印出候選人加以圈選者，余選山東王讓
千君，因渠曾直接間接前來請託，曾允相助也。

12 月 29 日　星期一　晴

譯作

開始譯 *Japanese Land Reform Program* 一書，此書為佔
領日本之盟軍最高統帥部所出版，但寫有著作人之名
字，似官書亦似著述，故內容甚為簡精，余讀後有迻譯
之意，但又思有發表之所，以期略有收入，故與新思潮
月刊社洽商，作為預約，該社答復表示歡迎，已一週
矣，遲未著手，今日始開始工作，先譯首章摘要，近
三千字，費時三小時。

業務

連日所忙者仍無新的業務，不過長記、中美等家之
清算事宜而已，長記事將由各債權人狀請參加分配，債
權表製就，正通知各各前來蓋章，而前後參差，已數日
尚未辦結，此等事本極難使全體步調一致也。合作社方
面則趁年底將房屋略事修葺，以余所辦公之一間雨漏特
甚，故屋頂大加修理，天花板重新塗灰，並粉刷牆壁，

始稍現整潔，至該社業務在今年政府嚴格管制之下可謂
毫無起色，只勉強數職員之低度生活而已。

12月30日　星期二　晴

師友

因從事譯述日本土地改革一書，其中有關於日本之
行政制度與各種譯音之專名詞非一般字典可以查出者，
乃就教於台大法學院李祥麟兄，承供給參考資料年鑑與
字典，攜回備用。于仲崑兄來訪，探詢楊天毅兄工廠應
付債務問題之現情，楊兄數日未到，詳情余已不知，僅
聞正中書局所控詐欺已判決徒刑半年緩刑二年，而嘉中
行史君用貨向合作金庫共同押款事又遲遲無何結果云。
下午吳竹銘、畢圃仙兩兄來訪，閒談二人皆為革命實踐
研究院出身，二人在立法院之同學有二百餘人，昨日為
電費加價事被總裁召集訓斥，因為受訓者「前途有限，
後患無窮」云，亦諧謔矣。下午，崔唯吾先生來訪，談
張敏之冤獄一案已將山東同鄉上總統文交至國防部查明
核辦，但訪問周至柔總長探詢，則謂公文尚未到達，故
不得要領云，又談及立法院對於電費加價案爭執甚烈，
崔氏係同情政府者，故認為立法院內好唱高調之人皆有
作用云。晚，徐嘉禾兄來訪，閒談，謂楊天毅兄現在晚
間在彼處寄宿，而債務如何了結，恐決不能作任何樂觀
之預測，又談一無謂之笑談，謂某次何冰如到余事務所
訪楊天毅，午間余未留其用飯，事後揚言有所失望，
此人本以吃人為業，而竟能言之無何愧色，可見老辣
之至也。

業務

　　備就致台北市稅捐稽徵處之申請書，請複查余之業物報酬所得稅，並准予退稅，原因為余曾如期申報，未達起徵點，而接該處查定通知，須納稅卅五元，為遵守稅法，故予照繳，茲依法請求複查，並希依法於廿日內派人來複查云。

12 月 31 日　星期三　晴
師友

　　上午，到經濟部材料供應處訪江德潛副處長，說明渠日昨召集之革命實踐研究院結業學員第十九財經小組開第一次會，余因事未能出席之原因，並詢問開會之經過情形，據云決定辦法為每次開會時由三人擔任會場工作，計主席與紀錄、讀訓各一，均按次序輪流擔任云。下午，于懷忠兄來訪，談及中美藥房事至今毫無進展，渠亦不知代理訴訟各人之情形，于兄又託余轉交劉振東先生政大同學成績單數份，請其代為簽字證明，據云于兄之擔任此項工作係為數年以前，在台灣設有政大辦事處，握有印鑑，凡同學中有願申請成績單向國外接洽獎學金者均可接受審核辦裡，大致此等獎學金美國各大學均有設置，但如何申請，則尚須注重人事關係之請託，請託比成績則更加重要也，至於我國教育機關，則又須審查請求出國者之學歷，如為大學畢業者則請得兩年獎學金者即可准予出國，如為中學畢業者則須有四年之獎學金，且須在本國經過考試與軍事訓練後始可出國云。下午，逢化文兄來訪，據云係代表楊天毅兄與自由青年

旬刊社接洽還債辦法，現在擬議中之辦法為繼續生產，以所獲盈餘分成三份，一份還正中書局所虧短之紙款，一份還自由青年旬刊社，一份還其他債權人，以還清為完事，自由青年之債務因有合同關係，改善條件不易，現要求其作為還本，彼方似乎尚須維持利息，故不能接近，如果作為利息，則照生產還債計劃將永無可以清償之日云。

交際

晚，同德芳到仁愛路二段三十一巷四號訪丁暄曾夫婦，賀其生女，並持贈童衣與雞蛋等，到時僅丁君之太太在家，其本人外出，至余等辭別尚未歸來云。

附錄
發信表

日期	人名	地址	事由
1/11	陳長興	竹東	會計師參加會計講習事
1/11	于治堂	基隆	會計師參加會計講習事
2/5	朱佛定	本市	謝題招牌
2/5	韓質生	新店	國大臨時會問題
2/6	李德民	基隆	寄趙榮瑞履歷信
2/9	于國霖	台中	通候
3/10	夏忠羣	台南	詢製鹽廠近況
3/10	于國霖	台中	通候
4/16	陳長興	新竹	受任顧問之方式
4/17	林毓芳	台中	唁其弟喪
4/19	張玉如	本市	宜蘭警局查帳公費事
4/24	于治堂	大甲	會計師公會暫勿撤銷登錄
5/1	劉馨德	碧潭	事務所事容後圖之
5/13	吳伯實	台南	請勿北來
5/16	馬超羣	宜蘭	通候，查帳如何繼續
5/26	中政會第五組	中山南路	送自敍
5/27	陳長興	竹東	詢新竹校務情形
5/29	王孺民	林口	慰雷災
6/2	崔唯吾	碧潭	請代轉正中通函
6/7	陳長興	竹東	會計師公會大會請委託出席
6/7	于治堂	大甲	會計師公會大會請委託出席
6/7	魏壽永	台中	請來台北商中美討債事
6/13	李洪嶽	本市	太安行事
6/13	陳長興	竹東	會計師公會大會情形
6/13	蕭繼宗	本市	請代擬輓聯
6/14	李俊杰	台中	黃海股份，訪右民經過
6/20	吳崇泉	本市	中華計政學社入會表
6/25	廖國庥	本市	趙榮瑞薪級問題
6/25	馬教之	高雄	通候
6/25	陳長興	竹東	代完所得稅問題
6/28	韓質生	新店	汪聖農尚無消息
7/10	黃海公司	基隆	舊欠公費請續付
7/17	韓質生	新店	轉汪聖農信
7/17	鶴鳴商店	本事	應徵漢譯
7/18	王培五	潮州	索敏之信件
7/23	共同安全分署	台北 120 信箱	應徵會計人員

日期	人名	地址	事由
7/23	李耀西	內政部	印花問題
7/23	一女中訓導處	北市	紹南請軍中服務假
7/24	崔唯吾	新店	青市■及培五之信已到
7/28	王培五	屏東潮州	請再詢證件
7/30	李先良	台中	請為張鄒案備證件
8/4	劉幼亭	大甲	冷剛峯事
8/4	廖國庥	台灣農林公司	趙榮瑞事
8/4	劉文光	市府	技與藝訂單七份
8/4	李德民	基隆	鄉舍事請再聯繫
8/10	陳長興	竹東	請支持公會選舉
8/10	于國霖	台中	請支持公會選舉
8/10	于治堂	大甲	請支持公會選舉
8/10	馬敬久	高雄	請支持公會選舉
8/30	崔唯吾	新店	證件事請再函徐軼千
9/2	于治堂	台中	會計師公會大會委託書
9/2	于國霖	台中	會計師公會大會委託書
9/8	于國霖	台中	公會選舉代投票情形
9/8	馬善交	高雄	劉階平不能代投余票
10/3	李先良	台中	張案尚無分曉
10/9	王培五	潮州	寄柩費俟後再辦交涉
10/23	馬超羣	桃園	催送公費
10/30	李正忱	高雄	通候
11/10	王慕堂	西貢	通候
11/10	李俊杰	台中	通候
12/4	李俊杰	台中	賣黃海股票事

收支一覽表

月日	摘要	收入	支出
1/1	上月結存	16,140.00	
1/1	餅乾、香蕉		9.50
1/4	利息	210.00	
1/4	利息	337.50	
1/4	煙、報		5.00
1/5	煙		4.00
1/5	家用		100.00
1/8	香蕉、糖果		2.00
1/9	煙、戶口書		3.00
1/10	戶籍謄本費等		3.00
1/10	平價布十碼		70.00
1/10	家用		150.00
1/10	衍訓火食		50.00
1/10	紹中用、水果		3.00
1/11	本月補生費	100.00	
1/11	本月教醫補助費	30.00	
1/11	本月眷貼	100.00	
1/11	書		8.00
1/11	餅乾		8.00
1/11	香蕉、炸豆		2.00
1/12	衍訓買書、理髮		5.00
1/14	汽車月票		24.00
1/14	煙		3.00
1/15	衍訓車票等、發信		17.50
1/17	利息	270.00	
1/17	肥皂、其他		5.00
1/18	家用		100.00
1/19	紹中制服布		54.00
1/19	糖三斤、餅乾		16.00
1/22	理髮		6.00
1/24	下月生補費	196.00	
1/24	下月補生費	100.00	
1/24	漁農會車票	20.00	
1/24	上月實物代金補數	56.00	
1/24	玩具四種		33.00
1/24	紹寧皮鞋		50.00
1/24	肥皂		10.00
1/24	糖果		6.00
1/24	煙		10.00

月日	摘要	收入	支出
1/24	贈姑母水果		28.50
1/24	家用		200.00
1/24	立達工廠公費	500.00	
1/25	奶粉奶水各一聽		18.00
1/25	印名片定金		10.00
1/25	洗衣		1.00
1/26	印名片付清		4.00
1/27	車錢		60.00
1/28	車錢		11.00
1/29	車錢		10.00
1/29	煙		5.00
1/29	家用		100.00
1/31	煙		3.00
1/31	定報三個月		31.50
1/31	兒童書、英語文摘		7.00
	總計	18,059.50	1,246.00
	結存		16,813.50

月日	摘要	收入	支出
2/1	上月結存	16,813.50	
2/2	家用		200.00
2/2	利息（扣稅）	320.00	
2/2	利息	225.00	
2/2	利息	270.00	
2/2	藥皂		5.00
2/2	家用		700.00
2/4	奶粉二磅		25.00
2/4	衍訓用車錢		2.50
2/4	煙		2.50
2/4	昨日茶會攤份		30.00
2/5	衍訓本月火食		50.00
2/5	定做招牌		20.00
2/5	補襪、洗衣		4.00
2/6	汽車月票		24.00
2/6	牙刷		5.00
2/6	手套		10.00
2/8	本月眷貼	100.00	
2/8	本月醫教補助費	30.00	
2/9	去年下期所得稅		27.00

月日	摘要	收入	支出
2/9	衛生用品		4.50
2/10	酒、煙、發信、看電影		16.00
2/11	招牌價款付清		40.00
2/11	毛筆		8.00
2/11	理髮		5.00
2/11	餅乾、糖果、贈洗衣婦		21.00
2/11	衍訓車票		10.00
2/18	利息	270.00	
2/18	洗補衣		10.00
2/18	家用		210.00
2/19	肥皂、洋燭、煙		27.00
2/20	指甲油		9.50
2/20	衍訓車錢		3.00
2/22	車錢、煙		8.50
2/22	報		1.00
2/23	衍訓學費（家用內撥0.80）		5.00
2/27	賣糙米一百廿公斤	150.00	
2/27	家用		250.00
2/27	燈泡		12.00
2/29	絲襪一雙		62.00
2/29	糖六斤		11.00
2/29	草紙		2.00
2/29	書刊		4.00
2/29	廣告		104.00
	總計	18,178.50	1,928.50
	結存		16,250.00

月日	摘要	收入	支出
3/1	上月結存	16,250.00	
3/1	車票		4.00
3/2	衍訓火食		50.00
3/2	衍訓車票		15.00
3/2	棉花		6.50
3/3	汽車月票		24.00
3/3	理髮		5.00
3/3	車錢、鄰借		7.00
3/3	本月生補費	196.00	
3/3	本月補生費	100.00	
3/3	本月醫教費	30.00	

月日	摘要	收入	支出
3/3	利息	262.50	
3/3	利息（扣稅）	332.00	
3/6	家用		350.00
3/6	奶粉四磅		50.00
3/6	刻橡皮章、煙		10.50
3/8	紹寧看病■■		4.00
3/8	餅乾		6.50
3/8	書刊		4.00
3/8	鏡子		10.00
3/9	燈泡		5.00
3/9	煙		5.00
3/10	書刊、發信		2.50
3/12	書報、發信、電泡		4.00
3/17	本月眷貼	100.00	
3/17	家用		100.00
3/19	會計講習鐘點費	440.00	
3/19	家用		300.00
3/20	理髮		5.00
3/20	書刊		8.00
3/20	橡皮布一碼		32.00
3/20	餅乾三斤		18.00
3/20	洗衣		2.00
3/20	洋燭		4.00
3/21	汽車票		24.00
3/21	煙、車錢		6.50
3/24	煙、畫展、書刊		5.00
3/25	戲票		8.00
3/25	書刊		3.00
3/26	糖五斤		9.00
3/26	燈泡		6.50
3/26	煙		2.50
3/26	零食		1.50
3/29	書刊、車錢		3.00
	總計	17,710.50	1,102.00
	結存		16,608.50

月日	摘要	收入	支出
4/1	上月結存	16,608.50	
4/1	利息扣稅	332.00	
4/1	奶粉四磅		50.00
4/2	賣糙米40公斤	56.00	
4/2	樟腦一盒		14.50
4/2	肥皂十連		17.00
4/2	賞吳先培車夫		10.00
4/3	糖果一斤		5.50
4/3	書刊		3.50
4/3	餅一斤		2.00
4/3	衍訓旅行班費等		20.00
4/3	雜用		4.00
4/3	家用		200.00
4/4	糕餅、香蕉、洗衣		10.00
4/5	本月生補費	201.00	
4/5	本月補生費	100.00	
4/5	本月醫教費	30.00	
4/5	家用		300.00
4/6	茶會		10.00
4/6	同學捐助		15.00
4/6	煙、車錢		5.50
4/6	毛筆		5.00
4/6	主計法令		30.00
4/6	書刊		4.50
4/8	宜蘭辦案旅費	100.00	
4/8	火車、汽車、三輪車		21.00
4/8	煙、飯點		15.00
4/8	膠鞋		24.00
4/9	旅館、洗浴、車票		22.00
4/10	理髮		5.00
4/10	香蕉		2.50
4/10	衍訓火食及車票等		70.50
4/11	會計講習會監考鐘點費	40.00	
4/11	車錢、發信		4.00
4/11	牙刷、毛巾		10.00
4/12	車票		16.00
4/12	午飯、火車表、水果		8.00
4/13	早點、煙		8.00
4/15	車票		12.00
4/15	旅館三天		40.00
4/15	早點、甘蔗、車錢		8.00

月日	摘要	收入	支出
4/16	本月眷貼	100.00	
4/16	汽車月票		24.00
4/16	車錢、西瓜、雜用		8.00
4/17	西瓜、喪儀		6.00
4/18	請客及煙酒		91.00
4/18	德芳汗衫及紹南鞋		31.50
4/18	奶粉一磅		13.00
4/18	書刊		1.00
4/18	山東漁農會上期公費	1,000.00	
4/19	家用		140.00
4/19	紹中字典		10.00
4/19	稅務法規		10.00
4/19	奶粉十磅		120.00
4/19	牙刷、書刊		2.50
4/21	印花、書刊		6.50
4/21	家用		100.00
4/21	餅乾二斤		11.00
4/21	拍紙簿		5.00
4/21	煙		2.50
4/21	煙、報刊		5.50
4/25	書刊		2.00
4/26	徹利痛四片		6.00
4/26	雜用		1.00
4/28	售配給米 120 公斤	174.00	
4/28	女汗衫一件		18.00
4/28	糖五斤		9.00
4/28	家用		100.00
4/28	新生報 5-7 月		31.50
4/28	報刊		1.00
4/29	肥皂十連		17.00
4/29	香蕉、西瓜		8.50
4/30	理髮		5.00
4/30	洗衣		3.00
4/30	毛巾二條		12.50
	總計	18,741.50	1,734.50
	結存		17,007.00

月日	摘要	收入	支出
5/1	上月結存	17,007.00	
5/1	利息扣稅	332.00	
5/1	儲券 125 張變價	562.50	
5/1	衍訓火食零用		55.00
5/2	汽車月票		24.00
5/3	藥皂、報刊		3.50
5/3	紹南用		5.00
5/5	本月生補費	201.00	
5/5	本月補生費	100.00	
5/5	本月醫教補助費	30.00	
5/5	家用		300.00
5/7	書刊、藥品、箋紙		6.50
5/9	餅乾二斤		11.00
5/10	治牙		15.00
5/10	修鐘		10.00
5/10	發信		0.50
5/11	治牙		13.00
5/11	書刊		2.00
5/11	新中央查帳公費	1,000.00	
5/13	家用		150.00
5/13	衍訓車票、級費、書費、襪衫		40.00
5/14	黨費、書刊		3.00
5/16	發信		2.00
5/18	書刊		2.00
5/18	修理收音機		18.00
5/18	雜用、藥皂		4.50
5/21	汽車月票		24.00
5/21	趙季勳母喪奠儀		50.00
5/21	利息		143.00
5/21	理髮		5.00
5/22	本月眷貼	100.00	
5/22	家用		100.00
5/22	餅乾		5.50
5/22	紹南車票部分數		5.00
5/22	煙、書刊		3.50
5/26	車錢、書刊		3.50
5/26	家用		50.00
5/26	新中央查帳公費	1,000.00	
5/26	新中央本年上期公費	400.00	
5/27	立達工廠公費	300.00	
5/27	本月生補費	200.00	

月日	摘要	收入	支出
5/27	本月補生費	100.00	
5/27	本月醫教補助費	26.00	
5/27	紹南用		30.00
5/27	家用		100.00
5/28	家用		500.00
5/28	送于龍太太禮		40.00
5/28	糖五斤		9.00
5/28	書刊		4.00
5/28	糖果		2.50
5/28	衛生用品		4.50
5/28	奶粉二磅		25.00
5/30	打字油印		15.00
5/31	修皮鞋		7.00
5/31	郵票		7.50
	總計	21,358.50	1,799.00
	結存		19,559.50

月日	摘要	收入	支出
6/1	上月結存	19,559.50	
6/1	煙、車錢		8.00
6/4	汽車月票		24.00
6/4	利息	80.00	
6/4	請客		43.00
6/5	利息	313.00	
6/5	衍訓帽子、洗衣、理髮		42.50
6/5	家用		300.00
6/6	香蕉		3.00
6/7	書刊、零食、郵票		8.00
6/8	家用		10.00
6/10	書刊		2.00
6/10	煙		5.00
6/10	理髮		5.00
6/11	衍訓車票		15.00
6/12	發信		2.00
6/12	修傘		6.00
6/12	煙		2.50
6/12	肥皂		1.50
6/12	車錢		2.00
6/13	香蕉、餅乾		10.00

月日	摘要	收入	支出
6/13	本月眷屬補助費	100.00	
6/16	公司實務		20.00
6/19	宴客		186.00
6/20	書刊		4.50
6/20	紹因理髮、買菓、郵票		5.00
6/21	藥皂		3.00
6/22	車錢		2.50
6/24	煙、郵票、報		6.50
6/24	車票		5.50
6/25	家用		200.00
6/26	汽車月票		24.00
6/26	香蕉、煙		7.50
6/27	車錢		4.00
6/28	郵票、書刊		1.00
6/30	衍訓本月火食		50.00
6/30	衍訓洗衣買物		11.00
6/30	賣米 120 公斤半	156.50	
6/30	餅乾		9.00
6/30	理髮		5.00
	總計	20,209.00	1,034.00
	結存		19,175.00

月日	摘要	收入	支出
7/1	上月結存	19,175.00	
7/2	家用		100.00
7/3	衍訓三天火食、藥品		11.00
7/3	名片		12.00
7/3	煙、書刊		4.00
7/3	香蕉		3.50
7/4	藥皂		3.00
7/5	黃海公司顧問費	1,000.00	
7/5	肥皂、洋火、酵母片		20.00
7/5	四書集注		18.00
7/5	煙、書刊		6.00
7/5	利息、家用	120.00	120.00
7/7	漂布十五碼		86.50
7/7	本月生補費	200.00	
7/7	本月補生費	100.00	
7/7	本月醫教補助費	30.00	

月日	摘要	收入	支出
7/7	家用		300.00
7/9	預付修理皮鞋		50.00
7/9	衍訓車票、理髮		20.00
7/9	餅乾		8.00
7/9	牙刷		4.00
7/9	香蕉		3.00
7/10	郵票		2.00
7/10	黨費 5-7 月		6.00
7/10	家用		400.00
7/12	車票		24.00
7/12	衛生用品、煙		6.50
7/13	六、七月份校友互助金		20.00
7/13	修鞋付清		35.00
7/13	皮鞋四雙		410.00
7/17	鞋油、書刊、煙、包子		7.50
7/21	理髮		5.00
7/22	書刊		8.00
7/25	家用		100.00
7/30	本月眷屬補助費	100.00	
7/30	利息	210.00	
7/30	衍訓火食		60.00
7/30	府綢三碼		42.00
7/30	發信		1.00
7/30	家用		100.00
7/30	發信		2.00
7/31	會計師公會 12-6 月會費		70.00
7/31	車錢		1.00
7/31	衍訓上週吃飯		15.00
7/31	黨費、教災捐		10.00
	總計	20,935.00	2,094.00
	結存		18,841.00

月日	摘要	收入	支出
8/1	上月結存	18,841.00	
8/1	汽車月票		24.00
8/1	客飯		31.00
8/2	發信、書刊		1.50
8/2	本月生補費	201.00	
8/2	本月補生費	100.00	

月日	摘要	收入	支出
8/2	本月醫教費	30.00	
8/2	捐款		10.00
8/2	家用		300.00
8/4	餅乾、煙、書刊、發信		15.00
8/6	利息	105.00	
8/6	家用		100.00
8/6	煙、食品		5.00
8/7	贈宋志先兄食品		20.00
8/7	衍訓理髮		3.50
8/8	香蕉、發信、書刊		5.50
8/9	曹緯初喜儀		50.00
8/9	理髮		5.00
8/10	售黃海股票	1,000.00	
8/10	煙、郵票		4.00
8/10	家用		700.00
8/11	香蕉		5.00
8/13	餅乾		5.00
8/15	裕農公司公費	200.00	
8/15	花布五碼		40.00
8/15	肥皂、酵母片、運動鞋		27.00
8/15	贈慕堂刊物		15.00
8/16	汽車月票		24.00
8/16	信封、書刊		23.00
8/16	面盆、香蕉		12.50
8/16	健素、餅乾		10.00
8/16	煙、雜用		3.50
8/19	味粉		23.00
8/19	煙		2.50
8/20	煙		2.50
8/21	午飯		9.00
8/21	箋紙、書刊		5.50
8/22	車錢		4.00
8/22	鉸鏈、煙		7.00
8/23	黨費		2.00
8/24	送姑母禮、煙、車錢		20.00
8/25	足可淨、煙		8.00
8/26	利息	210.00	
8/26	鞋粉		6.00
8/26	煙		5.00
8/27	午飯		6.00
8/28	賣米、煤	220.00	

月日	摘要	收入	支出
8/28	家用		400.00
8/28	書刊		12.00
8/28	午飯		5.00
8/30	煙		5.00
8/30	理髮		5.00
8/30	酒		1.00
	總計	20,907.00	1,968.00
	結存		18,939.00

月日	摘要	收入	支出
9/1	上月結存	18,937.00	
9/1	水果、餅乾		7.00
9/2	本月生補費	201.00	
9/2	本月補生費	100.00	
9/2	本月醫教費	30.00	
9/2	本月借支	300.00	
9/2	上月眷屬津貼	100.00	
9/2	衍訓開學書費		55.00
9/2	衍訓學雜本簿		60.00
9/2	衍訓洗衣、理髮		25.00
9/2	香蕉、柿子		5.00
9/2	家用		500.00
9/3	汽車月票		24.00
9/4	山東物資保管會 3-9 月交通費	160.00	
9/5	襪子		25.00
9/5	紹南汗衫		12.00
9/5	衍訓襪子二雙		12.00
9/5	電影、煙、冷飲、姑丈用		19.00
9/6	衍訓短褲二條		12.00
9/6	衍訓毛巾、肥皂		19.00
9/6	發信、書刊		1.50
9/7	與長興午飯		19.00
9/8	利息	105.00	
9/8	餅乾、煙、書刊、發信		15.50
9/8	機用		150.00
9/11	赴蘆洲用費		6.00
9/11	汗衫		15.00
9/13	糖四斤、水果、餅乾		15.00
9/13	衍訓十二天火食、車錢（約 0.30 元）		5.00

月日	摘要	收入	支出
9/18	本月眷屬補助費	100.00	
9/18	家用		100.00
9/21	理髮		5.00
9/21	車票二種		39.00
9/22	山東漁農基金會下期公費半數	500.00	
9/22	家用		60.00
9/22	家用		300.00
9/23	肥皂、藥皂、酵母片、牙刷		25.00
9/25	衍訓 12-27 火食		65.00
9/29	利息	210.00	
9/29	家用		200.00
9/29	煙、香蕉		10.00
9/30	洗衣、郵票		5.00
	總計	20,743.00	1,811.00
	結存		18,932.00

月日	摘要	收入	支出
10/1	上月結存	18,932.00	
10/2	立達工廠公費	300.00	
10/2	送于兆龍太夫人節禮分子		50.00
10/2	肥皂半箱		70.00
10/2	家用		150.00
10/3	糖果		3.00
10/3	衛生用品		3.00
10/3	煙、書刊		5.00
10/3	本月生補費	200.00	
10/3	本月補生費	100.00	
10/3	本月醫教費	30.00	
10/3	衍訓制服		110.00
10/3	衍訓理髮		4.00
10/4	地方自治學會會費		5.00
10/4	前日香蕉、郵票、小月餅		8.00
10/4	家用		200.00
10/5	包子、煙		7.00
10/6	午飯、郵票		80.00
10/7	利息	105.00	
10/7	大夫士紙一百張		7.00
10/8	熱水瓶		25.00
10/8	糖五斤		10.00
10/9	衍訓火食半月		65.00

月日	摘要	收入	支出
10/9	煙、書刊		4.00
10/11	保健費	305.00	
10/11	本月補生費	100.00	
10/11	車票、點心、書刊		32.00
10/11	家用		350.00
10/11	基金會車費	20.00	
10/13	理髮		5.00
10/13	晚飯		3.00
10/14	春蠶一本		6.00
10/14	煙		3.00
10/17	餅乾		5.50
10/19	汽車票		2.00
10/19	餅乾		6.00
10/19	煙、書刊		3.50
10/20	煙、洗衣		5.00
10/21	水泥、報刊		2.50
10/22	洗衣皂、洋灰		7.00
10/23	衍訓火食（12-27）		65.00
10/23	衍訓車票、治療等		26.50
10/23	郵票		1.50
10/24	印照片、書刊、電線		10.50
10/28	賣米 120.5 公斤	200.00	
10/28	利息	195.00	
10/28	家用		395.00
10/30	送禮		30.00
10/31	下月份生活費	300.00	
10/31	家用		150.00
10/31	郵票		2.00
10/31	車錢		3.00
	總計	20,787.00	1,848.00
	結存		18,939.00

月日	摘要	收入	支出
11/1	上月結存	18,939.00	
11/3	理髮、香蕉		4.00
11/6	香煙、水果		7.50
11/9	車錢		3.50
11/10	煙、發信		3.50
11/12	煙		3.00

月日	摘要	收入	支出
11/14	煙		2.00
11/17	車錢、煙		4.00
11/17	國大臨時費	100.00	
11/17	印同學錄費		55.00
11/17	朱珍三奠儀		40.00
11/19	歡送華僑同學		2.50
11/20	國大臨時費	100.00	
11/20	颱風捐款		10.00
11/23	家用		30.00
11/23	國大代表聚餐		5.00
11/23	校友聚餐		15.00
11/23	稿紙		2.00
11/23	車票		2.00
11/23	送院共同紀念品		2.00
11/23	雜用		2.00
11/25	理髮		3.00
11/25	公送院禮追加數		1.00
11/25	郵票		1.00
11/26	同鄉聚餐照相		20.00
11/30	國大代表照相		7.00
11/30	同學照相		7.00
11/30	食品等		4.00
	總計	19,139.00	236.00
	結存		18,903.00

月日	摘要	收入	支出
12/1	上月結存	18,903.00	
12/4	車錢、書刊		5.00
12/5	本月生補費	200.00	
12/5	本月補生費	100.00	
12/5	家用（上月）		300.00
12/5	利息	300.00	
12/5	家用		200.00
12/5	六法全書		75.00
12/6	中美債權會公費	300.00	
12/6	家用		200.00
12/6	棉毛衫		54.00
12/9	食品、水果、零食、書刊		15.00
12/10	毛筆、黨費		10.00

月日	摘要	收入	支出
12/11	餅乾		5.00
12/13	理髮		5.00
12/13	香蕉		3.00
12/15	本月眷貼	100.00	
12/15	衍訓補上月 12-20 火食		35.00
12/15	衍訓補繳講義費		10.00
12/16	刊物、水果、洗衣		10.00
12/17	香蕉、黨捐		9.00
12/18	發信、報刊		3.00
12/19	林建五孫女喜儀		40.00
12/22	本年子女教育補助費	600.00	
12/22	家用		400.00
12/22	車票、■■		60.00
12/22	糖果		4.00
12/23	白雞■斤		10.00
12/23	小毛巾壹■		10.00
12/23	酵母片、■■		12.00
12/23	衛生用品		2.00
12/24	年會旅雜費	500.00	
12/24	一月份生活費	300.00	
12/24	德芳皮鞋		130.00
12/24	糕餅		10.00
12/24	宴客及煙		45.00
12/24	家用		700.00
12/26	香蕉		2.50
12/28	香蕉、洗衣		4.00
12/29	奶粉七聽		84.00
12/29	餅乾		7.00
12/29	稿紙		4.00
12/29	香蕉、書刊		3.00
12/29	賀年片五十		30.00
12/29	新中央下期公費	400.00	
12/29	家用		200.00
12/31	德芳粉		35.00
12/31	衍訓日記本		12.00
12/31	書刊、糖果、香蕉、車錢		9.50
	總計	21,703.00	2,753.00
	結存		18,950.00

吳墉祥簡要年表

1909 年	出生於山東省棲霞縣吳家村。
1914-1924 年	入私塾、煙台模範高等小學（11 歲別家）、私立先志中學。
1924 年	加入中國國民黨。
1927 年	入南京中央黨務學校。
1929 年	入中央政治學校（國立政治大學前身）財政系。
1933 年	大學畢業，任大學助教講師。
1937 年	任職安徽地方銀行。
1945 年	任山東省銀行總經理。
1947 年	任山東齊魯公司常務董事兼董事會秘書長。當選第一屆棲霞國民大會代表。
1949 年 7 月	乘飛機赴台，眷屬則乘秋瑾輪抵台。
1949 年 9 月	與友協力營救煙台聯中校長張敏之。
1956 年	任美國援華機構安全分署高級稽核。
1965 年	任台達化學工業公司財務長。
1976 年	退休。
2000 年	逝世於台北。

民國日記 34

吳墉祥在台日記（1952）

The Diaries of Wu Yung-hsiang at Taiwan,
1952

原　　著　吳墉祥
主　　編　馬國安
總 編 輯　陳新林、呂芳上
執行編輯　林弘毅
封面設計　陳新林
排　　版　溫心忻

出 版 者　🛡開源書局出版有限公司
　　　　　香港金鐘夏慤道 18 號海富中心
　　　　　1 座 26 樓 06 室
　　　　　TEL：+852-35860995

　　　　　民國歷史文化學社有限公司
　　　　　10646 台北市大安區羅斯福路三段
　　　　　　　　37 號 7 樓之 1
　　　　　TEL：+886-2-2369-6912
　　　　　FAX：+886-2-2369-6990

銷 售 處　源流成文化 股份有限公司
　　　　　10646 台北市大安區羅斯福路三段
　　　　　　　　37 號 7 樓之 1
　　　　　TEL：+886-2-2369-6912
　　　　　FAX：+886-2-2369-6990

初版一刷　2020 年 5 月 31 日
定　　價　新台幣 400 元
　　　　　港　幣 105 元
　　　　　美　元　15 元
I S B N　978-988-8637-64-5
印　　刷　長達印刷有限公司
　　　　　台北市西園路二段 50 巷 4 弄 21 號
　　　　　TEL：+886-2-2304-0488